西岭雪 著

人生且陶陶：苏东坡传

中国致公出版社 · 北京

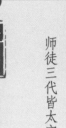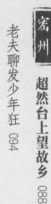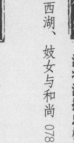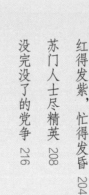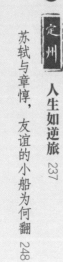

序

2021 年的春天，我宅居家中，莫名地就凝滞了，不想读书，不想弹琴，也无法静心写作，这可是从事写作二十多年来从不曾发生过的事情。

我不是江郎，也不相信自己就此才尽封笔，只能换了个兴趣开始学画画，每天一幅，最多时可以一气画五幅小画。如此坚持了整整三个月后，我走出家门，来了次为期半月的自驾游，给自己洗洗脑，换换心情，好好想想新的创作计划。

行至黄州时，这计划终于自动自觉地涌上心头：我要为苏东坡作传。

该从哪里起笔呢？

这次自驾游的最后一站是洛阳赏牡丹，所以，便从洛阳县丞写起吧。

那是很多很多年前的一个晴午，还是新花绿草的初唐，有位新榜举子，正站在天官侍郎的廊下等待选试得官。

等候的举子叫杜审言，阅卷的考官叫苏味道，两人都是当世成名才子。寂静中，杜审言忽然石破天惊地说道："苏味道必死。"

众人大惊，疑心这举子好端端的何故诅咒考官。杜审言嘻嘻笑道："苏味道自负才高，然而他今天看了我的判卷，必定羞愧至死。"

如此大言不惭，令众人又是好气又是好笑。然而话传至苏味道耳中，他却只是淡淡一笑，浑不以为意，还将杜审言选为洛阳县丞。如今洛阳花开似锦，杜审言也是尽过一分力的。

后来，苏、杜二人成了好朋友，并列"文章四友"，比了一辈子也没有分出个高下。

　　再后来，杜审言有个孙子，自称"诗是吾家事""吾祖诗冠古"，狠狠地为祖父挣了颜面，何止赢了苏家儿郎，简直是傲视天下文人，这就是一代"诗圣"杜甫。

　　这场比拼，至此似乎是杜审言赢了。但是苏味道的子孙也不遑多让，家学渊源，源远流长，到了大宋，终于出了位惊才绝艳的大人物苏轼。还不止苏轼一个，而是如雷贯耳的"三苏"组团作战：苏洵、苏轼、苏辙。

　　这可真是上阵父子兵啊。如果说"坡仙"苏轼与"诗圣"杜甫最多只算打个平手的话，那么有"三苏"掠阵，苏家军团总算是赢了吧？

　　不知道，杜审言与苏味道这对老朋友，若是在天有灵，此时携手同游九霄之际，会不会俯望自己的儿孙，发出一阵爽朗的大笑。

　　我要诚祈天上的文曲星垂顾，庇佑我行万里路，读万卷书，写好这部传记，也让有缘捧起此书的人，可以听到这来自千年前、九天上的清朗笑声。

　　曾经有人做过一个民意调查：在古今中外的名人中任选一人陪你去旅行，你会希望是谁？

　　苏东坡高票当选。这同时也是我的选择。因为他博学，因为他风趣，因为他有品位，有活力，有烟火气，爱吃爱喝爱说爱笑。跟他在一起，生活不烦恼，旅行多笑料。

　　虽然这个愿望不可能实现，但是我想，既然这创意是因为旅游而起，那就将这部书按照东坡一生走过的地方，跟随他的蓑影屐痕来写吧。在山水间追逐苏东坡的足迹，沉吟苏东坡的诗文，感受苏东坡的精神，也就像是与东坡一同旅游了，且让传记多一点儿趣味吧。至少，每处都经我亲身感受，有我的真实足迹、真情实感在内。

以真心与古人相照，与读者相和，不就是最好的对话吗？

苏味道后来死在了四川眉山，但最后却归葬故里赵郡栾城。苏轼虽然出生在四川眉山，却一直自称"赵郡苏轼"，以示不忘本。不过他最终的埋骨之地，却既非赵郡，亦非四川眉山，而是在河南汝州。这注定是一个漂泊的灵魂。

他一生走过太多的地方，我在众多的足迹中选择了十九个州来描述：出生地眉州，成名地汴州，初仕地雍州，宦游地杭州、密州、徐州、湖州、登州、颍州、扬州、定州，贬谪地黄州、惠州、儋州，经行地戎州、筠州、真州，病逝地常州，埋骨地汝州。

我们一生总会走过许许多多的风景，虽然不会记住每一个脚印，但走过便是经历；就像我们一生读过许多书，也不会记住每一页的知识点，但学习便是过程。读书，是为了不要忘记学习的能力；旅游，是为了保持轻盈的心态。

同我一起去旅行吧，同我一起去探访苏东坡。只要你翻开这本书，就会觉得生活无比美好。

携一卷书，在路上。

西岭雪

眉州，梦开始的地方

（一）

你的梦有颜色吗？

据说大多数人的大多数梦都是没有颜色的，只有极少数极有灵性的人，做梦才会五彩缤纷，宛如画境。

苏东坡是经常做梦的，且梦境极其清晰，想来必定是有颜色的。因为他写过许多记梦的诗文，经常在梦中作诗，醒来还能记得。晚年谪贬海南后，做梦犹多，有时坐在肩舆上，都能晃着晃着做起梦来，且时常梦回故里，仿若儿时。

他曾梦见被父亲问功课，也曾梦见与先生对话论道，还梦见家中的数亩竹林，参天古树。

梦开始的地方，在眉州。

眉州地处边陲，位于四川西南。蜀中多山，这里却是盆地，唯在城郊有一座小山，宛转如眉，故而唤作眉山，这里便也唤作眉山城。

眉山城不大，却是嘉州和成都府的中转站，水运交通的枢纽，于益州路十二州中排第四，因此倒也繁华。

宋仁宗景祐三年十二月十九日，也就是公元 1037 年 1 月 8 日，大词人苏轼便出生在眉山城西南纱縠行的一幢老宅子里。

他的父亲苏洵（1009—1066）是《三字经》里"二十七，始发奋"的苏老泉，听上去像是个挺不靠谱的富二代。彼时正是大宋最好的仁宗朝，堪称"现世安稳，岁月静好"。苏洵亦还不曾自号老泉，只称字明允。

苏明允家境小康，衣食无忧，对于考科举做官没什么兴趣。只喜欢游历山水，增长见识。然而27岁那年，因为守父丧闲居在家，开始发奋读书，每天枯坐在书斋里孜孜不倦，不知怎的忽然读出趣味来，自己总结了一套学习方法，开始兴致勃勃地备考。可惜考了一次又一次，只是不中，于是将希望放到儿子身上，对儿子的功课十分重视。

在苏轼之前，苏洵已经有过三女一子，却多夭亡，只养大了一个女儿，小名八娘。可以想象苏轼的出生让苏洵夫妻俩有多么欣喜。

虽然苏轼是实际意义上的长子，但因为之前有过一个夭折的哥哥，因此按照"伯仲叔季"的排行，苏洵为儿子取小名和仲。晚苏轼两年出生的三子苏辙，则名"同叔"。

直到苏轼十二岁那年，苏洵方为小哥俩正式改了名与字：苏轼，字子瞻，取意《左传·曹刿论战》中的"登轼而望之"。"轼"，就是车子前面的扶手横木，登上车子，扶着扶手是为了站得高、望得远，故曰"瞻"。

苏辙，字子由。"辙"，是车轮碾过的印迹，"由"一说指道路，一说为跟随、经由，也就是后面的车子跟着前面车子的车辙走。

结果，苏辙一辈子就跟在哥哥的身后跑，一同上学、考试、做官、流贬、起复、腾达、罢官、召还……直到苏轼死后，苏辙没了追随目标，这才消消停停地过了十几年安稳日子。哥俩的祸福与共，成为千百年来兄弟情深、守望相助的绝佳榜样。

苏洵且写了一篇《名二子说》，讲述自己为两个儿子取名的良苦用心，充满父亲的殷殷之盼：

轮辐盖轸，皆有职乎车，而轼独若无所为者。虽然，去轼则吾未见其为完车也。轼乎，吾惧汝之不外饰也。

天下之车，莫不由辙，而言车之功者，辙不与焉。虽然，车仆马毙，而患亦不及辙。是辙者，善处乎祸福之间也。辙乎，吾知免矣。

车轮、辐条、顶盖、厢轸，这是车子的必备配置，各司其职。唯有作为扶手的横木，也就是"轼"，似乎没什么了不得的用处，只是个装饰品。

虽然如此，但若没有了扶手，这车子就有点不像样，看上去也不像一辆完整的车子了。所以，轼啊，我担心你不懂得自我修饰，装点门面，找到自己的最佳位置啊。

至于车辙，天下的车子没有不顺着车辙走的，但是谈到车子的功劳，谁也不会将辙印也谈论其中。虽是如此，如果出了车祸，车毁马亡，倒也不会怪到车轮印上。所以辙啊，我知你擅于应对世事，懂得避祸，行走于祸福之间而能免责，也就放心了。

这篇文字略带自嘲，说自己给两个儿子取的名字，都是车上最无用的东西，却又是不可忽视的，自己也不指望他们飞黄腾达，只要他们懂得自我保护，趋吉避凶就好了。

"轼乎，吾惧汝之不外饰也。"对这句话的解释，大多版本都说是父亲苏洵担心长子性情直率，警诫他要收敛锋芒，但我认为这是以东坡后来的足迹反推其少年心性。如果这是苏洵教训儿子要低调，那个本来就没用的扶手不就更加没用了吗？看上去也就更不像一辆完整的车子，正应了"去轼则吾未见其为完车也"。所以，我认为苏洵的意思应是希望儿子学会合理修饰，让别人看到自己的用处和光彩，做一根不可小觑的横木。从这点来说，兄弟俩绝对是超额完成老父预期值的。

（二）

我梦入小学，自谓总角时。
不记有白发，犹诵论语辞。
人间本儿戏，颠倒略似兹。
惟有醉时真，空洞了无疑。
坠车终无伤，庄叟不吾欺。
呼儿具纸笔，醉语辄录之。

这是苏东坡晚年所写的《和陶饮酒二十首》之一，梦回自己总角之年也就是少年时的情形。

彼时苏轼刚入乡校，这和今天小学生的就学年龄差不多。但与普通孩童不同的是，苏轼小小年纪便很关心时事，明敏好学，语出惊人，早早显露出神童的不同寻常处。

那是庆历三年秋，宋仁宗大刀阔斧地进行官员人事更新：风评不佳的吕夷简罢相，夏竦的枢密使亦被夺，晏殊担任宰相兼枢密使，韩琦、范仲淹、富弼、杜衍同时执政，欧阳修、余靖、蔡襄、王素为谏官，朝廷面目一新，令人振奋。

有宋一朝，这大约是朝堂上有才名的君子文士最集中的时代。耿直的国子监直讲石介一高兴，就写了篇慷慨激昂的《庆历圣德颂》，赞颂仁宗既明且断，退奸进贤。

这篇文章的影响极大，传遍乡野，人人成诵。小小的苏轼也听说了这篇颂，便去请教先生："这里面称颂的贤人都是什么人啊，他们做了些什么事？"

先生不耐烦："你个小小孩童，问这些做什么？"

苏子瞻不服气，傲然答："此天人也耶，则不敢知；若亦人耳，何为其不可！"意思是他们再了不起，也不过是凡人一个，我凭啥不能知道？说不定将来哪一天就会认识呢。

这话说得好有道理，老师竟然无言以对，只得捺下性子告诉他："韩范富欧，此四人者，人杰也。"

彼时，那位先生绝不会想到，小小少年苏子瞻可不是吹牛说大话，后来名满天下，足与四位"人杰"比肩。其中，欧阳修更是他登科及第的座主恩师。另如韩琦与富弼，也都与他结成忘年之交，把酒言欢。唯有范仲淹因于1052年病逝，未得相识，这令苏轼引为平生之恨，抱憾不能"挂名其文字中，自托于门下士之末"。

不过，他后来与范仲淹的子子孙孙都有交情。且彼时曲子词以婉约为风尚，唯有范仲淹一曲《渔家傲·秋思》首开豪放之风，然未成气候，直到苏轼方得大成，终于使豪放派与婉约派两峰对峙，成为宋代词坛中势均力敌的两树奇花。虽未谋面，却得相承，也算得上一段异世神交了。

此时的苏轼是幸福的，慈母严父，兄弟友爱，学校考试里又年年第一，是典型的"别人家的孩子"。

《爱日斋丛抄》中记载了一则小故事，说苏轼的先生刘巨，字微之，一日在课堂上吟诵新作《鹭鸶》，末两句是："渔人忽惊起，雪片逐风斜。"

这说的是雪白的水鸟被打鱼人惊飞，落下的羽毛如雪片一般，逐风而去。

众学生自然拼命替先生鼓掌叫好，唯有苏轼却说："先生的诗虽好，但学生以为结句'逐风斜'似乎断章未完，不如改为'雪片落蒹葭'可好？"

刘巨先是一愣，初觉恼怒，只是暂作压抑，略为沉吟，再三回味，继而大喜，拊掌赞道："吾非若师也！"

须知诗忌废字，刘诗以"雪片"形容水鸟落羽在风中飞舞之态，倒也恰当，然而羽毛既落，逐不逐风都已经没有更多的余韵了，且随风飘舞也太过萧瑟丧气；若是改作"落蒹葭"，则不但天然妩媚，让羽毛飞落得了实处，且加上对蒹葭的补笔，描绘出水塘秋景，如同作画，色彩更丰富，韵致更天然，笔笔不落空。故而刘巨心悦诚服地说："我已经不能再做你的老师了！"

当然，你要理解成这是老师的羞恼负气之言也行。毕竟，有个苏轼这样的天才学生，多数老师是吃不消的。

（三）

眉州是座小城，不算热门景点，如今的旅游几乎是围绕着三苏而发展的。但在苏轼之前，这里也是出过两位著名人物的。

一位是活了 800 岁的老寿星彭祖。关于他的寿数还有个故事，说是彭祖捉了一只野雉，炖汤献给尧。尧喝得很开心，便许诺彭祖说："你去数一下那只野鸡有多少根羽毛吧，它有多少根，你就能活多少岁。"

800 根羽毛，也不知道彭祖数了多久。

为了纪念彭祖，人们就把他曾经数过野鸡羽毛的那座山，叫作彭老山。宋朝张端义《贵耳集》中记载了一个神奇的传说："蜀有彭老山，东坡生则童，东坡死复青。"

据说，就在苏轼出生的那一天，原本绿树葱茏的彭老山忽然百花枯萎，草木凋零，失了鲜活的灵气，变得暮气沉沉的；直到六十多年后的一天，又忽然花鲜草润起来，接着眉州人就听到了苏轼病逝常州的噩耗。联系当年彭老山上草木同凋的时间一想，才豁然明白：原来当年苏轼降生，彭老山的钟灵毓秀都集中于一人之身，如今苏轼重归太虚，那些灵气自然也就返还天地，重归山林了。

当然，只是传说罢了，就算彭老山的灵气真的化成了人形，也不只是着落在三苏父子的身上。当年三苏赴京赶考时，眉山有45人一起报考，同科入榜者13人，就连仁宗皇帝也忍不住赞叹："天下好学之士皆出眉山。"

南宋时，苏轼的忠实粉丝陆游来到眉山，登临披风榭拜谒苏轼遗像，慨然叹曰："孕奇蓄秀当此地，郁然千载读书城。"

眉山，真真当得起一句"人杰地灵"！

只是，如今眉州并没有什么彭老山，只有一座彭祖山，主打养生文化。而在东汉，又一位修道成仙的道士张道陵降生在此地，他虽比不上彭祖，却也活了122岁。

眉州真是个长寿之乡。

张道陵是天师道的创始者，也是道家转向道教的扛旗人。"天师道"最初在四川大邑鹤鸣山区传播，以《道德经》为主要经义，奉老子为教祖，并将老子尊为太上老君。主要信众为农民，没什么钱，入道者每人上交五斗米供奉张天师，故而又名"五斗米道"。比如赵王司马伦及其心腹孙秀，王羲之等世家大族，都是五斗米道徒。

说起来，隐士楷模陶渊明辞官，就是因为不愿意向一个五斗米道徒的上司折腰礼敬，故称"不为五斗米折腰"。

陶渊明是苏轼晚年的偶像，但在他少年时期，张天师的五斗米教在四川一带流传极广，家家的门厅、壁上都悬挂着张天师的画像。这使得苏轼在很小的时候，就做过一个道士梦：要像张天师那样，遁入深林，泠然乘风，餐霞绝粒，超世成仙。

一次经过安乐山，听说张道陵曾经在此山隐修，如今山上树木的叶脉还有如文字，仿佛道士符箓。苏轼向往不已，于是连写了两首绝句，赞曰：

真人已不死，外慕堕空虚。
犹余好名意，满树写天书。

后来，苏辙在《栾城集》里回忆少年时期与哥哥入山游玩的情景，曾说：

昔余少年，从子瞻游，有山可登，有水可浮，子瞻未始不褰裳先之。有不得至，为之怅然移日。至其翩然独往，逍遥泉石之上，撷林卉，拾涧实，酌水而饮之，见者以为仙也。

都说仁者乐山，智者乐水。少年苏东坡见仁见智，眷爱山水，逢山必登，见水必涉，如果实在山高水险，不得尽兴，便会怅然不已，念念数日。

当他猿猴一般轻盈腾跃于山水之间时，攀林而撷，掬水而饮，宛如神人畅游，逍遥来去，让小他两岁的弟弟苏辙简直崇拜得不得了。

他甚至还给自己取了一个很有武侠气的道号："铁冠道人"。

这也难怪，苏轼整个的少年时期都生活在一种道家的氛围内，不仅父亲苏洵深研《周易》，至死犹为注释《易传》未完而耿耿于怀。他启蒙读书的学堂也在眉山的一所道观，名为天庆观北极院。授业恩师更是一位道人，名为张易简，不知道是不是张道陵的后人。

苏轼在道观中读书三年，与一个叫作陈太初的学生同为老师心目中最优秀的三好学生。后来，陈太初做了道士，且还白日飞升，尸解成仙，成为一时奇谈。

道学渊源如此之深，也就不难理解苏轼的诗文中为什么会烙下极深的道学印迹了，比如《放鹤亭记》《众妙堂记》《观妙堂记》《庄子祠堂记》等等，就连代表作《后赤壁赋》的结尾也是道人入梦。

晚年谪居海南时，他还曾梦见自己回到儿时的学堂，看到自己的道人老师张易简如往昔一般负手庭中，仙风道骨。有位学生正在背诵《老子》，因说："玄之又玄，众妙之门。"

苏东坡于梦中发笑："妙一而已，容有众乎？"

张道士笑道："一已陋矣，何妙之有？若审妙也，虽众可也。"又细细讲解说，世间万物，随缘造化，习性使然，只有顺其自然，才能养生延年。

梦醒之后，东坡沉吟良久，想到风烛残年遭遇大祸，冥冥中岂无定数？此时回思梦中老师所言，莫不是劝诫自己顺天应命，俯仰由他么？

然而苏轼一生既学道，又学佛，却终究未能挣脱尘网，避世求仙，而是一直沉浮于儒林宦海，做了个济世救人的"坡仙"。更是一辈子都没学会曲意服从，只是顺着自己的心性疾恶如仇，有话便说，因此一生数次遭贬，终于一贬再贬去到了天涯海角的儋州，这时候再梦见恩师告诫妙一之道，与其说是反思，倒毋宁说是自嘲吧。

她的美丽与忧愁

（一）

眉山不大，如今市内最重要的景点自然是印象水街与"三苏祠"。三苏祠也不大，坐落于眉山城西南纱縠行，由苏家故居改建。历经几朝几代，多次修缮扩建，绿树葱茏，佳花满目。

有人说原本的苏宅哪有这样豪富，只怕苏轼英灵重来，都不会认得自己的家。他曾在诗中说："家有五亩园，幺凤集桐花。"园只五亩，哪来如此大观？但是他又曾在《南轩梦语》中描述自己梦回故园："坐于南轩，对修竹数百，野鸟数千。"由此，我们知道苏宅中植有数百修竹，引鸟数千，可见也是极大的。

苏母程氏，是个非常善良的女子，因为厌恶杀生，严禁孩子和仆人掏蛋捕鸟。以至于苏家书堂前的竹柏林中，鸟儿们筑的窝越来越低，几乎伸手可及。其间有种叫作桐花凤的小鸟，翔集林中，达四五百之数。这种鸟的羽毛十分罕见，但是它们自由穿行于苏家庭院，竟然毫不畏人，实为异事。要有多么温柔包容的心，才能连自然界的禽鸟都愿意亲近！

在眉山流传着一个有趣的传说：少年苏轼明敏善文，名闻遐迩，就渐渐自诩多才，目空一切起来，很得意地在自己房前贴了一副对联："识遍天下字，读尽人间书。"

没隔几天，忽然来了位白发苍苍的老太太，拿着一本古书向苏轼求教。苏轼拿过书一翻，不禁傻眼，里面好多字都不认识。老太太指着门上的对联说："你不是说自己认识所有的字吗？"

苏轼大窘，于是提笔在上下联前各加了两个字，改成："发奋识遍天下字，立志读尽人间书。"以此自勉。

这故事很励志，堂而皇之地登上了很多苏轼的相关传记，却是子虚乌有。

首先，宋朝时还没有在大门上贴对联的习惯，每年除夕各家门上贴的是桃符。正如王安石诗中所说："千门万户曈曈日，总把新桃换旧符。"

其次，哪怕只是在自己的书斋贴个对子玩玩儿，苏轼也不会写出这么平仄不通的一副对子来。要知道，对联可不只是上下联字数一样、词性相近就算工整了，还要讲究每句二、四、六字平仄交替，上下联的偶数字平仄相反等规矩。

第三，苏轼家教甚严，若敢这样大言不惭地招摇门庭，怕不被老爹苏洵打折小腿。

因此，这故事不过是后世不懂对课的闲人杜撰的罢了。

（二）

程夫人是大理寺丞程文应之女，真正的大家闺秀。

在宋代，眉山是州郡之地，所辖主要有青神、丹棱、彭山三县。当时有三大家族：程、石、苏。其中程家既是首富，又是官宦人家，在天高皇帝远的蜀地，是绝对的望族。

苏轼曾在诗文中写道：

> 炯炯明珠照双璧，当年三老苏程石。
> 里人下道避鸠杖，刺史迎门倒凫舄。

三老富贵，所到之处，乡人避道，刺史出迎，何等排场，这就是眉州江卿的威风。只是苏轼自抬身份，特地将苏家写在了头排。其实苏家的门第财势远不如程家，程夫人嫁苏洵，是典型的"下嫁"。但是眉山毕竟是小地方，望族不多，两家祖上又有交情，当地同辈人中又只出了两个天圣二年的进士，一个是程文应之子程浚（亦作程濬），另一个就是苏洵之兄苏涣，同乡又同年，这是怎样的缘分啊。因此程、苏两家勉强也算得上是门当户对。

也正因为两家知根知底，程浚百般看不上苏洵的游荡不学，老大无成，"学句读、属对、声律，未成而废"，而自己妹妹却知书识礼，妆奁丰厚，苏洵着实配不上。因此程浚对这门亲事强烈反对，甚至说如果结亲，就从此不认这个妹妹。但不管怎样，这门亲事硬是成了。

程夫人十八岁那年嫁入苏家，侍公婆，睦邻里，认识她的人无不夸好。面对身无长技又性喜逸游的丈夫，也从无怨言，是典型的贤妻良母。

两人相敬如宾地过了快十年，但接连夭折了三个孩子，这让程夫人的心里笼上了厚厚的阴影。这年苏轼呱呱坠地，苏洵不知受了什么刺激，忽然转了性子，一拍脑壳想起读书来，却又踌躇，便与夫人商量："我想读书科考，不过这会儿开始努力，却是有点晚了。而且这一大家人，靠谁来养呢？"

其实之前他也没养过家，但是出门游历和闲居读书又不同，说到底是男人的面子放不下，觉得自己老大不小从头苦读，不免让人闲话。

程夫人毫不犹豫地鼓励说："夫君素有才情，早就该致力于科举入仕才对。我一直没劝你，是怕你嫌我唠叨，即便为了我而读书，心里也是不情愿。如今你自己立下志向，我当然要支持你。家计之事，由我来操心就是了。"

身为大理寺丞的掌上明珠，程夫人既有算计亦有手段。当下坐言起行，拿出自己的妆奁首饰来当了一笔钱，又在眉山城南纱縠行街租了房子，免得街坊邻居看到苏洵闭门不出，倒让媳妇出来顶门立户，会说闲话。二则也是为了方便经营布匹丝线生意，"不数年遂为富家"。

这真是个人才！

无论是程夫人的魄力、心智、眼光，还是她对丈夫的全力支持，都太让人感动了。你喜欢云游，我宠你任性；你想要读书，我助你用功。简直是林妹妹与宝姐姐的完美组合！而苏洵也"由是得专志于学，卒成大儒"。但是苏洵成了大儒后的福，程夫人一天也没享过，就只是陪着受苦了。

苏洵一次次科举落第，高兴时出门游学，不高兴了也外出散心，教育子女的责任便全落在了程夫人身上。苏轼十岁那年，苏明允再次赴京赶考，他由母亲程氏带着读书。一日，苏轼读《范滂传》，书中载：后汉时，范滂铁面无私，因为反对宦官虐政而被诬告遭通缉，为了不连累县令与一干友人，范滂决意主动投案，大义赴死。刑场上，他跪别母亲，问：母亲恨我吗？范母答：你为大义而死，死亦何恨？既得盛名，又求长寿，岂可兼得？

苏轼看得热血沸腾，忽然问："如果我做了范滂，母亲会应许吗？"

程夫人慨然叹道："我儿能做范滂，我又如何做不得范母呢？"

范滂之死的根本原因是"党锢之祸"，他胸怀澄清天下之志，却最终壮志难酬。苏轼小小年纪而以范滂自比，这几乎是为他后半生身陷党争而几经磨难早早做出了预示。而程夫人的言传身教，也正是苏轼一生正直的根源。

苏辙回忆说，母亲"生而志节不群，好读书，通古今，知其治乱得失之故"。她为儿子们讲解书文时，时常援引有关古人名誉节操的事例来勉励他们，叮嘱道："汝果能死直道，吾亦无戚焉。"意思是你们能为坚守正义而死，我没什么好难过的。

这样的母亲，何其伟大！

（三）

程夫人这样的女子，是有着地母一般的光辉的。享誉古今的"三苏"，一个是她的丈夫，两个是她的儿子，这是怎样的荣显。然而她的一生，却偏偏充满了不幸，甚至除了一个姓氏，连名字都没有留下。

她生平最伤心的事，莫过于女儿苏八娘之死吧。民间故事里有很多关于苏小妹的传说，然而苏轼并无小妹，就只一个姐姐，或许便是苏小妹的原型吧。苏洵《自尤》诗自叙："女幼而好学，慷慨有过人之节，为文亦往往有可喜。"可见姐姐亦是个才女。

八娘是苏洵夫妻养住了的第一个女儿，只比东坡长一岁，年方及笄便嫁给了表兄程之才，也就是程浚的儿子，这真是一段不折不扣的孽缘。

程夫人将唯一的女儿嫁给侄儿，大约是出于亲上加亲，与哥哥修好的愿望。然而程浚向来不喜苏洵，连带着也不喜欢八娘这个儿媳妇。

苏洵在《自尤》诗中称："生年十六亦已嫁，日负忧责五欢欣。归宁见我悲且泣，告我家事不可陈。"

显然女儿几番向父母诉说婚姻不幸，更在生子后因为没有得到很好的照顾而患上重病。苏家将女儿接回娘家休养，程家却又上门抢走孩子，并指责八娘长居娘家，不孝公婆。八娘惊痛之下，三日而亡。

苏洵白发人送黑发人，又痛又恨，一怒之下，宣布从此与程家断绝关系。他却不曾想想，程夫人也是程家人啊！而且，苏洵的立誓做得非常绝。他以重修族谱为名，立碑建亭，写了篇《苏氏族谱亭记》，表面上是警戒族人守望相助，勿为恶行，实则历数程浚六大罪，然后将乡人们全部召集到族谱亭前，焚纸发愿。苏洵此举，是将仇恨刻进石头，将程家祭上刑台，割袍断义，不共戴天。这对程夫人来说，该是怎样的心痛！

一边是愤怒的丈夫，早逝的女儿；一边是哥哥、侄儿和娘家至亲。当苏洵当众痛斥程家是无耻之徒，从此誓不两立，"无过吾门也"的时候，可曾顾及妻子的感受？

程夫人虽然文能读书武能经商，却从没有走出过蜀山，从娘家到夫家，她的世界就那么大。明明两家同在眉山，却再也不能与家人联系，这无异于将她的世界一劈两半，从此天残地缺，再也不能完整。

程夫人便这样病倒下来。仅仅五年后，便过世了。这五年，她一定过得很伤心。多少个日夜，她想着骨肉亲人不能相见，每次想起都一刀又一刀地割心切腹，痛之何如！

或许，也正是因为程夫人的伤心卧病，才让苏洵早早地给两个儿子成了亲。一则想让妻子高兴点，转移下注意力；二则也是希望娶个儿媳妇来代替女儿，安慰老妻的心。同时，父子三人赴考在即，也要有个儿媳妇料理门庭，照料婆母；何况，老妻一旦过世，儿子就要守制三年，耽误大事了，所以早娶亲早放心。

至和元年（1054年），苏轼十八岁，娶妻王弗，年仅十六。次年，苏辙成亲，娶妻史氏，年仅十五。

再次年，苏洵自觉万事俱备，只欠东风，便信心满满地带着两个儿子赴京赶考了。这便是史上最著名的嘉祐二年试，也是三苏父子的成名之战。而程夫人，也真是天下最体贴的母亲。她一直在伤心和病痛间苦苦地支撑着，一直撑到父子三人的捷报传来，还没等得及为他们庆功，便带着一缕悲哀的笑，撒手西归了。她的美丽与忧愁，就这样永远地留在了眉州，一个她从没有走出过的地方。

青神初恋，听上去很美

距离眉山市不远的青神县，便是苏轼的外婆家，他母亲程夫人的娘家。

不过如今的青神旅游，主打的却是"苏轼初恋的地方"，因为，这里同时也是他原配夫人王弗（1039—1065）的家乡。

关于王弗的身世，通过苏轼的《亡妻王氏墓志铭》可知：

君讳弗，眉之青神人，乡贡进士方之女。

很多关于苏东坡的传记里都将王方说成是苏轼的举业恩师甚至中岩书院的山长，并且为苏轼和小师妹王弗杜撰了一段宛如梁山伯与祝英台般浪漫旖旎的同窗故事：说王方有一日带学生们游山，来至溪流边时，看到游鱼穿梭，映日成金，一时兴起，便让学生们为水池取个名字。但是大多题名都是千篇一律，唯有苏轼与王弗不约而同写下的"唤鱼池"三字，令王方捋须点首，对苏轼更加看重，遂有意择为东床。而苏轼也因为与小师妹心有灵犀，不觉四目交投，怦然心动，就此结一段三生缘。

这故事看上去很美，却是不大可能的。

乡贡进士，指的是地方州县官吏根据私学养成的士人，经乡试、府试两级选拔，合格者被举荐参加礼部贡院所举行的进士科考试，上榜的自然就是进士了，会被授予翰林学士之职；而未能擢第的却也是乡中魁首了，好歹进了京，开了光，故而也被尊称一声"乡贡进士"，有点提名奖的意思。

王方只是过了解试，而宋朝举人不像后代那样，有效期只存在于乡试与会试之间，若是当届未能登科也就作废了，重考的话还要从头再来，所以"乡贡进士"只是一种恭维，代表资历，却没有任何实际功名。做个私塾先生或许可以，要做书院的山长却是不够格的。而且，以苏轼喜欢吹牛连吃顿酒席都忙不迭要晒朋友圈的性子来看，如果老岳丈真有那么大学问，绝不至于在他的诗文中从无提及，就只在王弗的铭文中抬格写了句"乡贡进士"。且从《亡妻王氏墓志铭》可知，苏轼在婚前连王弗是否识字都不知道，更遑论同窗有情心心相印了。所以什么"初恋的地方"，什么"唤鱼池佳话"，都不过是文人们一厢情愿的想象罢了。

王弗嫁给苏轼时只有十六岁，当真是花季年华，十分害羞少言，说话总是微垂着头，清秀的脸儿未语先红。以至于新婚许久，苏轼都不知道她其实是读过书的，只当成寻常乡间女儿。

每当苏轼发愤读书时，王弗总是静静地陪着他，默默做针线，时不时为他倒一杯茶，续一杯水，又常常看着他背书的样子微微含笑。苏轼一直以为她其实是听不懂的，只不过觉得自己读书的样子够潇洒而已，于是就读得更加大声。

直到有一天，苏轼正在背书，背着背着忽然卡住了，怎么也背不下去。王弗忍不住小声地提点了下文。苏轼大吃一惊，但以为她只是凑巧会背这篇文章，便又故意和她讨论别的书。这才发现王弗博闻强识，诸书皆通，只不过性子安静，明敏不外露而已。

苏轼大喜，这才发现自己分明娶了位宝藏女孩啊。自此，两人的感情更好了，真是青梅煮酒朝弹瑟，红袖添香夜读书，情投意合，略无参商。

遗憾的是，情深不寿，慧极必夭，王弗二十六岁就香消玉殒了，与婆母程夫人一起永远留在了眉山，此为后话。

家乡的滋味

众所周知，苏东坡是个吃货，一生写了五十多首与吃有关的诗。而吃货思乡最具象的表现，就是想念家乡的味道。

苏东坡初仕凤翔时，曾写诗说我们家乡山清水秀，哪像你们大陕西这么干旱枯燥；后来贬谪黄州，更是抱怨，说我们家乡菜品丰富，哪像你们大湖北这样口味单一，还在诗中开出了一张家乡菜谱：

春菜

蔓菁宿根已生叶，韭芽戴土拳如蕨。
烂烝香荠白鱼肥，碎点青蒿凉饼滑。
宿酒初消春睡起，细履幽畦掇芳辣。
茵陈甘菊不负渠，绘缕堆盘纤手抹。
北方苦寒今未已，雪底波棱如铁甲。
岂如吾蜀富冬蔬，霜叶露牙寒更苗。
久抛菘葛犹细事，苦笋江豚那忍说。
明年投劾径须归，莫待齿摇并发脱。

素菜是蔓菁、韭芽、荠菜、白菜、葛根，荤菜是水煮鱼、苦笋江豚，主食是青蒿凉饼，汤是茵陈甘菊羹，这一桌多么丰盛。

苏东坡说，北方苦寒，到了冬天就一片荒芜了，哪像我们蜀地那样冬菜丰富，白菜、葛根还是小事，苦笋江豚简直不能提起，一提就恨不得立即插翅飞回家。

　　古有张季鹰秋风莼鲈而弃官归里，苏东坡也每每为了家乡的美味对自己说：明年就递札子求归吧，可别等到齿摇发落老得不能动了才回去。

　　他在黄州开了一块荒坡自耕自撷，从此自号"东坡"。当时，他是多么希望能在楚地辟出一小片桃源，种满家乡的蔬菜，聊慰思乡之情啊。想

来想去，唯有豆种或可千里寄送而不担心霉坏，而且易种易活，"豆荚圆且小，槐芽细而丰。种之秋雨余，擢秀繁霜中"。

于是，苏轼听说乡人巢元修要来黄州时，特地请他为自己带一包野豌豆种子。得种之后，喜得吟诗以记，甚至感激地将豆种取名"元修菜"。并在诗中说："我老忘家舍，楚音变儿童。此物独妩媚，终年系余胸"。

他说我来湖北黄州之后，年复一年，都快忘了自己老家在哪了，小孩子更是连口音都变成了楚语。可是家乡的滋味，无论如何忘不掉，思兹念兹，长在舌底，"烝之复湘之，香色蔚其馥。点酒下盐豉，缕橙芼姜葱。"

从此，元修菜便拥有了"中国山珍"的美誉，洗净蒸熟，颜色仍然鲜亮，撒上盐，拌点豆豉、葱花、姜丝，用来下酒，可比孔乙己的茴香豆"巴适"多了。

"东坡菜"发明于苏轼人生的不同阶段，并在不同地域打响招牌：比如东坡肉诞生在黄州，东坡鱼发源于杭州，东坡肘子则创意于惠州。对于普通百姓来说，这些美味的食品，大约是比苏堤、东坡井还出名的。

当然，在眉州这些菜全都可以吃到，但出人意料的是，最出名的却是泡菜。在眉山任何一家馆子点菜，都会先上几小碟泡菜，味道真是不错。

就在东坡区，甚至还有一座"中国泡菜城"和"泡菜博物馆"，馆中展示了苏轼《菜羹赋》《诗论》中记述的关于泡菜制作的方法，将眉州泡菜取名"东坡泡菜"，誉为"天下第一泡菜"。

好吧，我们一直都知道苏东坡是个吃货，但是谁能想到作为东坡故里的眉山，最著名的味道不是东坡肘子、东坡肉，而是眉州泡菜呢？

汴州，一战成名

（一）

中国古代向有"少不入川"的说法，只为巴蜀虽美，却与世隔绝。不然唐朝"安史之乱"时，李隆基也不会一听乱军破城就往四川逃，便是为了剑门山一夫当关，万夫莫开，绝对是居安保命的好所在。

然而这对于年轻人来说，无疑会封闭壅塞，见识有限。苏洵年轻时是个闲不住的，曾几度出川游历，这让他很好地开阔了视野，增长见闻，这样才能教出苏轼兄弟这样惊才绝艳的一对神童；但同时他也吃了嬉游闲散的亏，觉得自己老大无成，都是心散贪玩的缘故，便再不肯让儿子走自己的路。他对苏轼兄弟的功课抓得极紧，死盯着二人"两耳不闻窗外事，一心只读圣贤书"。因此 1056 年的赴京赶考，是兄弟俩第一次走出蜀山。

进京打点少不了拜谒亲友，打听一下当年的考官是谁，近来京城的风习如何，以便在考业时投其所好，免得闭门造车，南辕北辙。比如苏家父子投考的这一科，主考官正是文坛领袖欧阳修。

欧阳修（1007—1072），字永叔，号醉翁、六一居士。二十三岁进士及第，官至翰林学士、枢密副使、参知政事，倡导诗文革新，主修《新唐书》，撰写《新五代史》，有《欧阳文忠公集》传世。

也就是说，他不仅是文学家、诗人，还是政治家、史学家，牛不牛？

欧阳修一向主张行文简练，简约明了。主持编修《新唐书》时，提出的第一准则就是文从字顺，简明易懂。一日与三位下属出游，看到路旁有匹飞驰的马踩死了一只狗。欧阳修提议："请你们试着以记史的方式来叙述一下此事。"

一人率先道："有黄犬卧于道，马惊，奔逸而来，蹄而死之。"欧阳修摇头不语。第二人接着道："有黄犬卧于通衢，逸马蹄而杀之。"第三人看欧阳修还没反应，再接再厉道："有马逸于通衢，卧犬遭之而毙。"

欧阳修笑道："像你们这样修史，一万卷也写不完。何不直书'逸马杀犬于道'！"三人恍然拜服。

这样一位考官，最厌冗文，评出的好文章自然是言简意赅，言之有物，与当下流行的"太学体"迥然不同。如果学生文章辞藻堆砌用词生僻，就会触了主考的霉头，等着被黜落了。

实际上，这年放榜后，以刘几为首的数十名太学高才生果然被排除榜外，导致了一场著名的举子抗议，当路拦住欧阳修的坐骑，非要"秋菊打官司——给个说法"。不管欧阳修的说法能不能说服他们，反正榜单已经定了，他们败给了孙山。

刘几也确实是位饱学才子，隔了两年改名刘辉重来，到底中了状元。当然，就算他是状元，后人也不知道他都有些什么作品，可见醉翁的眼光绝对没错。

苏家兄弟就没犯这种低级错误。一则因为二人的文风本来就简练明了，笔笔见骨；二则是考前的信息了解得很充分。这全仗苏洵找到的神助攻张方平。

张方平（1007—1091），字安道，应天府南京人——别误会，宋代的南京可不是今天的南京，而指的是河南商丘。今天的南京，在那时则叫金陵。

宋朝有四京：东京开封、西京洛阳、南京应天府、北京大名府。除了大名府在河北，其余三京都在河南，其中东京为皇城所在，彼时叫汴梁，又称汴京。

有人将苏轼一生的朋友做了个排行榜，得出交往频率最高的前五名分别是：王巩、秦观、释道潜（参寥）、黄庭坚、张方平。连来往书信五十余封的陈季常都挤不进去，可见张方平与苏家的关系有多近。

张方平在助飞三苏的跑道铺设上真是帮了大忙的。

宋代科举考试分为三级：各路州府主持的叫作解试，包括乡试、县试、州试、府试等不同名目，这是需要在考生户籍所在地完成的，头名叫解元；解试合格后方可入京参加礼部省试，又叫会试，头名叫会元；省试过关就等于及第了，殿试又称"廷试"，通常只定名次，不会再黜落考生。

　　据说，这是因为此前有个举子张元，已经过了省试，却在金殿面圣时被黜落，落榜后一怒之下投了西夏，辅佐李天昊称帝，并帮着西夏军把宋军打得落花流水。从此，大宋殿试中就再不敢黜落一人，免得触了霉头。

　　还有一个说法则是富弼等大臣进言，各方士子好不容易过五关斩六将地过了省试，如若殿试黜落，未免"恩归主司，怨由主上"。皇上一想，是这么回事儿，他们座主都慧眼识珠了，偏偏我要唱黑脸做恶人，岂不落考生埋怨？这些文人哪里是好得罪的？遂下令从此殿试不再罢落举子。

　　所以，只要省试春榜张出，进士的头衔也就落袋为安了，所差的只是殿试上皇帝钦定的最终名次。

　　在解试和会试之间，京中充满了各种各样的文会雅集，考生们交流信息，以文会友，很多名流前辈亦会亲临，举办讲座，指点文章。这对于考生尤其是外地考生来说是非常重要的。因为不参加这些文会，就不会了解京城的动向，时事的热点，在策论时就很难写出文风合宜、观点新颖的好文来。

　　蜀地偏远，如果在眉州参加过州试再入京，时间就太紧张了。因此张方平做益州知府时，苏洵带着儿子前往拜会，张方平便给他指了条明路："从乡举，乘骐骥而驰闾巷也，六科所以擢英俊，君二子从此选，犹不足以骋其逸力尔。"

　　意思是以这两娃的水平，通过乡试就跟玩儿似的，纯属浪费时间；制举考试才是选举英才的高级试，也才适合两位青年才俊。所以，别在乡里瞎耽误工夫了，赶紧进京，多了解点时尚政务才是正路。至于准考证么，我会帮你们想办法的。

　　张方平笃定地告诉苏洵：听我的，准没错！我给你写封介绍信，你去找欧阳修，他一定有办法。

　　苏洵大喜："您认识文坛领袖欧阳修，那肯定没问题了。你们交情很铁吧？"

张方平淡然道："交情谈不上，吵过几回架，认识就是了。"

苏洵：……

张方平说做便做，真的给"庆历改革"中因政见不合而辩论过的欧阳修写信，希望他对三苏予以关照；而欧阳修见了三苏的拜帖与文章后，也真的答应给个面子，便一挥手将这事儿给办了。

你说，张方平是不是很给力？

张方平晚年闲居于商丘老家，将毕生诗文结集整理为四十卷《乐全集》。苏东坡主动为他作序并以门生口吻行文，声称："我游门下，三十八年，如俯仰中。十五年间，六过南都，而五见公。"

张方平看了初稿，却道："虽然我和苏先生年龄相差巨大，但在学问和人品上都是平等的，门生要删掉才对。"

只此一点，已足见张公为人。

（二）

宋朝是文人的天堂，尤以嘉祐二年（1057年）为最，堪称天堂的宣传年。

这年科考的知贡举也就是主考官，乃是文坛领袖欧阳修，同知贡举的副考官有韩绛、王珪、范镇、梅挚，小试官则为梅尧臣。随便哪个拎出来，都是名噪一时的大佬。

当届士子中，更是一举选出了北宋三大学派的创始人："洛学"创始人程颐、程颢；"关学"创始人张载；"蜀学"创始人苏家兄弟。还有变法中坚力量曾布、吕惠卿、邓绾，以及后来在河湟拓土两千里名振番邦的王韶。

如此阵容，绝对是宋朝三百年乃至有科举考试以来最群星璀璨的，说是嘉祐二年丁酉科改变了整个北宋历史也不为过。

想也可知，这些后来在政坛上意见相左甚至针锋相对的考生，其政论观点是不可能一致的，却在同一榜中脱颖而出，不得不佩服主考官欧阳修的魄力与眼光。

若不是主考有足够的学识与宽广的心胸，容得下百花齐放，又怎么可能选出这许多棱角分明的有才之士呢？

丁酉科举试的策论题目是《刑赏忠厚之至论》，典出《尚书》："罪疑惟轻，功疑惟重。"孔安国注疏："刑疑附轻，赏疑从重，忠厚之至。"意思就是，儒家秉承忠厚仁心，对于有疑问的案件，应予重视、宽恕，对于有疑问的功劳，宁可从重奖赏。也就是今天刑法所谓的"疑罪从无"。

苏轼的文章从法、理、德行几方面层层论述，鞭辟入里，文采激昂。点检试卷官梅尧臣兴奋地捧着卷子对主考官欧阳修说："才子！才子啊！此文颇有孟轲之风，必为状元！"

欧阳修接过卷子来，亦是边看边赞，赞着赞着却皱起了眉头，问梅尧臣："你看这段：'皋陶为士，将杀人。皋陶曰杀之三，尧曰宥之三。'这个典故出自何处？我没看到过。"

皋陶是与尧舜同时期的上古贤人，历经唐虞夏三个时代，长期担任"士师"，掌管刑法，故而后世尊为"中国司法之祖"。《论语》有云："舜有天下，选于众，举皋陶，不仁者远矣。"意思是舜帝知人善任，在管理天下时，选了公正的皋陶做管理，那些不道德的人和事自然就会被消灭掉了。

此次考题既然是论刑赏，苏轼举出皋陶为典自然是极妥当的，且将主张刑法的皋陶与主张宽仁的尧相对比，更是熨帖。但是这个皋陶三次判杀，而唐尧三次宽恕的典故，欧阳修从未在史书上见过，遂向好友请教。孰料梅尧臣也摇头说："我也没看到过，不过他既然这么写，一定有出处的吧。即便没有，瑕不掩瑜，也不影响夺魁。"

欧阳修却说："不可。看这文风思路，我怀疑很可能是我的学生曾巩所写，选他为第一，传出去难免会被人说闲话，就录为第二名吧。"

原来，最早的科举考试是开卷实名的。但是走后门的人太多，往往还没开考，录取名额已经内定了一半，前三名更是早已标清，这极大地背离了国家选拔人才的初衷。

宋代皇帝尤其看重科举，于是不断改进保密制度，先是实行糊名制，就是把考生的姓名贴条糊住；后来发现有学生在考卷上做记号，又或是有考官凭笔迹来判断亲信，便又实行誊卷制，将所有的考卷交与秘书重新誊抄一遍，然后再由主考官审阅，以此杜绝营私舞弊之风。

如今欧阳修看到苏轼的卷子，既看不到姓名也看不到笔迹，只能从行文风格判断，怀疑是自己的弟子曾巩所作，遂将卷子录为第二名以避嫌。

谁知榜单公布，第一名却恰恰是曾巩，而苏轼则落了个第二名。

接下来是殿试，宋仁宗亲临崇政殿监考。

大殿两庑整齐地排列着小桌方凳，桌上贴着考生的姓名及全新的笔墨纸砚，这是上好的贡品，考完后可以带走，算是御赐之物。经过了殿试的举子，才真正算是"天子门生"了。

这年的状元是章衡，因此史上惯称作丁酉科章衡榜。

章衡（1025—1098），字子平，福建浦城人。如今，已经没多少人记住章衡的名字，但是苏轼却曾经赞他："子平之才，百年无人望其项背。"对自己屈居其后心服口服。后来苏轼任杭州通判修建苏堤疏通西湖时，还曾向章衡求助。

有趣的是，这年与章衡同科的还有他的族叔章惇，因为没考过自己的侄子，竟然弃而不就。隔了两年重新再考，到底考个满意的成绩，才欣然就职。

且说章惇虽然辈分高，年纪其实比章衡还小十岁，考不过侄子很正常，但他却气性极大地"拒不受敕"，这种狠绝真非常人可以理解。

章惇毕竟也可算是苏轼兄弟的同科，还交情不错，后来却弄得反目成仇，对苏轼恨之入骨，简直不共戴天，此是后话。

丁酉科共录取进士388人，放榜后照惯例要去拜见座主。座主，就是掌贡举的主考官，而当科及第的学子都算是座主的"门生"，考中之后，要往座主处"谢恩"。

苏轼来拜访时，欧阳修趁机询问："那个皋陶杀人的典故出自何处？"

苏轼笑答："我只是合理推测而已，何必有出处？"

欧阳修先是一愣，再想不到困扰了自己许久的学术难题竟然是这么个答案，继而大笑称叹："此人可谓善读书，善用书，他日文章必独步天下。"

后来，苏轼每有文章出，欧阳修必先睹为快，某日读到苏轼的一篇文章，抚须赞叹："读苏轼书，不觉汗出，快哉！老夫当避路，放他出一头地也。"这便是"出人头地"一词的由来。

都说"教会徒儿，饿死师父"。世上当权者看到有劲敌冒头，往往会各种打压，美其名曰先下手为强；而欧阳修却既有知人之明，又有容人之量，不但主动给苏轼让路，更祝福年轻人快马加鞭，一骑绝尘。且断言：再过三十年，就不会有人再提到我的名字，只知苏轼，而不知欧阳修了。此言不胫而走，成为文坛佳话。但是这句话却是说错了，别说过三十年，哪怕过了三十多个三十年的今天，欧阳修的名字也仍是如雷贯耳，令人高山仰止，肃然起敬。

欧阳修的博学睿智，文采精绝，坦诚大度，都成为后世楷模，在大宋政治和文坛上同时具有极高的影响，苏轼赞他"论大道似韩愈，论事似陆贽，记事似司马迁，诗赋似李白"，意为老师在政论、修史、诗赋三方面俱至当世巅峰，无人能及。

（三）

和董传留别

粗缯大布裹生涯，腹有诗书气自华。
厌伴老儒烹瓠叶，强随举子踏槐花。
囊空不办寻春马，眼乱行看择婿车。
得意犹堪夸世俗，诏黄新湿字如鸦。

这是苏轼写于三十岁赠友人的一首诗，却很能代表他自己二十岁初中进士的情形。尤其"腹有诗书气自华"一句，道尽天下读书人的心声，遂成千古佳句；而"囊空不办寻春马，眼乱行看择婿车"，则形象地展示了"踏马游春"与"榜下捉婿"的热闹景象。只不过因为并非当下所作，便有了些岁月烟尘的味道，仿佛听老唱片，看老胶片，声色里摇曳着一抹温柔的晕黄，糅合着旁观的冷静与怀旧的惆怅。

粗缯，就是粗制的丝织品；大布，指麻制粗布。代指生活简陋。但是那又如何呢？庄子云："吾生也有涯，而知也无涯。"颜回能够箪食瓢饮而不改其乐，我辈又岂会自怨自艾，难耐一时之困顿寒酸？所谓"穷且益坚，不坠青云之志"，这满腹诗书，可比任何锦衣华服都更能让我们昂首挺胸，从从容容。

"瓠叶"之典，世人多认为是来自《诗经·瓠叶》。"幡幡瓠叶，采之亨之"，一首宴饮之歌，但是放在此处很难解释，所以我认为是指孔子所说的"吾岂匏瓜也哉！焉能系而不食？"是孔子为不得志而鸣。

槐花则代指时间，唐代有"槐花黄，举子忙"的俗语，槐花落时，也就是举子应试的时间了，因此科举考试又被称为"踏槐花"。

颔联的意思是不要荒废时光，变成老儒，便同架上匏瓜一般系而不食，中看不中吃；还是赶紧趁着好年华去和众举子们一起踏槐花赶考吧。所谓"学得文武艺，货与帝王家"，科举入仕才是硬道理嘛。

至于为什么要用匏叶而不直书匏瓜，则是因为平仄与对仗的需要，上联最后一个字必须为仄，而且匏叶与槐花相对更工整，所以借《诗经》而隐《论语》，"借对"而已。所以，这颔联是典型的劝勉之词，而尾联就是殷切的祝福了。

进士及第，金殿面圣，传胪簪花，正式定了名次，第一名状元，第二名榜眼，第三名探花，合称"三鼎甲"，身穿吉服，头戴簪花，骑在高头大马上，率领众新榜进士自东华门唱名而出，那情形要多风光有多风光。

街上张灯结彩，似乎全城的百姓都拥上街来，摩肩接踵，阵阵欢呼。更有大胆的女子将荷包、手帕、鲜花不停地从楼上扔下来……

还有官贾千金乘着香车宝马，一路跟随，在游街进士中寻找理想佳婿，这就叫"择婿车"。

想来，年方二十的苏轼，游街时一定收获了无数鲜花与秋波，然而却没留下一首诗来晒得意，这实在不科学。

至于最后一句，则是化用唐朝孟郊的《登科后》：

昔日龌龊不足夸，今朝放荡思无涯。
春风得意马蹄疾，一日看尽长安花。

诏黄，就是黄纸写的诏书；字如鸦，则是诏书上的黑字。

苏轼说兄弟努力吧，定会金榜题名的，到时候黄诏黑字，写得明白，你必将春风得意，洗尽旧日风尘。真是善祝善祷。

（四）

这是苏轼、苏辙兄弟的第一次科考，却不是苏洵的第一次赶考，当然也不是第一次落榜。看到两个儿子一举及第，当爹的却屡战屡败，真不知该得意好还是惭愧好，不禁自嘲地写了一首打油诗来表达这复杂的心情：

莫道登科易，老夫如登天；
莫道登科难，小儿如拾芥。

不过，虽然苏洵一辈子也没中过进士，文章却也受到了欧阳修的赏赞，认为几可与刘向、贾谊媲美，并且亲自向朝廷推荐。于是仁宗特召苏洵到舍人院参加考试，但是苏洵觉得没面子，称病推辞了。这也难怪，苏洵二十年来几次落第，如今沾了两个儿子的光打响名头，不如踏踏实实享儿子的福，何必再冒险考试？以前没名气，考不上也没损失，现在可不行，已经有了名声，就输不起了。确保不失的最好办法，就是压根不下场。

这之后，苏洵再也没有参加过科考。

二十岁的苏轼、十八岁的苏辙兄弟同科，一夜成名，成为公卿大夫的座上红人。苏洵带着儿子到处参加讲坛或雅集，其人其文也渐为世人所知。一时"三苏"之名响彻京师，传为佳话。

进士同科是宋代朋友圈中最持久最紧密的联系，这些人将会是举子们今后涉足官场最重要的人脉。

宋人轻同窗而重同年，就因为同窗只代表了过去的辛苦，而同年才意味着未来的辉煌。

对于苏轼在眉州读书时究竟有过哪些同学，我们所知甚少。他在进士考中的同年，却有半数与他维持联系，甚至陪伴到老。这其中，金光闪闪的名字实在太多了。

出名要趁早，交朋友也要趁早。因为你不知道这些人中，将来哪一位会登堂拜相，哪一位会成为同僚，哪一位会在你得意时锦上添花，又有哪一位会在你落魄时雪中送炭。最好的办法，就是广交朋友，多多亲近。而朝廷似乎也有意为新晋们提供这种亲近的机会，放榜后的官方、非官方聚会一个接着一个，从省试结束的谢师宴，金殿传胪的琼林宴，在太学举行的释褐礼，直到五月授官，时间足足一个月之久。

唐宋举子参加考试时，要穿褐布麻衣，考上举人得了官，就可以脱下褐衣换官服了，称之为"释褐"。未经释褐、没有得官的平民，不论穿什么色、什么质地的衣裳，都被称为"布衣"，或者"白衣"。哪怕把绫罗绸缎全部披上身再绣个万紫千红花团锦簇，也只是彩衣，不是官服，仍然只能叫作布衣。

所以，这个"释褐礼"就显得非常重要。当然，刻题名碑也很重要，金明池宴也很重要，三百多名进士三天一小聚，五天一大聚。集体聚，分组聚，小团体聚，几乎一日不歇。

为什么会这么久呢？因为取中后，官府还要将所有进士一一录册，内容包括姓名、名次、籍贯、相貌特征，甚至祖上三代的资料，那时候都是人手一一誊录，还要反复核对，怎么也得花上十来天时间。誊录清楚后还要付梓印刷，这雕版刻印又要十来天，装订完再分发各处，怎么也一个月过去了。

这段时间里，各地考生自然都不能回乡，要守在京城等待分配。等待期间，唯一要做的事就是参加各种聚会，或是发起各种聚会，乃至投名递帖，挤入各种聚会。

这些聚会的费用，部分来自皇帝的专项拨款，部分来自名绅显贵的赞助，还有一部分就只能是众筹组局了。因为聚会太重要，所以考生们往往没钱也要打肿脸充胖子，轮流做东。

魏泰《东轩笔录》中载："进士及第后，例期集一月，共醵罚钱奏宴局，什物皆请同年分掌，又选最年少者二人为探花使，赋诗，世谓之探花郎。"

魏泰，就是曾布夫人魏玩的亲弟弟，后来仗着宰相姐夫没少干坏事。他在笔记中明确提到进士们的欢乐时光足有一月，而"共醵罚钱"，说穿了就是凑份子。

苏洵来京时可是做足了准备的，既有故旧，亦有资财，加上苏家兄弟年少有为，自然是各种聚会的抢手嘉客，陀螺般周旋于各种宴席之间，觥筹交错，酒绿花红，得意非凡。

《封氏闻见记》有载，士人登第或升官，亲朋好友俱来相贺时，主人要准备丰盛的酒席乐舞款待宾客，谓之"烧尾宴"。典出鱼跃龙门，必须雷电烧其尾乃化为龙，故曰烧尾，意思是从此之后，你家鱼龙有别了。

这堪称苏家父子一生的高光时刻。倘若不出意外的话，苏轼兄弟应该在这一年便早早进入官场，抓住仁宗朝的余晖，发光发热，早早做出一番事业了。可叹的是，这时家乡传来苏洵夫人于四月初八不幸病逝的噩耗，苏家父子只得匆匆赶回蜀地治丧，连五月授官都未等到。真是乐极生悲。

依照律法，凡官员居丧，须报请解官，谓之"丁忧守制"，为期三年。说是三年，其实是 27 个月。这期间不得行婚嫁庆典之事，不放炮，不作乐。武将丁忧不解官职，给假数月不等，特殊忌日另外给假。

但若皇上很重视这位臣子，就会"夺服"，又称"夺情"，不许他告假。比如晏殊就曾两次获得这样的殊荣：第一次父亲去世，皇帝不许他还乡，"诏修宝训，同判太常礼院"；第二次母亲去世，晏殊乞假还乡，皇帝又不许，且升他为太常寺丞，不久擢为左正言、直史馆，成为升王府记室参军。晏殊这官儿升得真有点莫名其妙，但也看得出皇上有多么离不开他。

可是苏轼兄弟只是新科进士，初出茅庐，在皇帝面前只有个名头，脸都还没混熟呢，自不可能有"夺服"之恩，只得乖乖地归蜀守制，三年不得入仕。于是，苏家兄弟人生中本该最为张扬快意的三年，就这样悄无声息地淹没在了眉州的山水间。

出蜀记

　　山中无日月，寒尽不知年。在眉山守制的三年一晃而过，苏轼兄弟并没闲着，一直在积极备考，准备挑战更高难度的制举试。这是在两兄弟投考进士科之前就已经立定的目标，也是张方平、欧阳修两位前辈为他俩画下的"饼"。

　　制举试与寻常的科举试不同：宋朝科举试通常三年一试，称为"常科"，有时放"恩科"则会临时增加一次考试。两宋三百多年间共举行过118次科举考试，进士总数四万多人，平均每次录取三百多人，最多时高达千人。但是制举试就难多了，它是由皇帝特别下诏并亲自主持、为选拔非常人才而特设的一种考试制度，两宋加起来也只举行过22场制举试，共录取41人。每次只有一两人中选，还有时全场剃光头，难度可想而知。而且士科诸科的目的是从民间选拔人才，让寒门士子与世家子弟平等竞争；而制举试则是天子下诏征集某方面的人才，然后由左右大臣举荐上来，这就不是寻常没有门路的寒门等闲可问津的了。

　　制举有志烈秋霜科、武足安边科、才膺管乐科、直言极谏科、文辞雅丽科、博学宏词科等，顾名思义就是需要这几方面的人才。而张方平、欧阳修都认定苏家兄弟有实力挑战制举，鼓励他们全力进攻直言极谏科。

　　文坛领袖都发话了，苏洵自然更要对儿子充满信心。为了伴读陪考，给儿子创造最好的学习环境，索性决定举家出川，入京定居。反正，就算儿子们考不上，之前已经有了进士功名，还是可以得官的，早早去京城打点，怎么算都是一笔合理投资。于是，嘉祐四年（1059年）九月守制结束，苏洵拖儿挈孙，三代同堂，来了次长途远游。自眉山往开封，一路舟车相继，山重水复，整整走了半年。

之前，父子赶考时有过一次远行，但是一心备考，心无旁骛。这次则带上了两位儿媳王氏与史氏，还有褓褓中的孙儿苏迈及乳母仆婢，一家人浩浩荡荡，集体出行，极是悠闲、任性又逍遥。

出蜀时走的是水路，从眉山出发，顺岷江、长江而下，由南折东，经过嘉州、戎州、泸州、渝州、涪州、忠州、夔州，下三峡在荆州弃舟登陆，过了个没有女长辈的团圆年。然后于次年正月初五从荆州出发，改成陆行北上，经长安往河南，直至嘉祐五年二月方至京城。

父子三人一边游山玩水，一边吟诗作赋，沿途记录"山川之秀美，风俗之朴陋，贤人君子之遗迹"。过瞿塘峡，经滟滪堆，历巫峡之险，览荆州之胜，走到哪写到哪，"船上看山如走马，倏忽过去数百群。"（苏轼）"暮行百里一回头，落日孤云霭新画。"（苏辙）真是一日百变，风光无限。

后来，三苏将这次行程中所作诗文编汇成集，完整描绘了一家人的自驾路线，自眉山至江陵段，共吟成诗作一百篇，汇为《南行前集》，由苏轼作叙；从江陵至京城，作诗文七十三篇，汇为《南行后集》，由苏辙作引。

此时苏轼尚未出仕，不知宦海艰难，却已在《出峡》一诗中写道：

入峡喜巉岩，出峡爱平旷。
吾心淡无累，遇境随安畅。

虽为"少年不知愁滋味"之作，但他一生的沉浮境遇，倒也确实做到了随遇而安，心淡无累。

百年第一，人生到处知何似

（一）

嘉祐五年（1060 年）二月十五，苏洵一家抵达京师，赁房暂住。苏轼兄弟通过吏部典选后，一个得了河南福昌县主簿，一个得了河南渑池县主簿，从九品。

九品已经被嘲笑是芝麻官了，何况还是"从九品"，宋朝进士得官中，已经没有比这更低的等级了。两位才子自然看不上，便都辞官不就，一门心思入京都怀远驿读书，准备制举考试。

苏洵则得了欧阳修、韩琦等人举荐，做了秘书省校书郎，参与修撰礼书《太常因革礼》。

苏老泉，终于是做官了。

欧阳修在《举苏轼应制举状》中这样写道："臣伏见新授河南福昌县主簿苏轼，学问通博，资识明敏，文采烂然，议论迭出，其行业修饬，名声甚远。臣今保举。"

事实证明，这举荐真是一点儿没错。

嘉祐六年（1061 年）八月二十五日，仁宗在崇政殿亲自面试制举应试者，称为"御试"。苏轼再见天颜，独占鳌头。

这期制举的主考官是司马光，负责二次评级的覆考官为王安石。这样，苏轼同时也可算是司马光与王安石的门生。而他后半生所有的沉浮与不幸，也起源于这两人。

更让人感慨的是，这科的名目是"贤良方正能直言极谏科"，苏轼真没辜负这个科目，一辈子都毁在"直言极谏"上。

《宋史·苏轼传》说："自宋初以来，制策入三等，惟吴育与轼而已。"

啥意思？就是说制举分五等，但是因为录得太高了不知道怎么分配工作，所以甲等和二等形同虚设，中选者多为四等，五等以下则不录。而从北宋建立到嘉祐六年（1061年）的百年制举试中，只有吴育和苏轼两个得到过三等的好成绩。但这三等也还分为三等上与三等次，吴育是三等次，而苏轼是三等上。换言之，这是有宋以来成绩最好的一张试卷，故被称为"百年第一"。

这年，苏轼只有二十四岁，真正的天之骄子！

苏辙，获得了四等。苏辙在这年策论的表现非常出人意料，竟然对着宫禁之事大放厥词："陛下近岁以来，宫中贵妃已至千数，歌舞饮酒，欢乐失节，坐朝不闻谘议，便殿无所顾问。"

这可真是冤枉了皇上。宋仁宗赵祯，是两宋三百年间执政时间最长的皇帝，而他在位期间，也是大宋最好的时光。

翻开《宋史》，于仁宗一朝没几行就可以看到某项仁政，或是下令减少某地赋税，或是赈济某地灾民，或是因为边境战争失利而下诏自责、停止宴饮歌舞，或是释放数名宫女出宫……善行之密，历代罕有。

宋仁宗不但在体制管理上文明大度，生活细节也是一样。

有一次，宋仁宗在后花园散步，途中口渴，可是几次回头看随从，却发现他们没有预备水壶。于是就忍着干渴走回寝殿，一进门赶紧对宫女说："快拿水来，渴坏了。"宫女问："为什么刚才在花园的时候不命随从立刻去取水呢？"仁宗说："如果问起此事，随从没有提前备水，肯定会被责罚的，所以不提也罢。"

且仁宗尚俭，在位期间六次放遣宫女，嫔妃之数较历代来说都是少的。衣服总是洗了又洗，穿旧方换。有一年秋天，京师海鲜刚刚上市，内廷尚食局晋上28枚蛤蜊。仁宗问："其价几何？"答："每枚千钱。"仁宗怅然不乐："我常诫尔辈不可侈靡，今一下箸便花费二十八千，吾不堪也。"遂不食。

所以苏辙之言，完全是道听途说，盲目听信老百姓对皇宫的肆意揣度，竟拿到大殿上当成正经罪名加诸帝王，"采道路之言，论宫掖之秘"，简直不知所谓。

因此廷臣恼怒，奏议"辙言狂诞，恐累盛德，乞行黜落"，请求仁宗直接拿掉苏辙的功名。但是仁宗爱惜苏辙之才，觉得他虽然轻信，毕竟年轻，而且勇气可嘉，御批："求直言而以直弃之，天下其谓我何？"意思是，既是直言极谏科，又如何能因直言而黜落呢？那会让天下人怎样看待我这个君主？遂将其定为四等。

苏辙的勇气胆量固然可嘉，仁宗的气魄大度更令人拜服。

兄弟二人再次同科上榜，且是难比登天的制科榜，这真是"亮瞎"了群臣的眼睛。就连举荐人欧阳修也连连大呼："苏氏昆仲，连名并中，自前未有，盛事盛事！"

史书上且说，殿试当日，仁宗退朝后向着曹皇后喜极而叹："吾今为子孙得两宰相矣！"认定这苏家兄弟都是宰相之才。

可恨的是，他的子孙没有他的眼光，不但没让苏轼当上宰相，还差点要了他的命。不过也幸亏有这句话，曹太后才会在"乌台诗案"中救下了苏轼的命，此为后话。

（二）

苏轼蟾宫折桂的第一份工作是大理评事、签书凤翔府判官，也就是凤翔知府的助理官员，相当于今天的市委秘书长。苏辙则授校书省校书郎、商州军事推官。

苏洵老迈，两个儿子都远放做官，这一大家子谁照顾呢？因此苏辙决意留京，上诏请辞，获朝廷允准。也有说法是苏辙仍对职位不满，还有一种说法是为天子拟诏的王安石拒绝起草苏辙的任命诏书，而二人的梁子也由此而结。

真相如何，不能确知，但是辞官在宋朝是很常见的。大宋以孝治天下，讲究"求忠臣必于孝子之门"，所以才将丁忧、侍疾等孝礼看得极重。孔子云："父母在，不远游。"因而士子拒仕侍亲非但不是悖逆之举，还会为自己积累名声。

比如包拯 28 岁进士及第后，就没有接受官职，却回到乡里侍奉双亲，直到双亲过世，又服孝三年才肯出仕。再如范仲淹的儿子范纯仁，也是在考中进士后回到父母身边侍奉，直到范仲淹过世才出来做官，且一直做到宰相之位。

苏家哥俩同榜，如果丢下老父，一起外放做官，倒要担了不孝之名。因此一家人开了个会，最后决定，两兄弟一人入陕上任，一人留守汴京。至于为什么赴任的是哥哥而非弟弟，那自然是因为哥哥的官职更高了。

苏轼前往陕西时，苏辙一路相送，依依不舍，一直将哥哥送到郑州西门外才分手。想起当年两人一起赴京赶考时，曾在河南渑池僧舍借住，还曾于壁上题诗。如今哥哥再度入陕，必定重经渑池，不禁诸多感慨，遂作《怀渑池寄子瞻兄》：

相携话别郑原上，共道长途怕雪泥。
归骑还寻大梁陌，行人已度古崤西。
曾为县吏民知否？旧宿僧房壁共题。
遥想独游佳味少，无方骓马但鸣嘶。

苏辙之前曾授河南府渑池县主簿，但为了准备制举考试，未能就任。这句"曾为县吏民知否"，说的便是自己没干几天的主簿。

两兄弟自小同吃同住，一同读书，一同科举，这还是他们人生中第一次长久分离。所以苏辙表现得恋恋不舍，而苏轼则要洒脱得多，见诗后略一沉吟，便研墨提笔，步韵和了一首《和子由渑池怀旧》：

人生到处知何似，应似飞鸿踏雪泥。
泥上偶然留指爪，鸿飞那复计东西。
老僧已死成新塔，坏壁无由见旧题。
往日崎岖还记否，路长人困蹇驴嘶。

这首和诗可比原诗有名多了，既有深沉的思索，也有达观的体悟。以雪泥鸿爪比喻人生，写出世事变幻，沉浮不定，像渑池题壁这样的事情，就像飞鸿在雪泥上留下爪印接着飞走，只是一个偶然的印迹罢了。

那寺里的老僧只怕已经坐化，壁上的题诗早已墨迹全无，还记得我们兄弟俩一起经历的那些辛苦吗？前路茫茫，人疲马嘶，人生的遭遇既为偶然，就以顺适的态度去从容面对吧。

诗中感悟人生，充满沧桑漂泊之感，很难想象这是一个风华正茂前途无量的年轻人写出来的，而且还是写在他摘取"百年第一"的桂冠之后。

苏轼写这首诗的时候，一定想不到，他早早以诗句为自己的人生卜了一卦。他这一生，真个是雪泥鸿爪，无任东西，漂泊不定的。

这首诗每一联都是对苏辙诗句的回应，却对答自然，顺流直下，尤其前四句，圆转流走，一气呵成，律中出古，潇洒不群，常被节选出来作为绝句而广泛引用，虽是和诗，却比原诗还要自然清新。

像这种明明是步韵赋和，却偏偏比原作还要自如顺畅的创作，苏轼一生不知干了多少次。最有名的就是和章质夫的杨花词，被王国维称为："东坡杨花词，和韵而似原唱；章质夫词，原唱而似和韵。"

这样的捧场赋和，还真是让原主尴尬呢。

为刚刚展开的宦海沉浮打底子的，还有一首关于"夜雨对床"的定约绝句。

此前两人赴京赶考时，有一夜风雨大作，说起韦应物的"安知风雨夜，复此对床眠"，兄弟俩相约，得官后不要贪恋高位，风紧了勿忘扯呼，及时抽身，早早归隐，一起回蜀州抱团养老。此番苏轼将仕，便旧话重提，与子由珍重相约，勿忘对床之约。还写了个长长的诗题：

辛丑十一月十九日既与子由别于郑州西门之外

......

> 寒灯相对记畴昔，夜雨何时听萧瑟。
> 君知此意不可忘，慎勿苦爱高官职。

然而，"夜雨对床"终究成了他们念叨一生而未能如愿的空约，临老犹叹："孤负当年林下意，对床夜雨听萧瑟。恨此生、长向别离中，添华发。"

郑州西门，从此记下了苏家兄弟的足迹与眼泪。

三
雍州

雍州，初仕凤翔

（一）

凤翔，地处关中平原西部，隶属陕西省宝鸡市，在今天并不起眼，但在古代可是大名鼎鼎，称"雍州"，为华夏九州之一。

它是西周发祥之地，更是嬴秦创霸之区，先秦19位王公在此建都294年，秦始皇亦在此加冕。

早在文王时，就有"凤凰集于岐山，飞鸣过雍"的记载。到了秦穆公时期，又有了"弄玉吹箫引凤"的传说：穆公有女弄玉，善吹笛，与擅吹箫的华山隐士萧史志同道合，结为连理。每逢风清月朗，便会笛箫相和，宫羽和谐。一日，两人又在阁楼上横笛清吹，竟然引来了九天的凤凰，于是携手御风，乘着凤鸾飞去，当真做了神仙眷侣。

不过，虽然雍城一再有凤凰眷顾，"凤翔"的名字却是到了唐朝才取的。

安史之乱时，唐玄宗带着皇亲国戚一路西逃，曾经在此驻跸，高适、杜甫便是在这里追上了銮驾，痛定思痛，商议国策。之后玄宗继续西狩入蜀，而太子李亨则北上灵武，即位称帝，便是后来的唐肃宗。肃宗即位后，便将雍城改名"凤翔"，名为纪念凤凰栖落之地，暗指帝銮暂栖于此，而自己这位储君便在雍城起飞，凤翔九天。"凤翔"之名由此而起，一直沿用至今。

苏轼第一次做官的地方，便在这样的吉庆之府，似乎预示着一代文豪将从此飞升。

北宋时期，地方政权设路、府（州）、县。凤翔府治天兴，领九县：天兴、岐山、宝鸡、扶风、眉县、虢县、周至、麟游、普润。

凤翔至今仍保存着大量的周秦文化遗址，它拥有历史上最早的祭祀神灵场所——雍山血池秦汉祭祀遗址，著名的五畤原就在凤翔塬上。

秦人的宗庙和先祖陵园也在凤翔，最著名的秦景公一号大墓占据了中国考古史上五个之最。雍州古镇依灵山而建，依山地作台阶式错落分布，配合大量人文景观、壁画浮雕，颇具秦风。

苏轼到任之后，经常四处寻访秦唐古迹，流连于这些秦朝的碑刻，还有王维、吴道子等人的画作及佛像，感慨着"兴亡百变物自闲，富贵一朝名不朽"。

那时候，他绝没有想到，千年后，他自己的手迹，也成为凤翔最珍贵的文化遗产。

苏轼初到凤翔时，对于大西北的干旱荒凉很不习惯，曾作长诗《东湖》长叹：

> 吾家蜀江上，江水绿如蓝。
> 尔来走尘土，意思殊不堪。
> 况当岐山下，风物尤可惭。
> ……
> 闻昔周道兴，翠凤栖孤岚。
> 飞鸣饮此水，照影弄毵毵。
> ……

简单说，就是我从山明水秀的蜀江来此，实在见不得大陕西的八百里荒川，想这凤翔曾是周兴秦盛之地，怎能如此沦落？所以我要大兴水利，重引凤凰。他到任的第一个春天，就遇上了凤翔大旱，遂提出"水多则蓄之，以防涨溢；干旱则泄之，以润田畴"的原则，主张浚通湖泽，以利百姓。经过实地勘察，他利用城西北的凤凰泉和城东南的饮凤池之间的关联，因势利导，将淤塞的饮凤池扩展疏浚，引凤凰泉水入湖，题名"东湖"。

人们都知道杭州西湖的苏堤是东坡遗爱，却很少人知道，凤翔东湖的莲风柳浪，才是苏东坡在水利工程上最早的手笔。

所谓春雨贵如油，如果春天不下雨，那么一年的收成就堪忧了。这种时候，人们普遍会祈雨。苏轼这个地方官自然也不例外，遂与太守前往太白山道士庙祈雨，还写了篇很有趣的祈雨文跟龙王讨价还价。

不过龙王有点不给苏轼面子，拖了十天才稀稀落落洒了点小雨，远远不足以润泽久旱的庄稼。于是苏轼端正态度，考据出太白山在唐朝时是有封爵的，于是替太守写了札子，奏请皇上恢复山神爵位，又与太守斋戒沐浴，而后往庙前"迎龙水"。这次还真的把雨求来了，但是百姓们认为雨水不足以灌田。于是苏轼再作祈雨文，这次，大雨来了，而且连下三日，让田地庄稼彻底喝了个饱。

这真是万众共庆的大喜事啊，而就在这大喜之时，苏轼建于公堂北边的亭子也落成了。于是，苏轼于亭上设席筵请同僚，问："五日不雨可乎？"

客答："五日不雨则无麦。"

苏轼又问："十日不雨可乎？"

客再答："十日不雨则无禾。"

苏轼点头慨叹："无麦无稻，年成自然荒废，民众饥寒，而盗事必然蜂起，那时我与你们又哪有机会在这亭中游玩享乐？良辰美景，都是借了雨的恩赐啊！"于是为亭子取名"喜雨亭"，并作《喜雨亭记》，歌之曰：

……使天而雨珠，寒者不得以为襦；使天而雨玉，饥者不得以为粟。一雨三日，伊谁之力？民曰太守。太守不有，归之天子。天子曰不然，归之造物。造物不自以为功，归之太空。太空冥冥，不可得而名。吾以名吾亭。

字字珠玑，实为千古写雨之极致，且将天降喜雨从太守之力推至造物之功，太空之冥，意境高古，令人拍案。

苏轼在凤翔期间，曾为东湖作诗文一百八十余篇，尤以这篇《喜雨亭记》最为著名，后与《凌虚台记》一起被收入《古文观止》中，永远地记住了那个万人空巷的欢乐时刻。

（二）

修筑凌虚台，是凤翔太守陈希亮的主意。

从苏轼一生仕宦的经历来看，他显然是个刺儿头。而陈希亮，大概就是他公然顶撞过的第一位上司了。因为这样，陈希亮曾被很多小说家指斥为小人、贪官、妒贤嫉能之人。

陈希亮（1014—1077），字公弼，眉州青神人，与苏家乃是世交。他的小儿子叫陈慥，字季常。就是那个"河东狮吼"的男主角，史上怕老婆第一人。后来陈季常成为苏东坡最好的朋友。他有个孙子叫陈与义，宋朝著名诗人。"江西诗派"素有"一祖三宗"之说，一祖是杜甫，三宗指黄庭坚——"苏门四学士"之一，陈师道——"苏门六君子"之一，第三位就是陈与义。

陈希亮年纪轻轻便父母双亡，与哥哥相依为命。这哥哥贪财无义，因为嫌弃弟弟读书吃白食，就想方设法逼他分家。他哥哥舌灿莲花地算了一回账，最后得出结论是家宅、田、地营生全是自己的。因为这些年来一直是自己在经营，而弟弟出门游学不懂俗务，有房产也没用，还是分点银子算了。至于银钱，偌大家财只折算了三十万给他。三十万，也是不小的一笔数字，省省花也够安身立命，让他有充足的时间备考上进了。但是分到手才知道，哪里是三十万钱，竟然是三十万借据，多年来乡亲邻里借的款子或是生意往来的欠账，还都是些呆账。换言之，一文不值。陈希亮也不纠结，干脆集合了邻里乡亲，当着欠债人的面，一把火将借据账单烧个精光，然后便背起行囊负笈远游了。

就冲这份豪气、这份潇洒，问谁能敌？

最让人叹服的是，这个哥哥或是因为亏心事做多了，在陈希亮中进士后不久便死了。死之前想起弟弟来，一把鼻涕一把眼泪地将两个儿子托付给了他。陈希亮不计前嫌，以德报怨，就此担起了两个侄儿的生活与教育问题，将他们全都培养成了进士。

这还不算，他还有位同乡宋辅，当初同他一起寻师访友，一同考举做官，后来染病身亡，留下老母幼儿无人照料。陈希亮便将这一老一少全都

接到了自己家中。陈希亮自己原有四子三女，再加上两个侄子和一位义子，简直把家中办成了赡养堂。

后来那宋辅的遗孤宋端平也中了进士，喜报来时，陈希亮扶着宋母出来迎接，人们还以为这是嫡亲的祖孙三代呢。

这样的一个人，又怎么可能心胸狭窄、妒贤嫉能呢？要说苏轼恃才放旷，行事张扬，倒还更可信些。毕竟，那年的苏轼，初涉官场，锋芒正盛，还未到而立之年，搁在今天，也就是个职场愣头青。

苏轼与陈希亮的矛盾在于性格不合。

陈希亮能在子侄中教出六七个进士来，可见学问很好，为人端方，规矩甚严。"清劲寡欲，不假人以色，自王公贵人，皆严惮之。"士大夫宴游时，只要听说陈公弼来到，立刻举座肃然，喧笑俱静，连花酒都吃不痛快了。

苏轼顶着"百年第一"的名头初出茅庐，正是豪情万丈指点江山之际，哪里受得了许多条条框框，冲突几乎是一定的。

苏轼于嘉祐六年（1061年）十二月来到凤翔，宋英宗治平元年（1064年）十二月离陕，所以有人说三年，有人说四年。

他在凤翔的第一个上司是宋选，就是陪他祈雨的那位；第二位才是陈希亮。陈希亮于嘉祐七年初任凤翔府知府，听到有吏员称苏轼"苏贤良"，登时大怒："不过小小一个府判官，哪里就称得起贤良来了？"他对待僚属一向严厉，大约也是为了给衙门立下马威，当即下令刑杖责打。

这打的哪是吏员的屁股，这打的就是苏轼的脸嘛。

两人就此结了梁子。

苏轼任职签书节度判官厅公事，主要工作就是综理文案。每每拟罢上提，陈希亮大加挑剔，涂抹删改，这就更让以文章自负的苏轼不能忍了。

苏轼向来不是被打压一下就能学乖的性子，当下更是冷眼以对，连中元节官宴也不过知府厅堂，却被陈希亮抓了错处罚铜八斤。

胳膊果然拧不过大腿。苏轼心里这个气呀，简直无处发泄，郁闷地写诗说："虽无性命忧，且复忍须臾。"对这小公务员的生涯十分气恼。

恰好此时陈希亮于府后筑起一座凌虚台，命苏轼作记。苏轼也不推辞，洋洋洒洒，褒中含贬，将陈希亮好一番讽刺。文末云："夫台犹不足恃以长久，而况于人事之得丧，忽往而忽来者欤！"意思是你嘚瑟，世事无常，看你还能蹦跶几天。

他满心以为凭陈希亮的性子，不知又要做多少批驳删抹，孰料陈希亮读罢，径命人勒石付刻，不易一字，淡然将苏轼这篇文采斐然而内有玄机的美文就这样流传于世了。

连明朝第一才子杨慎读到《凌虚台记》都感叹说："一篇骂太守文字尔！"

上石之日，陈希亮咏之再三，抚须叹道："吾视苏明允，犹子也；苏轼，犹孙子也。平日故不以辞色假之者，以其年少暴得大名，惧夫满而不胜也，乃不吾乐也。"

意思是说，我和苏家三代论交，把苏老泉当成儿子，把苏轼看成孙子，怕他年少成名，狂妄自满，所以才对他严格教导，不假辞色，没想到这孙子不领情，竟然生我的气。这番话说的真令人啼笑皆非，哪有这样上赶着给人当爷爷的。后来苏轼特别喜欢修台子，到密州有超然台，到徐州有黄楼，也不知道是不是受陈希亮影响。

苏轼不喜欢陈希亮，倒是与他的小儿子陈季常颇为投契。陈希亮有四子，老大、老二、老三都是官身，只有小儿子陈慥无意考科举，只爱读武侠小说，使酒好剑，视金钱如粪土，常和苏轼并驾齐驱，逐猎西山。两人在马上高谈阔论，季常说起用兵及古今成败之事，滔滔不绝，神采飞扬，自谓一代豪侠。可惜的是，他最终亦未能从武出身，索性做了隐士。后来苏轼贬谪黄州时，与他重逢，遂成莫逆之交，时相往来，是东坡沦落时的最大安慰，此为后话。

陈希亮逝于1077年，享年六十四岁。苏轼自称平生不为人作行状墓碑，却因受陈季常之请托，且深敬陈希亮为人，破例写下《陈公弼传》，并回忆说："轼官于凤翔，实从公二年。方是时年少气盛，愚不更事，屡与公争议，至形于言色，已而悔之。"

这年的苏东坡已经几番沉浮，而以吏能自任。有人问他何以如此能干，东坡答："我于欧阳公及陈公弼处学来。"竟是视陈希亮为师。其实，很多人断章取义，同小儿观影般喜欢简单地给人贴上好人坏人的标签，才生生把陈希亮放在苏轼的对立面，把他写成了一个奸邪小人。

（三）

　　且说苏轼亲自设计监工的饮凤池浚通后，便又命人在湖上种莲，岸边植柳，搭桥建阁，修筑亭台楼榭，就这样硬是在干旱少雨的西北地区建成了一个江南风光的大花园，成为八百里秦川的一颗璀璨明珠。直到今天，东湖仍是凤翔居民最爱的后花园。凌虚台，亦被移建于此。

　　后来苏东坡充分发挥了自己在水利工程上的特长，去到哪里都要筑堤通渠，遂有"东坡处处筑苏堤"之说。2020 年甚至与大禹、李冰等十二人入选水利部公布的中国首批"历史治水名人"名单，是不折不扣的"水利专家"。而他牛刀初试的地方，正是在凤翔。

王弗，十年生死两茫茫

（一）

王弗十六岁嫁与苏轼，虽然情意相投，夫唱妇随，但是苏轼一门心思读书，并无多少时光流连闺房之乐。后来又进京赴考，留下娇妻操持家务，奉养母亲，更是辛苦。想到母亲临终时，只有王弗在身边照料，苏轼对妻子很是愧疚。这次出仕凤翔，便带着王弗同往。王弗终于暂时脱离大家族的繁忙家务，过起了夫唱妇随的二人世界。

凤翔，堪称是夫妻俩度蜜月之地。

王弗是由程夫人一手调教出来的百分媳妇，薛宝钗与林黛玉的完美结合体。既能与苏轼谈论诗文，琴瑟和鸣，又擅长持家理事，观人入微，"世事洞明皆学问，人情练达即文章"。

每每苏轼任性轻率，王弗便会提起公婆的话来劝诫夫君，且说："子去亲远，不可以不慎。"公公不在身边，婆婆又已作古，家中没有大人，只有我们夫妻相伴，说话做事怎能不谨慎呢？

关于程夫人的种种逸事中，最神奇的一则是关于"不发宿藏"的奇闻。

纱縠行的房子最初是租的。一日，苏家婢女熨烫衣物时，不小心一脚踩空，发现深达数尺的洞里有块乌木板，下面盖着一只瓮。众人自然都嚷嚷着要搬出来看看是什么金银财宝，然而程夫人却立即命人将洞填了，她说："此非苏家之宅，即使有财宝，亦非苏家之物。"

后来，程夫人的另一个侄子程之问，也就是程之才的弟弟，听说这件事后，到底偷偷将地挖了开来，直挖了一丈多深，却没有找到那个瓮。可见，宿藏也是要寻找主人的，程夫人不要，也不会便宜了程之问。

王弗为婆母侍疾多年，言行举止便都带了些程夫人的影子。在凤翔时，一日大雪，苏轼看到住宅外一棵古柳下，有一尺见方的地方居然不积雪，颇为奇怪。待到雪霁再看，那里竟隆起数寸。

苏轼天马行空的想象力立刻被激活了，怀疑此为古人藏丹处，便想找铁锹挖地寻宝。王弗忙阻止道："如果婆婆在的话，一定不会让你这样做。"

东坡大愧，立即罢手。后来，他曾在《前赤壁赋》中写道："天地之间，物各有主，苟非吾之所有，虽一毫而莫取。"不正是受母教诲的感悟吗？

苏轼生性疏阔洒脱，热情好客，却对人疏于防范，"上可陪玉皇大帝，下可陪田院乞儿，眼前见天下无一个不好人"。

这样的人容易交朋友，也容易招小人。幸好，有王弗的体贴明敏为他补足。苏轼视妻如友，什么事都与她商量。

有时客人来访，王弗就站在屏风后面打量来人，过后对苏轼说："某人也，言辄持两端，惟子之意之所向，子何用与是人言。"意思是这人说话模棱两可，一味迎合，毫无诚意，这样的人是不可交的，何必与他多说。

有时苏轼与某人谈得投机，恨不得掏心掏肺，王弗亦会提醒："恐不能久，其与人锐，其去人必速。"意思是这人投机心切，急于亲近，只怕过后背弃朋友也必然是快的。

后来的事实证明，王弗看人极准，所言必中，且从此留下了"屏后听声"的佳话。

可以想象，倘若王弗一直伴在苏轼身旁，随时提醒他收敛言辞，小心损友，后来数十年的沉浮动荡或许便不致发生，不会有"乌台诗案"，也不会有章惇的一再迫害。只可惜，情深缘浅，她与苏轼的姻缘，只有十年。

（二）

治平二年（1065 年），苏轼结束了凤翔府职事，调任京师，判登闻鼓院，在史馆任职，成为皇帝近臣。

此时，苏家已经在宜秋门旁买了宅子，称为"南园"。苏轼沾沾自喜地在给朋友的信中描述这房子的风格布局：

……都下春色已盛，但块然独处，无与为乐。所居厅前，有小花圃，课童种菜，亦少有佳趣。傍宜秋门，皆高槐古柳，一似山居，颇便野性也。

然而新职位上任不久，新房子没住几天，王弗却患病猝逝，时为五月二十八日，年仅二十六岁。这令苏轼如冰浇火，如坠深渊，仓皇之下，竟未留下任何文字，以致我们无法知道王弗究竟得的是什么病，为什么会年纪轻轻就抛下了六岁的儿子苏迈撒手西去。

雪上加霜的是，第二年四月，苏洵亦病逝京都，享年五十八岁。留下遗愿，令儿子继续撰写自己未能完成的《易传》。

此时，由于苏轼进京侍奉老父而得以脱身的苏辙，也是刚刚出任大名府推官不久，闻讯只得匆匆赶回。兄弟俩再次辞官守制，自汴河入淮，扶柩还乡，将父亲归葬故里。

就这样，又一个三年不见了。

临行前，苏轼上书朝廷，为父亲求赐官爵。这时的皇上已是宋英宗赵忠实，特赠苏洵为光禄寺丞，并赐银一百两，绢一百匹，作为苏洵的发葬费，并命官船运其灵柩归蜀，这是远比苏洵的官职应有待遇高得多的恩赐。

苏家兄弟下汴河，过长江，花了半年时间才回到眉州。可见扶灵归葬的人工和耗费都相当巨大，若非朝廷补贴，苏洵和王弗的灵柩是很难回到故里的。

1067 年 10 月，苏洵被葬入彭山县安镇乡可龙里老翁井侧，与程夫人合葬，王弗的墓则被安置在苏洵与程氏墓西北八步，代替苏轼继续在天国侍奉公婆。

在苏轼兄弟的请求下，苏洵的墓志铭，由欧阳修撰写，苏母程夫人的碑铭，则由司马光撰写。苏老泉，可以说极尽身后之哀荣了。

王弗的墓志铭，则由苏轼亲自撰写："君得从先夫人于九泉，余不能。呜呼哀哉！余永无所依怙。君虽没，其有与为妇何伤乎。呜呼哀哉！"

坟冢旁，苏轼亲手种下了数千棵松柏。

苏轼曾在诗中回忆：

我昔少年日，种松满东冈。

初移一寸根，琐细如插秧。

二年黄茅下，一一攒麦芒。

三年出蓬艾，满山散牛羊。

不见十余年，想作龙蛇长。

　　显然，苏轼从少年时已经不断在东冈种松树了，经验丰富。"苏门六君子"之一的陈师道后来特地在《后山谈丛》中记载了东坡种松法，《东坡杂记》中亦有记录，声称"故山松柏皆手种"。

　　这是东坡一生得意之事。

　　昔陶渊明归田，"种豆南山下，草盛豆苗稀"。

　　杜甫来蜀中，"青松种不生，百株望一枚"。

　　而苏东坡却不然，"予少年颇知种松，手植数万株，皆中梁柱矣。都梁山中见杜舆秀才，求学其法"。

　　故乡的山，故乡的松，后来都成了苏东坡思乡的标志，明月夜，短松冈，摇曳着心头最痛的伤。

　　只是，这次离去后，他再也没有回来。

　　是他不再眷恋自己的家乡了吗？肯定不是。

　　"家何在？因君问我，归梦绕松杉。"无论在黄州还是儋州，他都曾几度吟诗明志，惦记着家乡，故居的草木，还有亲人的坟冢。但他没想到的是，宦海沉浮，身不由己，自从为苏洵守制结束返京后，辗转奔波三十年，至死再没回到眉山。甚至，连死后的坟墓也不得傍双亲，而是葬入了汝州的"小峨眉"，或许也是一种心理安慰吧。

（三）

江城子·乙卯正月二十日夜记梦

　　十年生死两茫茫。不思量，自难忘。千里孤坟，无处话凄凉。纵使相逢应不识，尘满面，鬓如霜。

夜来幽梦忽还乡。小轩窗，正梳妆。相顾无言，惟有泪千行。料得年年肠断处，明月夜，短松冈。

这是在王弗过世十年后，年近不惑的苏东坡在山东密州任上，有一夜忽然梦见了王弗。她还是少年夫妻时的模样，正坐在家中的轩窗下理鬓梳妆，亲切、细腻、温柔、沉默，回眸一笑，深情款款。

午夜醒来，心痛神伤，抱膝独坐，思如潮涌，凉凉的月光下，她的模样清晰如昨。

这是苏轼一生的记梦诗中，最伤心的一首。我亦什么时候念起来都想落泪，仿佛走进苏轼的梦中，和他一起重回了往昔的时光。

开篇"十年生死两茫茫"破空而来，说的是两人结缡十年，又死别十年，这缘分何其浅悭？

在梦中，她依然柔美，深情如昨，而他却已两鬓成霜。正是这霜发与沧桑，让他清楚地知道这是梦。因此万语千言，无从说起，生怕惊扰了她，惊醒了梦，只有四目相对，默默无语。

蓦然醒来，想着梦中的情景，想着从前的恩爱，想着她的坟茔在千里之外，凄凉无伴，而今生今世，泉台永隔，怎不痛心如毁？这样的伤心，这样的无奈，无休无止，无尽无期，有生之年，永难抚平。那月下松冈，孤魂寂寞，幽冥相隔，何以慰藉？

这首词的意境清晰亲切得让人心疼，是只有真正爱过、经历过、失去过的人才懂得的那种疼。人们总说欢爱如梦，岂不知真正的疼痛，是即使在梦中，也知道已然失去，欢爱不再。

最后一句"明月夜，短松冈"蓦然荡开一笔写景，正与上阕"千里孤坟，无处话凄凉"相应和，将伤痛拉得更加深长辽远，正是"天长地久有时尽，此恨绵绵无绝期"。

悼亡诗的创始人是"掷果盈车"的晋代美男子潘安，悼亡词却是以苏轼的这首《江城子》首开先河，诚如"苏门六君子"之一的陈师道所形容："有声当彻天，有泪当彻泉。"

四

颍州

颖州，诀别欧阳修

（一）

论学问，论才情，论人品，论心性，苏轼的智商与情商都是超一流的，然而一生多舛，始终未能坐到宰相高位，实在是命运太过坎坷了。

这坎坷，主要来自两个原因：一是父母接连过世，二是王安石变法。

他刚中金榜便逢丧母，已经是人生之大不幸了；如今好容易"百年第一"通过制举试得了官，四年来勤勤恳恳，无过无失，积累够了资历，刚刚做了京官，却又传来父亲苏洵病逝的消息。于是，又是三年孝期。

这个百年不遇的青年俊才，就这样白白在蜀中先后消磨了六年时光。等到重新还朝，已经 32 岁了。而朝中早已风云变幻，皇上都换了两任了。

1067 年，宋英宗病逝，太子赵顼即位，年方及冠，正是年轻气盛渴望有所建树的时候。宋朝自建立以来，兴文抑武，导致边境战事频仍，烽火连绵，大宋军队在与西夏、契丹的战争中频频失利，损失惨重。

宋神宗赵顼即位后，宋朝财政年度亏空已达 1750 余万。这让神宗对"祖宗之法"产生了深深的怀疑，在多方征求治国良策后，决意采纳王安石的主张，实行变法。因为年号熙宁，史称"熙宁变法"，又因为这场变法主要由王安石主导，又称"王安石变法"。

王安石推行的新法在财政方面有青苗法、免役法、方田均税法、农田水利法等；军事方面有保甲法、保马法等。次年又颁法改革科举，废除诗赋词章取士的旧制，恢复以《春秋》，三传明经取士。

这些新法的实施遭到了以司马光为首的保守派的强烈反对，反对理由主要有两个：一是祖宗之法不可变；二是认为变法是把百姓的财富夺到了国库，容易激起民变。

王安石（1021—1086），字介甫，号半山，江西抚州临川人，是个非常刚直廉洁的人。黄庭坚赞他"视富贵如浮云，不溺于财利酒色，一世之伟人也"。

司马光（1019—1086），就是民间故事里砸缸的那个神童，字君实，号迂叟，山西夏县涑水乡人，世称涑水先生。都已经自称"迂叟"了，性情之迂腐执拗也就可想而知了。

宋朝士大夫中，王安石与司马光是难得的两位正人君子，"不好声色，不爱官职，不殖货利皆同"。

两人年龄相当，性格相近，一样的才华横溢，博古通今，一样的刚直廉明，洁身自好，甚至连绰号都是一样的，是神宗朝齐名的"拗相公"。

按说这么两个罕见的怪人碰了面应该结为终生好友才对，而他们也确实曾是惺惺相惜的至交，可是如今却因政见不同而针锋相对，水火不容。司马光甚至对神宗说："臣之于王安石，犹冰炭之不可共器，若寒暑之不可同时。"意思是有他没我，有我没他。

这种不共戴天的紧张气氛，不但让皇上感到棘手，也令群臣为难，不得不纷纷站队，选择立场。朝中新旧两党斗得不可开交，乌烟瘴气。

自此往后的数十年间，大宋朝政都被裹挟在两位大佬及其拥趸愈演愈烈的剑拔弩张之中，直至北宋倾覆。这是北宋政治所遭遇的最大悲剧，也是苏轼一生的悲剧之源。作为司马光的学生，他在政治观点上本能地倾向恩师，几次上札子谈论新法弊病，劝诫神宗："陛下生知之性，天纵文武，不患不明，不患不勤，不患不断，但患求治太速，听言太广，进人太锐。"意思是皇上是英明的，也勤勉果决，但就是太锐意冒进、急于求成了，那些新晋官员如直升机般飞速提干，一个个得意非凡，浮躁不堪，岂不糟蹋了陛下的恩泽？陛下广开言路，但也不能耳根太软，听风就是雨啊，还请详判贤愚，徐徐图之。

如此，苏轼便与变法派结下了梁子，屡受打压。

苏轼心中抑郁，曾在给朋友石苍舒的诗中发牢骚："人生识字忧患始，姓名粗记可以休。"说我要是只粗识几个字，没有读那么多书，想那么多事，也就不会这么郁闷了。

其实，从历史的眼光看，王安石变法的目的是富国强兵，本是大势所趋，但在推行过程中，出现了很多问题。

比如保甲法。募兵制度是大宋积弱的主要原因，宋朝的兵丁是终身制的，军中羸老者众，无疑会拉低战斗力。而且军供耗资巨大，一年军费约计五千万，占去朝廷收入的六分之五，而这还只是静态的养兵费用，倘遇战事又当如何？而且，朝廷惧怕武官拥兵自重，实行三年一迁，免得官兵在当地势力太强，自建小朝廷。这样确实有利于权力的向上集中，但也造成了军费陡增。

正如苏轼在《定军制》中所说的："费莫大于养兵，养兵之费，莫大于征行。今出禁兵而戍郡、县，远者或数千里，其月廪岁给之外，又日供其刍粮。三岁而一迁，往者纷纷，来者累累。虽不过数百为辈，而要其归，无以异于数十万之兵三岁而一出征也。"

募兵制使得壮劳力不断流入军中，对农业生产的影响也是必然的。而王安石提出的民兵制，农时耕田，闲时练兵，战时入伍。一则可以源源不断地补充新兵；二则可以节约军资，使各地壮丁接受军训，与正规军队相参为用；三则亦不使农田荒芜，人伦离散。同时把各地人民按保甲编制，可以建立更严密的治安网，稳定地方秩序，显然是利国利民的好法制。但在新法推行中，百姓为逃避保甲，甚至出现自断手腕的行为。这就更给了反对派借口，上书称变法导致"天怒人怨"。但是神宗的态度十分坚定，不但正式任王安石为参知政事，且全面推行新法。

司马光羞怒之下，于熙宁三年（1070年）愤而辞去朝中职务，隐居洛阳，一心编纂《资治通鉴》去了。

这应该是件好事。

说到史书，我们总会想到"史家之绝唱，无韵之离骚"的《史记》。这是中国第一部纪传体通史，被公认为是中国史书的典范；而《资治通鉴》则是中国第一部编年体史书，从此让司马光的名字与史书同铸汗青。而苏轼，因为在京中处处受排挤，也干脆请求外放，于次年七月出京，任杭州通判。这对他来说，同样是件好事。

（二）

熙宁四年（1071年）七月，苏轼带着一家大小离京前往杭州。除了继室王闰之与长子苏迈外，还有刚满周岁的次子苏迨。

一行人先绕道陈州寻苏辙，探访故旧张方平。此时张方平正任陈州太守，而苏辙则于去年被贬出京后，应张方平征召做了陈州教授，相当于现在的教育局局长。所以苏轼在陈州就跟回家没什么分别，一住就是两个多月。

苏辙犹自不忍别。当年哥哥意气风发去凤翔做官，他都要一直送到郑州的。如今哥哥在不得意的情况下出京外放，苏辙更要依依相送，便索性约着一同去了颍州，理由非常充分：拜访座主欧阳修。

苏辙这次送行，一送就是二百里地。两人又在颍州停留了二十多天，这才挥泪分别，一个独自返回陈州，一个拖家带口地继续前往杭州。

这是东坡与颍州的第一次邂逅，却是与欧阳修的最后一次见面。

欧阳修虽是天纵英才，却非天之骄子。说起来，他的求学之路相当坎坷，有个很励志的故事叫作"画荻教子"，说的就是欧阳修的启蒙故事——因为少年丧父，母亲为了教他写字，却又无钱买纸笔，就以荻秆在沙地上书写。

今人提起"一代道宗"欧阳修，都以为他必是满口礼仪一本正经的道学先生，其实，欧阳修年轻时很是风流多情，年少轻狂，留下了许多风流艳事与香词艳曲。以至于在后来的政治斗争中，对立派每每筹不足弹药，就拿他的作风问题做文章，弹劾他"帷薄不修"。虽然查无实证，但是宋仁宗仍然在压力下以"有伤风化"为由将欧阳修贬出京城，任滁州太守，他也因此才写下了"环滁皆山也"的名篇《醉翁亭记》。

欧阳修走到哪里都喜欢建亭筑堂的习惯，得意门生苏轼继承得相当好；而他因词获罪的命运，竟也加倍传给了苏轼，"乌台诗案"可谓是宋朝历史上第一起真正的"文字狱"，怎不令人唏嘘？

（三）

颍州位于安徽西北部，淮河以北，历史可一直上溯自西周，是一座风景宜人的文化古城，淮河、颍河、泉河纵横交织，"三清贯颍"。

欧阳修对颍州一见钟情，早在皇祐元年（1049 年）知颍州时，便对这座小城的清秀安闲极为喜爱，早早地有了择一城终老的心思："爱其民淳讼简而物产美，土厚水甘而风气和，于是慨然已有终焉之意也。"于是在后来的二十年中，每当他对浮宦生涯感到倦怠，就忍不住思念颍城，兴起隐居之念。这个愿望，终于在二十二年后实现了。

古人七十致仕，欧阳修却从六十岁就开始申请退休，但直到六十五岁才获批准。苏轼、苏辙兄弟各作一篇《贺欧阳少师致仕启》相贺，恭称恩师"事业三朝之望，文章百世之师"，并言"轼受知最深"，情意殷殷，令人动容。

熙宁四年（1071 年），欧阳修以观文殿学士、太子少师致仕，归居颍州，终于过上了理想中的日子："《集古录》一千卷，藏书一万卷，有琴一张，棋一局，酒一壶，一翁老于其间"，遂号"六一居士"。

欧阳修六月致仕，苏轼七月离京，不知道是不是因为受了恩师辞官的刺激。而且算算时间，苏轼两兄弟几乎是脚跟脚地追着恩师到了颍州。与其说是探访，不如说是担心恩师年老还乡，情绪落差大，有心要陪伴一阵子吧。

此时的欧阳修须发皆白，一身是病，有人劝他尚有余力，且为朝廷所重，不当急于挂冠归去。欧阳修却心灰意冷地叹息："某平生名节，为后生描摹殆尽。惟有速退以全节，岂能更待驱逐乎？"

他的这番感慨，是因为在被政敌围攻诽谤时，曾经遭到一位旧门生的背叛，这种阋墙之祸让他特别受伤。而苏轼兄弟能在他致仕后相随来颍州，无疑是一种安慰。为人师表，哪怕只是教出苏家兄弟这样的人杰，也足慰平生了。

看着一对爱徒，六一翁欣然："你们能来，我很开心。我所主张的文，必须与道同行。那些见利而迁的小人，绝不是我的学生！"

苏家兄弟在颍州待了二十天，陪着老师游湖赏景，留下多篇诗文，并在《杂书琴事·欧阳公论琴诗》中记载了一则他与欧阳修听琴论诗的故事。

欧阳修问苏轼："琴诗何者最佳？"

苏轼答以韩愈《听颍师弹琴》之句："昵昵儿女语，恩怨相尔汝。划然变轩昂，勇士赴敌场。"

欧阳修说："这首诗固然奇丽，但写的是听琵琶的事，而非听琴。"

苏轼自别后一直想着这件事。到杭州后，他有一次听僧人惟贤弹琴，又想起老师的评价来，于是挥笔写下《听杭僧惟贤琴》：

> 大弦春温和且平，小弦廉折亮以清。
>
> 平生未识宫与角，但闻牛鸣盎中雉登木。
>
> 门前剥啄谁扣门，山僧未闲君勿嗔。
>
> 归家且觅千斛水，净洗从前筝笛耳。

这首诗显然仍是受白居易《琵琶行》一诗影响，但是苏轼自觉得意，写成后缄封了想要寄给老师求表扬。谁料想，却在这时收到了恩师去世的消息，不禁如被冰雪，失魂落魄。他承教欧阳修十六年，视之如师如父如友亦如神，尤其恩师离去在这样一个多事之秋，让他伤悼之余更觉悲愤。他在《祭欧阳文忠公文》中写道："民有父母，国有蓍龟；斯文有传，学者有师。""今公之没也，赤子无所仰芘；朝廷无所稽疑；斯文化为异端，而学者至于用夷；君子以为无为为善，而小人沛然自以为得时。譬如深渊大泽，龙亡而虎逝，则变怪杂出，舞鳅鳝而号狐狸。"

这篇祭文，与其说是对恩师的伤悼，不如说是对新党的讨伐，甚至将恩师的死说成是"厌世混浊，洁身而逝"，激愤之意，溢于言表。

这正是苏轼文字遭祸之始。友人毕仲游写信婉劝："言语之累，不特出口者为言，其形于诗歌、赞以赋颂、托于碑铭、著于序记者，亦言也。"特别提出"托于碑铭"，便是因此一谏。

二十年后苏轼知颍州，再次来到恩师灵前祭吊，深情地说："深衣庙门，垂涕失声。白发苍颜，复见颍人。颍人思公，曰此门生，虽无以报，不辱其门。"

他自髫龄便知欧阳修文名，"昼诵其文，夜梦见公"。过了十五年才终于得睹真颜，拜于门下。之后从教十六年，深得欧阳修真传，如今师生暌违二十载，自己也已白发苍苍，重回颍州，做着老师做过的工作，走着老师走过的路，感受着颍人对老师的追思怀念，最自得的莫过于可以坦然地说一声：

清颍洋洋，东注于淮。我怀先生，岂有涯哉。

师徒三代皆太守

（一）

名人之所以能成为名人，除了极高的个人成就之外，还有个重要标志，就是他会在很多人的生命中留下痕迹，影响众生。

欧阳修是"三苏"的伯乐，而他自己的座主，则是晏殊。

以晏殊、欧阳修、苏轼这三代师生作为顶点画个三角形，大半的北宋词人都会笼入框内。

晏殊，991年生人，1055年去世；欧阳修，1007年生人，1072年去世；苏轼，1037年生人，1101年去世。

从晏殊到苏轼，历经110年，这也是大宋最好的一百年。百年间出现的著名文人有：柳永、范仲淹、张先、石延年、宋祁、梅尧臣、苏舜钦、蔡襄、司马光、王安石、黄庭坚、李之仪、秦观、米芾、贺铸、陈师道、周邦彦、朱敦儒、李清照……

这几乎是北宋全部词人的名单了，以李清照为界，之后的便要称为南宋词人。

这名单上的所有人，都与晏、欧、苏三人有着直接或者间接的关系。用今天的话说，他们都在一个朋友圈里。这个圈子里的人，盘根错节，互为援引，共同构筑了大宋词坛的繁华。

巧合的是，晏殊、欧阳修、苏轼这三代师生，先后都做过颍州太守。

晏殊是在庆历四年（1044年）贬知颍州的。

对，就是滕子京谪守巴陵郡的庆历四年。"庆历新政"失败，范仲淹、富弼、韩琦纷纷被贬，他们共同的恩师晏殊也未能免，当年秋天以撰修李宸妃墓志隐晦不实之罪而被贬出京，以宰相之位知颍州，不能不轰动一时。

颍州，也是从这个时候起，高调进入北宋官员的眼中的。

颍州也有一座西湖，是晏、欧、苏三代师徒最喜流连之地，晏殊曾以《渔家傲》曲牌，在西湖创作"荷花曲"十四首。而且，他来到颍州后，就先在西湖北渚修建了一座三层楼，取名"清涟阁"——既是谐音"清廉"，也是典出"濯清涟而不妖"。

晏殊还发动颍州百姓在湖畔修了一条泄水沟渠，称为"西溪"，让西湖的水涨则外泄，枯则吸蓄，不致天雨则涝，不雨则旱，这简直就是苏轼在颍州大兴水利的先行前身。

晏殊在颍州的第三项建筑工程是西湖书院，不过到走也没修完，后来欧阳修来后接着修。

六一翁欧阳修爱种树，不但重修了清涟阁，还在阁前亲手栽了两棵柳树，并在柳树间建"双柳亭"。

欧阳修在颍州的词作中最为人称道的，便是西湖纪景组词《采桑子》十首。他撷取了十个湖上特写镜头进行细致入微的描写，轻快明丽、有动有静、有声有色，洗尽五代词抑郁忧伤的格调，充满对颍州西湖胜景的喜爱，恬淡自适、别具一格，是对"词为艳科"的一次极大突破。同时，欧阳修也是最早将民歌鼓子词的联章体形式引入词作的文学家，这组《采桑子》是宋词联章体形式的创作典范。

所谓"联章体"，是指由两首以上相同词牌的词联合组织在一起共咏一事，自欧阳修之后，始成词家常作。

而且，欧阳修的《集古录》是今世第一部金石学著作，《于役志》是第一部旅行日记，《采桑子》组词是第一组联章体词作。"六一居士"当真名不虚传，轻轻一下笔，就可以引领一种新文风，流芳后世。

（二）

苏轼出知颍州已经是元祐六年（1091 年）的事了。

一日游湖时，他听到歌女犹在弹唱欧阳修的词，顿觉思念如潮水，当即步韵写了一首《木兰花令》：

霜余已失长淮阔，空听潺潺清颍咽。佳人犹唱醉翁词，四十三年如电抹。
草头秋露流珠滑，三五盈盈还二八。与余同是识翁人，惟有西湖波底月。

此时，距离苏轼在颍州诀别欧阳修已经整整二十年了。至于词中所说的"四十三年"，是指欧阳修旧作《木兰花令》的创作时间在四十三年前。

对于老师深爱的颍州，苏轼自然也是喜爱的。但他却没在颍州停留太久，只做了八个月太守便又迁离了。

即便这么短的时间里，他也做出了多项政绩：首先就是最擅长的水利工程。之前朝廷已经派出治水小组来颍州，商议开挖八丈沟之事，计划从陈州境内开挖新沟，使其压颍入淮，以泄陈州之水。认为这样可以疏导积水，消灭水患。苏轼到任后，简单了解了一下情况，却觉得此议不妥，于是上书朝廷，希望官员们暂时不要到颍州来，给他时间做出详细勘察再说。

朝廷准奏后，苏轼便挑选本州县吏组成勘探小组，从蔡口到淮上，一段一段地测量。每二十五步立一竹竿，用水平器记下高低尺寸，一共立了5811根竹竿，测量总距离将近五百里。

苏轼根据地势、沟壑的高低深浅，淮河涨水及沟口雍塞的情况，得出开挖八丈沟非但不能解除陈州水患，还会引起江水倒灌的可能的结论，于是连写三道奏折，论证八丈沟之不可开。

这样的言行，必然会得罪周边知府及一大串指望从这次巨大的工程中捞好处的官员，更有可能触犯天颜。在他到来之前，有些沟渠地段已经动工，他的叫停无疑险阻重重。但是苏轼向来不屑于做太平官，便这样不计后果地孤勇直谏。朝廷接受了他的请奏，从而避免了一场劳民伤财而又无甚益处的浩大工程。

苏轼阻止了对八丈沟的挖掘，却组织民夫开挖颍州的沟渠，全面疏浚颍州西湖——这简直就是他的老本行嘛。他在西湖造了三座水闸，沟通焦陂、清河、西湖与泉河、淮河的航道，调节了颍州城西南的地表水，使之灌溉沿河两岸农田60余里。并在湖上广植花树菱荷，建筑亭台阁堂等，使颍州西湖一度几与杭州西湖相媲美："大千起灭一尘里，未觉杭颍谁雌雄。"只可惜，这次他未能在颍州也留下一座苏堤。

苏轼曾有《颍州初别子由二首》，世人多认为是他与子由同访颍州欧阳修时所写。但我却因为末句"多忧发早白，不见六一翁"而认定是后来的作品。

因为苏轼初次知杭州时，虽有在朝廷不得志之郁，但是外放杭州是个美差，他正充满"海阔凭鱼跃，天高任鸟飞"之感，且与苏辙相伴，一路游山玩水，不至哀思太重。唯有数十年宦海沉浮，几度离合，二十年后重返颍州而恩师已逝，才会抚今思昔，别恨无穷，也才说得上是"不见六一翁"。

彼时，子由或许曾到颍州探望兄长，遂有此诗：

颍州初别子由二首（其一）

近别不改容，远别涕沾胸。

咫尺不相见，实与千里同。

人生无离别，谁知恩爱重。

始我来宛丘，牵衣舞儿童。

便知有此恨，留我过秋风。

秋风亦已过，别恨终无穷。

问我何年归？我言岁在东。

离合既循环，忧喜迭相攻。

语此长太息，我生如飞蓬。

多忧发早白，不见六一翁。

宛丘指陈州。苏轼1071年去陈州时，长子苏迈十二岁，次子苏迨两岁，而苏辙长子苏迟亦是两岁。两家人聚在一起，想来小儿牙牙学语，十分热闹，遂曰"牵衣舞儿童"。

彼时已知聚散常情，但也没想到如此频仍，忧喜相迭，离合循环，浪迹萍踪，如风吹蓬。如今二十年后故地重游，已经再也见不到当年的六一居士，欧阳仙翁。

五

杭州，淡妆浓抹总相宜

（一）

苏轼的偶像是谁呢？

白居易。

白居易大概是唐朝最幸福的诗人了。唐朝诗人多半宦途坎坷，少有不遭贬谪的。比如不是走在贬放的路上，就是奔波在谪还的途中的王昌龄；再如两度调侃玄都观桃花而遭贬的刘禹锡。而白居易自己呢，因为爱讥讽，说错话，虽然也曾遭贬，却不过是外放江州司马。在外逍遥几年便还朝了，就这样，还哭哭啼啼写了首《琵琶行》，自称天涯沦落人，这首词还一不小心就成了千古绝唱。

白居易是那种很难得的在活着的时候就已经享誉世界的诗人。他二十七岁中举，志得意满地写下"慈恩塔下题名处，十七人中最少年"。之后边做官边作诗，倡导新乐府运动，诗文力求通俗易懂，又时不时作《卖炭翁》《杜陵叟》打抱不平，事业名声双丰收，上自宫廷下至妇孺都会吟诵他的诗。明明多话爱吐槽，却仍能平平安安活到75岁，一生"熬死"了八个皇上，第九个皇帝唐宣宗亲自为他作悼诗："童子解吟长恨曲，胡儿能唱琵琶篇。"

最让人艳羡的，还是白居易自从考取进士得官后，就一直喜欢晒工资，他晚年在洛阳东宫挂了个闲职，每月领着丰厚的薪水，却无须打卡开工，甚至写诗标榜："月俸百千官二品，朝廷雇我作闲人。"

这样的人生，就问你羡慕不羡慕？不过，苏轼对白居易却是既不羡慕也不嫉妒，当然更不恨，他崇拜，而且效仿，甚至比较，然后努力超越。

就连"苏东坡"的名字，都是因为白居易的诗文而取。白乐天曾有诗："朝上东坡步，夕上东坡步。东坡何所爱，爱此新成树……"苏轼后来谪贬黄州，耕种于城东坡地，遂自号"东坡"，向偶像致敬。

他俩除了诗风相似，都以简洁直白描写民生为主旨外，人生履历也有相似之处，譬如做过相同的工种。

早在二百多年前，白居易就曾来到杭州做刺史。在他任内，曾修筑西湖堤防，疏浚六井，灌田千顷，又将西湖水引入运河，使得运河逐渐与杭州城融为一体，直接奠定了后世直至今日杭州"一江一湖一河"的城市格局。

苏轼如今也来了杭州做官，他本就擅长水利建设，自然要仿效先贤，开浚西湖。

彼时，唐朝挖掘的杭州六井大多已淤塞废弃，于是，苏轼上了一封奏折《乞开杭州西湖状》，将治理水利与国运昌盛联系起来，提出了一系列开浚措施。

奏请得准后，苏轼组织了十万民工投入疏浚工程，开凿两井，终于使杭州人再次用上了清水，"西湖甘水，殆遍一城，军民相庆"。他还创造性地取湖泥葑草筑坝，留下了一道"苏公堤"。苏堤全长 2.8 公里，横贯西湖南北，也有说是苏东坡晚年二次来杭州时所修。

苏轼一生两次任职杭州，先为通判，后为知府，前后加起来约有五年，却差不多是他宦游生涯中待过时间最长的地方了。他在杭州修渠挖井，除了留下政绩与脚印，还贡献了三百多首诗，比偶像还多一百首。

熙宁五年（1072年）六月，苏轼在西湖畔楼上饮酒，一口气写下了《六月二十七日望湖楼醉书五首》，首首精绝，因此一并录于斯：

其一

黑云翻墨未遮山，白雨跳珠乱入船。

卷地风来忽吹散，望湖楼下水如天。

其二

放生鱼鳖逐人来，无主荷花到处开。

水枕能令山俯仰，风船解与月徘徊。

其三

乌菱白芡不论钱，乱系青菰裹绿盘。

忽忆尝新会灵观，滞留江海得加餐。

其四

献花游女木兰桡，细雨斜风湿翠翘。

无限芳洲生杜若，吴儿不识楚辞招。

其五

未成小隐聊中隐，可得长闲胜暂闲。

我本无家更安往，故乡无此好湖山。

喝个小酒，看个西湖，竟然能一口气写下五首传世绝句。苏轼的才情，简直就跟西湖水一样，荡漾生姿，每一道涟漪里都皱褶着浪漫与诗意。

其压轴作"未成小隐聊中隐"，正是暗暗羡慕乐天逍遥。原来，白居易曾为自己在洛阳的闲居生活发明了一个新词"中隐"：

中隐

大隐住朝市，小隐入丘樊。

丘樊太冷落，朝市太嚣喧。

不如作中隐，隐在留司官。

似出复似处，非忙亦非闲。

中隐隐于朝，有名有利不干活，谁不想呢？

望湖楼，又名看经楼、行得楼，位于西湖畔断桥边，五代时吴越王钱俶所建。西湖岸与苏轼相关的景点，要属"苏堤春晓"与"白苏二公祠"

最为知名。苏轼得与自己的偶像同入庙阁，受万人膜拜，应当很高兴吧？西湖畔还有两条街道，一条叫"东坡路"，另一条叫"学士路"，以此记录着东坡的行踪。

风和景明之日，或斜风细雨之时，走在西湖畔，苏堤上，看杨柳依依，绿波融融，谁都会忍不住想起苏轼为西湖留下的那首脍炙人口的广告诗：

饮湖上初晴后雨
水光潋滟晴方好，山色空蒙雨亦奇。
欲把西湖比西子，淡妆浓抹总相宜。

这首诗先用一副工整的对仗来分别描绘晴西湖和雨西湖的山光水色，再将它比作越国美女西施，说西湖晴雨，正如同美人浓妆淡抹一样美丽动人。

以美人喻美景，不仅给西湖赋予了生命美感，而且新奇亲切，生动有情，再加以妆容浅淡，更是奇思妙想，令人拍案叫绝，"道尽西湖好处"。从此，人们便将西湖亲昵地称作为"西子湖"。后世诗人至此，不禁搁笔兴叹："除却淡妆浓抹句，更将何语比西湖？"

水利专家苏轼不仅在凤翔贯通东湖，在杭州筑了苏堤，还在徐州、湖州等地治理过水患，率民在湖州城南筑堤，疏堵结合，迎来"清泗与淮通"；后来又在颍州整顿水利，疏浚颍州西湖，直通焦坡塘，并修建了三座水闸，将清出的淤泥筑堤，同样被称为西湖、苏堤。甚至在苏轼贬放岭南时，还曾捐助疏浚惠州西湖，也修了一道长堤，如今亦是颍州著名的风景游赏地。

从此，便也留下了"东坡处处筑苏堤"的佳话。

（二）

苏轼一生儒释道兼修，身在官场，心在浮屠，恋恋红尘，牢骚不休，既好古道，穷于浩浩经史，又多见识，精于时尚雅事。

对于自己志在红尘，苏轼从不掩饰，早在当年出蜀时，他便在南行途中明白地写道：

人生本无事，苦为世味诱。

富贵耀吾前，贫贱独难守。

谁知深山子，甘与麋鹿友。

置身落亦荒，生意不自陋。

今予独何者，汲汲强奔走。

他说世上清风白云本来无事，只是人们为浮名虚利所诱，便生出许多欲望来。有人愿与麋鹿为友，啸傲山林，但自己却经不住世味诱惑，汲汲营营，东奔西走。这究竟是为什么呢？说到底，不过是羡富贵，厌贫贱，不愿守穷罢了。

如今入仕多年，深知尘网缧绁，宦海沉浮，却仍恋栈不去，挣扎在名利场中，每生厌倦之感。熙宁四年（1071年）除夕，苏轼被派都厅值班。按惯例，所有犯人要在除夕夜一一过堂点名，是件非常琐碎无趣的机械性工作。

苏轼一边点名一边画圈，发现狱中已然客满，这些人本该在家过年的，却为追逐小利而犯法，导致锒铛入狱，失了自由；自己呢？大过年的不得还家，同样是为了追名逐利，世法所羁。若不是做了这劳什子通判，又何须困顿于此？如此想来，岂非与囚犯一样的人么？

反思之下，便在监狱墙上题诗一首：

除夜直都厅囚系皆满日暮不得返舍因题一诗于壁

除日当早归，官事乃见留。

执笔对之泣，哀此系中囚。

小人营糇粮，堕网不知羞。

我亦恋薄禄，因循失归休。

不须论贤愚，均是为食谋。

谁能暂纵遣，闵默愧前修。

糇（hóu）粮，就是干粮，这里借指生活必需。小人为求财而堕入法网，我也因为眷恋那微薄的俸禄而作茧自缚。无论小人与君子，还不都是为了稻粱谋吗？

我真想学习先贤，在今天打开牢门，暂时把他们都放了，让他们回家过个团圆年，可是到底没有这勇气这担当，真是愧对先贤啊。

次年，郎中蔡准邀他游西湖，苏轼连写了三首诗，诗中说："湖上四时看不足，惟有人生飘若浮。解颜一笑岂易得，主人有酒君应留。君不见钱塘宦游客，朝推囚，暮决狱，不因人唤何时休。"

可见，推囚决狱，的确是苏轼的日常工作。而他对这工作极不耐烦，每每在诗中感叹："君不见壮士憔悴时，饥谋食，渴谋饮，功名有时无罢休。"

那么辛苦挣来的功名，难道就为了日日夜夜羁绊于这些家长里短的琐碎案件中吗？可自己仍然徘徊不去，不过是"饥谋食，渴谋饮"罢了。他这类自我鞭挞的诗句还有很多，比如寄给弟弟苏辙的《戏子由》中慨叹："余杭别驾无功劳，画堂五丈容旗旌……道逢阳虎呼与言，心知其非口诺唯。居高忘下真何益，气节消缩今无几。"

到了秋天，苏轼听说农家收成很好，便又起了归农之想，觉得自己放弃家乡的田园生活而漂泊宦海，实为不智，遂作《秋怀二首》云："今年秋应熟，过从饱鸡黍。嗟我独何求，万里涉江浦。居贫岂无食，自不安畎亩。"

虽然他总如此不客气地自嘲自贬，然而苏轼做官绝不只是为了名利二字，更非逍遥闲散无功劳。他虽未必能做到"富贵于我如浮云"，却也是一生傲岸，致君尧舜，"不为五斗米折腰"的。而且不论走到哪里，沦落到何种光景，他都会铁骨铮铮，仁心炽热，努力为民谋求，造福乡里。哪怕自己困病交加无衣无食时，他也一样耐得了苦，守得了穷，不改初衷，爱民如子。

他是一个真正有仁心、做实事的好官，一个大写的人。

元祐五年（1090年），苏轼再任杭州太守，又到除夕夜，想起二十年前在都厅值班的光景，感慨万千，遂自和题壁诗一首，且写了一个很长的题目："熙宁中，轼通守此郡。除夜，直都厅，囚系皆满，日暮不得返舍，因题一诗于壁，今二十年矣。衰病之余，复忝郡寄，再经除夜，庭事萧然，三圄皆空。盖同僚之力，非拙朽所致，因和前篇呈公济子侔二通首今诗。"

从前狱中人满为患，如今已寥寥无几，所谓天下无讼，可真是盛世嘉年啊。苏轼谦逊地说：这可不是我的功劳，而是同僚们齐心协力，创此佳绩。

（三）

苏轼的工作可不只是疏通西湖、挖泥筑堤、管理犯人这样的体力活儿，也有看上去很清贵的文职活儿，比如熙宁五年夏，他负责主持了本州乡试的工作。但是，他却对这次科举牢骚满腹，作了首《监试呈诸试官》极尽讽刺之能事。诗中开篇云："我本山中人，寒苦盗寸廪……麻衣如再著，墨水真可饮。每闻科诏下，白汗如流沭。"说我本是蜀中山人，刻苦用功许多年，好容易挣了点小小功名，但是从前读过的书早都忘了，如果又要从头背书，那真可以罚饮墨水了，听到开科考试，简直吓得要汗流浃背。

为什么这样说呢？原来在王安石的一系列变法措施中，也包括了科举改革，于熙宁四年二月公布施行。其主旨为废除诗赋词章取士的旧制，考生专治《易》《诗》《书》《礼》中的一经，兼以《论语》和《孟子》。

科举制发源于隋朝而在唐朝走向成熟，主要分为进士与明经两种。其中进士考包括诗赋词章与政论，而明经则是熟读经史，以背诵、释义为主，向来为以文采自傲的才子名士所不屑为，故有"三十老明经、五十少进士"之说，就是说五十岁考中进士他还是年轻的，但是三十岁明经就已经够老的了。因为明经考是一项考核记忆力的试项，当然是年龄越小记忆力越好。

王安石自己是个横绝千古的杰出诗人，又是一榜及第的进士出身，却偏偏要弃诗赋，重经义，认为写诗作赋是"以空言取天下之士"，所以科举试只考经义和策论，而且是三经中只专一经即可。

也许他的动机是好的。因为古人微言大义，经书本身很短，但注释却很多，经不通有传，传不通有注，注不通有疏，疏不通还有补注、补疏。

比如孔子"笔削春秋"，有注释九种，传下来《左传》《公羊传》《谷梁传》三种。而这三传又需要无数注疏来释译，然后对于早年的注疏，又有当代大家做出新的注解……于是乎，只是一本《春秋》，也令老学究们往往穷尽一生也无法读完所有相关书籍，真正皓首穷经，未得不惑。

尤其到了宋朝，儒士们特别热衷于注经，对汉唐通行的儒家注疏渐渐看不上眼，开始别出机杼，各抒己见，讲究立功立言，弄出了无数个版本宗派的注疏论述来。诚如清代才子金圣叹所言："读书如断狱，务要判得明尽"。

然而，谈何容易？

王安石偏要自诩讼官，断了这宗"文字狱"。为了统一思想，索性亲自出马，主持撰写《三经新义》，"先儒传注一切废不用"，作出一份注疏的标准答案来，对《诗》《书》《礼》三部经典重新注释，颁行全国官学，作为应试经义的标准答案。

这种操作，和汉代董仲舒"罢黜百家，独尊儒术"的出发点一样，其目的都是为了钳制思想。这或许有利于国家管理，但是这种通过局限思维设定答案来选拔人才的方式，显然是一种倒退。

也正因为有了王安石的始作俑，宋代诸儒尤其理学门派争批荆公新学，口沫官司从北宋打到南宋，直至朱熹死后大获全胜。然而朱熹一派对王安石口诛笔伐，其做法却是如出一辙，同样是为了争地盘，要专利。

学术专断的根本，是为了政治独裁。

之后元明清三代的科举考试，其内容全部取自朱熹对儒家经典的注释，这是用一个人的头脑左右天下儒生，完全扼杀了百家争鸣的可能性，颠覆了真理不辩不明的治学方式。考生不再尝试自由思考，而只是"死读书、读死书"，这种文化专制与孔子因材施教的初衷完全背道而驰，不仅禁锢了思想，也阻碍了社会的发展。

一个很直接的证据就是，宋以后，科举考试再也没有出现过像唐朝"龙虎榜"、北宋嘉祐二年试那样的盛况，科举考试渐渐失去了为国家选拔人才的意义。真正的有才之士，往往被刻板的经义取仕挡在了科举大门外。

都说"不拘一格降人才"，殊不知，"不拘一格选人才"更是难得。若以标准答案来限制考生发挥，又怎么可能选出真正出类拔萃的有才之士呢？

像晏殊、欧阳修、苏轼这些淹通经史、出口成章的才子，面对一群只会背一部经、作几篇策论，却不通诗赋的书呆子，哪只眼睛看得上？因此苏轼借诗讽刺，我背的那些文章都记不住了，哪里还有能耐考较举子？

这不是自谦，而很可能是实话。今日的苏轼，下笔如神，早已把读万卷书化作才思泉涌，一泻千里，但是让他背书，却一定背不过那些报考的举子们。所以他忍不住自嘲说，自己哪里还敢对"文章"二字置喙，只好"聊欲废书眠，秋涛喧午枕"，偷懒怠工，滥竽充数，趁监考睡个懒觉罢了。

诗中的重头戏，在于对欧阳修的一段颂扬。"缅怀嘉祐初，文格变已甚。千金碎全璧，百衲收寸锦"。

这说的是嘉祐初年时，文重雕镂，诘屈难懂，欧阳修大力倡导新风，主张"平淡典要"，凡是文字华而不实者一概不取。这才有了震古烁今的嘉祐二年丁酉科，有了后来的唐宋八大家。

当时落榜举子联名上诉，反对欧阳修变革，但是现在十多年过去，已经充分证明了欧阳修的卓识慧眼，的确改革了文风俗弊，为朝廷选拔了许多人才。

可是偏偏到了现在，又变了："尔来又一变，此学初谁谂。权衡破旧法，刍豢笑凡饪。"如此震荡之下，我这又老又钝的人，是再也无法适应时俗了。只得在望海楼闲坐，在试院中煎茶，混几天日子罢了。

于是，他给叶梦得去信说："某被差本州监试，得闲二十余日，在中和堂望海楼闲坐，渐觉快适。"

这一"快适"可不得了，他又一气写了《望海楼晚景五绝》与《试院煎茶》等一系列传世佳作，真要感谢这二十天的余闲，精华余耀，照耀了后世足足九百五十年。这里只录一首：

> 海上涛头一线来，楼前指顾雪成堆。
> 从今潮上君须上，更看银山二十回。

（四）

苏轼在杭州任通判，顶头上司是知州，也就是知府。

通判相当于知州副手，但是分厅办公，号称监州，既有协助工作的责任，也有监察举报的职能，所以既是上下级也是对立派。

不过苏轼在杭州时，和历届知府的关系处得都不错。先有沈立，后有陈襄，再有杨元素。其中最值得一提的，是他与陈襄的交往。

陈襄（1017—1080），字述古，因居古灵，世称古灵先生。二十五岁进士及第，累任至提举司天监，兼尚书都省事。其人公正廉明，有《古灵集》传世。

他最为人称道的是知人善察，举荐贤能，曾于1079年经筵时举荐重臣名士33人，后来32位都成为硕学名臣，这包括了苏轼、苏辙兄弟，另有司马光、韩维、吕公著、郑侠、范纯仁、曾巩、程颢、张载——哪一位不是赫赫有名？

陈襄是因为五次上书反对新法而被贬出京的，熙宁五年（1072年）五月知杭州，因立场相同，性情相投，自是与苏轼一见如故。

苏轼并因此借物言志，咏芙蓉花以赠陈襄：

千林扫作一番黄，只有芙蓉独自芳。
唤作拒霜知未称，细思却是最宜霜。

这说的是陈襄不畏强权，正如芙蓉花之不畏霜寒，清操劲节，独立深秋。芙蓉又称拒霜花，然而苏轼偏说，此花名为拒霜，实最宜霜，因为霜雪愈寒，芙蓉愈艳，堪称奇思异想，与"岁寒，然后知松柏之后凋也"有异曲同工之妙。

苏轼诗集中留有多首与陈襄互相唱和的诗作，从题目便可以看出二人过从甚密，时常偕游。那句赞扬历任杭州太守的名句"钱塘风景古来奇，太守例能诗"，便是苏轼为陈襄送行时写的。

陈襄主张为政要从教育抓起，为官一方，必先兴办学校，并且只要有闲时，就会亲自前往讲授。这种德行与主张，也给苏轼带来了极大的影响。后来苏轼为官时，除了治水的爱好之外，便多了一样——办学。他晚年谪居儋州，生活条件艰苦异常，最狼狈时无片瓦遮头。即便如此，仍不忘办学兴教，培养了海南第一位进士符确，此是后话。

西湖、妓女与和尚

（一）

诗酒杭州，多情西湖。天高皇帝远的苏轼做了通判，约束自然没有在京中或老家那么多，应酬便也多起来，赏美人看歌舞的机会也就多起来，少不了红袖翻覆，宴前吟咏。

于是，向以诗文见长的苏轼，也开始填起词来。

这就要简说一下词的起源了。

词最初并不叫词，而叫"曲子词""倚声""乐章""近体乐府""琴趣""樵歌""渔唱""语业""笛谱""别调"等，到了南宋则称为"诗余"。这里显然有"诗尊词卑"的意思在其中，这种观念从隋唐一直延续到清代。

一则是因为曲子词最早的产生多半是宴前赠妓之作，或是写些风花雪月的词令交给歌妓唱，思想境界多半不高，故而有"诗庄词媚""词为艳科"之说；二则在科举制度中，出题必是绝句或律诗，从不会将填词当作功课来考试。至于曲，就更加俚俗，游戏笔墨了。

又因为曲子词创作后多为赠送歌妓或是交给歌妓演唱，专以表现小情小调为主，不讲究道德高度，词语放浪，情意妩媚，其内容不过是相思、闺怨、男欢女爱或是描述女子美貌的，所以往往以女子口吻发声。

比如苏轼有一首著名的《贺新郎·夏景》，相传为杭妓秀兰而作，便是写花写人，寓情于景，人我合一。

苏轼来杭，多多少少是因为政治上的不如意，所以这首词借榴花写美人，借美人喻自身，便是继承屈原香草美人的遗风。故而唐圭璋《唐宋词简释》评："此首不必为官妓秀兰而作，写情景俱高妙。"

贺新郎·夏景

乳燕飞华屋。悄无人、桐阴转午，晚凉新浴。手弄生绡白团扇，扇手一时似玉。渐困倚、孤眠清熟。帘外谁来推绣户，枉教人、梦断瑶台曲。又却是，风敲竹。

石榴半吐红巾蹙。待浮花、浪蕊都尽，伴君幽独。秾艳一枝细看取，芳心千重似束。又恐被、秋风惊绿。若待得君来向此，花前对酒不忍触。共粉泪，两簌簌。

要说明的是，唐宋时期，州郡官署设有歌舞妓，概称官妓，因为住在乐营中，又称营妓。她们的身份更类似职业演员，其工作内容就是在各种庆典活动及官员宴集中歌舞侑酒，是州郡官员社交生活不可缺少的一环。其中翘楚更享有较高声誉，与官员交往时，如朋友般平等相处，亦不侍奉枕席。

古时科举取士，官员多会诗词，于是营妓们既是为了助兴也是为了应景，便常向客人索取新词，当席演唱。诗人们也常以此炫技，显示风流才情，称之为"谑浪游戏"。

苏轼前半生一直以齐家治国平天下为己任，吟诗作赋都是为了备考或应制，讲究的是"诗言志""文以载道"的大题目。如今仕途受挫，倒是放开怀抱游戏山水，有了些吟风弄月的闲情，于是才填起词来。

苏轼一生留下文章四千多篇，诗作两千七百首，但是词却只留下三百多首。

他早期填词多非本心，通常都为的是宴间唱和，席上风流。比如词卷开篇不久，便是两首《南歌引》，前有小序："楚守周豫出舞鬟，因作二首赠之。"明明白白说清是为了两位舞妓而写。

再后面还有一连串的《菩萨蛮》，或者副标题干脆就是"歌妓"，或者小序里注名是杭妓相逢。

从这些词作可知，苏轼在最初填词的时候，不但创作缘起同大多词人一样是为了宴游，词风也是标准的婉约派，与整体词坛并无不同。我们印象中那个大开大阖自成一派的豪放词主的长成，则是后来的事了。

因为聚会多，自然酒宴也多。苏轼诗文中经常写酒，但其实本人并不善饮，只是因为名望高，人缘好，经常有僚属邀约，才搞得每天酒局不断，喝得肠胃都受不了了。这"甜蜜的负担"令他十分苦恼，笑着抱怨说："这杭州就是个'酒肉地狱'么？"

后来他调离了杭州，有位叫袁谷的士人补了他的职，却再也没什么酒局了，日子冷冷清清，而袁谷偏偏又是个好喝酒的，气得发牢骚说："不说这里是'酒肉地狱'吗，怎么我一来地狱就空了？"

（二）

如果谁家的三好学生忽然变得调皮起来，旷课捣蛋打群架，我们一定会怀疑是哪个差生带坏了他；而苏轼来到杭州后竟开始多有填词，且忽然解放天性变得风流起来，很可能是受到了词人张先的影响。

张先（990—1078），字子野，乌程人（今浙江湖州）。四十岁中进士，是晏殊的门生，欧阳修的同科，也与晏、欧一般都以词见长。词中有名句"心中事、眼中泪、意中人"，太闻名，人人成诵。

苏轼久闻张先大名，来到杭州，自然要前去拜访。两人一见如故，顿成忘年之交，常常把臂同游，饮酒湖上。

张先于曲子词中最擅《江城子》，苏轼受他影响，早期词作也多填此曲，比如他与张先游西湖时，便填的此调：

江城子·江景

湖上与张先同赋，时闻弹筝。

凤凰山下雨初晴，水风清，晚霞明。一朵芙蕖，开过尚盈盈。何处飞来双白鹭，如有意，慕娉婷。

忽闻江上弄哀筝，苦含情，遣谁听！烟敛云收，依约是湘灵。欲待曲终寻问取，人不见，数峰青。

且说张先这辈子，那可真是风流倜傥，艳遇无数，至死方休。直到八十岁的时候，还重做新郎，娶了一位十八岁的小妾。新婚宴尔，高朋满座，前来道喜的宾客里，就包括了善戏谑的苏轼，他还和诗一绝取笑：

十八新娘八十郎，苍苍白发对红妆。
鸳鸯被里成双夜，一树梨花压海棠。

这首即兴吟出的打油诗般的"淫词"明明戏谑，偏偏雅致得很，所以不胫而走。

八十老翁入洞房，竟然还不是张先最后一次做新郎。八十五岁那年，他又娶了一房小妾，苏轼又写了一首律诗嘲笑，其中有句："诗人老去莺莺在，公子归来燕燕忙。"

苏轼这一打趣可好，从此"莺莺燕燕"就成了娇妾美婢的代称了。

张先这般风流多情，苏轼与他过从甚密，自不免受了影响，便也蓄起家妓来。后来跟随了他一辈子的王朝云，便是在这个时候进入他府上的。

家妓在法律上不列妓籍，只要主人允许，可以随时脱去身份。通常家妓会被称为侍儿或侍婢，但与丫鬟仆从又有区别，是介于婢与妾之间的存在。

明代陶宗仪《名姬传》中整理史料，记下了与苏东坡有过交往的名妓或家妓，包括王朝云、秀兰、周韶、琼芳、琴操、马娉娉等。

清代阮葵生说："东坡平生不耽女色，而乐与妓游。"这评语当是公正的。

东坡笔记中，有一段他审理风月案的段子，也是让我忍不住要吐槽的。

有一次，一位杭州花魁想要脱籍从良，然而苏轼不允，且在请示上批示："慕周南之化，此意虽可嘉；空冀北之群，所请宜不允。"

"慕周南之化"，指的是《诗经·周南·关雎》："关关雎鸠，在河之洲。窈窕淑女，君子好逑。"

"空冀北之群"，典出韩愈《送温处士赴河阳军序》："伯乐一过冀北之野，而马群遂空……伯乐知马，遇其良，辄取之，群无留良焉。苟无良，虽谓无马，不为虚语矣。"意思就是，伯乐往冀北选千里马，所到之处，良骏皆无。但是没了头马，马群无首，便等于是没有马了。

杭州青楼失了花魁，便等于春色尽空，苏轼今后招待友人的酒宴上，也会少了很多节目，岂肯舍得？于是他痛快地给予了否定。

欧阳修听说后，笑说："敏捷善谑如此。"

只是，文人们只把这当成段子取笑，可想过耽误的却是那女子的终身？

不过，苏轼也有替妓女出气的时候，还与方外人士有关。

有个灵隐寺和尚了然，与妓女李秀奴相好，然而往来日久，床头金尽，秀奴便对他冷淡起来。可是了然为情所困，一夜乘醉前往，因为李秀奴不予接待，竟然一怒之下使性杀人。

案子报到苏轼这里，了然对罪状供认不讳，但以情真为辩，且出示臂上所刺文字："但愿生同极乐国，免教今世苦相思。"

了然以为自己可以用多情为借口打动苏轼，孰料苏大侠是个多情不容情的，当下沉了脸：浮屠贪色，已是犯戒，况且还杀了人，有何面目说情言爱？于是毫不犹豫地宣布："判讫，押赴市曹处斩。"并径向状上填了一首词作结：

踏莎行

这个秃奴，修行忒煞。云山顶上空持戒。一从迷恋玉楼人，鹑衣百结浑无奈。

毒手伤人，花容粉碎。空空色色今何在。臂间刺道苦相思，这回还了相思债。

（三）

在杭州，苏轼新交的朋友主要有两大类，一是妓女，二是和尚。

东坡儒释道兼修，喜论经参禅，与很多僧人都保持着良好的关系。他初到吴地就拜访了佛门五公：海月慧辩大师、梵臻实相法师、辩才元净禅师、契嵩禅师、怀琏大觉禅师，并与辩才和海月深交。他还多次造访金山、焦山、惠山、虎丘等寺院，净慈寺的圆照禅师、灵隐寺的知长老、佛日寺的荣长老、径山寺的维琳长老、梵天寺的守诠、祥符寺的惟贤等，都曾与他诗文相和。

在他的文集中，随意翻开几页，便可见《宿水陆寺，寄北册清顺僧二首》《腊日游孤山，访惠勤、惠思二僧》《上元过祥符僧可久房，萧然无灯火》……

离开杭州前，下天竺惠净禅师以丑石相赠，苏轼赠诗云：

> 还将天竺一峰去，欲把云根到处栽。

这句诗与他从前赠给弟弟苏辙的那句雪泥鸿爪一样，堪称一生漂泊之写照。

后来，苏辙曾这样形容他：

> 昔年苏夫子，杖履无不至。
> 三百六十寺，处处题清诗。

诗僧参寥与苏轼的交往也颇值得一提。有人考据过，说苏轼一生诗文提过参寥 150 多次，可见二人交往之密。

参寥本姓何，初名昙潜，浙江临安县人，原为智果寺和尚，雅擅诗文。苏轼在杭州时与他相识，常相唱和，赞他"无一点蔬笋气，体制绝似储光羲，非近世诗僧可比"。并为他改名道潜，又号参寥子，取意《庄子》中"玄冥闻之参寥，参寥闻之疑始"。

后来，苏轼去了徐州，有一次邀请宾朋同僚聚会时，因参寥在座，一时促狭，特地派官妓马盼盼施弄颜色，向他求诗。参寥倒也不推辞，当即口占一绝：

> 多谢尊前窈窕娘，好将幽梦恼襄王。
> 禅心已作沾泥絮，不逐春风上下狂。

苏轼大喜："我尝见柳絮落泥中，私谓可以入诗，偶未曾收拾，遂为此人所先，可惜也。"

参寥与苏轼的友情维系了一生。后来苏轼贬谪黄州，参寥不远千里去探访，在雪堂住了一年多。苏轼自黄州归来，二次知杭州时，于寒食节往智果精舍找参寥喝茶，还作了篇《参寥泉铭》。再后来，苏轼贬惠州，参寥因受其牵连，竟被勒令还俗，还想去海南找苏轼，被苏轼劝阻。又过了很多年后，参寥方重新落发出家，再做和尚，可谓禅心坚贞，不恋春风。

苏轼与方外人士交游的各种趣闻中，最著名的一个要属佛印。

佛印（1032—1098），俗家姓林，江西浮梁人。据说他自小就是个神童，三岁能诵《论语》，五岁背诗三千首。如果他意在功名，挣个进士什么的应该不难。但因为在他两岁时，母亲离家出走，使他自幼性子淡泊，早早看破红尘，立心皈依佛门。民间关于佛印的传说不少，各地名山古刹都曾留下他参禅的说法。神宗皇帝还曾钦赐金钵，以表彰他的功德。

佛印和苏轼是好朋友，两人经常一同讨论禅学，相约游历，无话不谈。课文《核舟记》里所讲的人物，就是苏东坡、黄庭坚与佛印：

> 船头坐三人，中峨冠而多髯者为东坡，佛印居右，鲁直居左。苏、黄共阅一手卷。东坡右手执卷端，左手抚鲁直背……佛印绝类弥勒，袒胸露乳，矫首昂视，神情与苏、黄不属。卧右膝，诎右臂支船，而竖其左膝，左臂挂念珠倚之——珠可历历数也。

这段文字真可谓把人物描写得活灵活现。但这核舟为明朝人王叔远所刻，他也没见过东坡与佛印，不过是依着史料和想象中的豪放大侠与得道高僧的样子来刻画罢了。

关于苏轼与佛印的交往有段著名的禅宗公案：苏轼天性聪颖有慧根，自认为悟性了得，修行有成。有一天在坐禅后写了首偈子：

> 稽首天中天，毫光照大千。
> 八风吹不动，端坐紫金莲。

这首偈子写得很不错，形象地描绘出释家子弟禅定的修为。

"八风"是佛教术语，指人们生活中所遇到的"称、讥、毁、誉、利、衰、苦、乐"八种境界，因为得失利衰能影响人的情绪，所以称之为"风"。

苏轼写完后觉得很满意，于是誊写了一遍让门子过江去送给佛印。佛印看后，只题了两个字"放屁"回赠。苏轼一看气坏了，立刻坐上船过江来找佛印理论。佛印见了他，哈哈大笑，轻轻吐出一句话："八风吹不动，一屁过江来！"

苏轼顿时石化。

这个讽刺太绝妙了。苏轼自夸定力，可是嗔心恁大，还八风吹不动呢，佛印轻轻的一个"屁"字，就让他动了嗔念，失了定性，气冲冲过江来争个高低，输得可真是彻底。

江湖上关于佛印和苏轼斗法的段子很多，苏轼好像从来没赢过，倒是给后人增添了很多笑料。不过，这也正是苏轼最可爱的地方，真聪明，也真有悟性，却仍是个热闹活泼的红尘中人，有真脾气，真性情。

密州

密州，超然台上望故乡

（一）

沁园春·赴密州，早行，马上寄子由

孤馆灯青，野店鸡号，旅枕梦残。渐月华收练，晨霜耿耿，云山摛锦，朝露漙漙。世路无穷，劳生有限，似此区区长鲜欢。微吟罢，凭征鞍无语，往事千端。

当时共客长安，似二陆初来俱少年。有笔头千字，胸中万卷，致君尧舜，此事何难？用舍由时，行藏在我，袖手何妨闲处看。身长健，但优游卒岁，且斗尊前。

熙宁七年（1074年）冬，苏轼结束了杭州通判的任期，自请为密州郡守，这是为了离在济南就职的弟弟苏辙近一点。这首词，便写于迁调途中。

开篇接连用了"孤馆""野店""旅枕"，来点明此身所在。接着由景入情，写了新月、晨霜、云山、朝露，重点是为了点明"世路无穷"，漂泊无定，并以一句"往事千端"引出下文回忆。

曾经，兄弟俩一起赴京赶考，双双中第，声名大噪。时人比作西晋时陆机、陆云兄弟，一时瑜瑾，名动京师。我们二人笔下文章，胸中抱负，书生意气，前途无量，只觉辅佐君王，又有何难？

没想到，时不我与，帝王肯不肯重用我们，完全不由我们做主，我兄弟俩处处碰壁，怀才不遇，唯有袖手旁观，投闲置散。孔子云：用之则行，

舍之则藏。而我们现在，就只能藏起锋芒，明哲保身。只要身体还健康，便优游岁月，饮酒作乐，闲散度过此生吧。

显然，这是一首牢骚诗。苏轼虽然在杭州过得不错，然而抱负不得展，志向不得抒，总是郁闷的。于是益发思念唯一的手足，这才主动要求调往偏僻清苦的密州。

只是，这迁调的代价有点大。密州，是今天的山东诸城。苏轼来到密州后，触目所及简直是当头一棒。这里的荒僻远远超过他的想象，遍地蝗虫，路有饿殍，满面愁苦的农民用蒿蔓裹着蝗虫挖土掩埋，"累累相望者，二百余里"。盗贼蜂起，民不堪命，天灾人祸相迭，民间狱讼不断。

这对于乍然从江南来到山东的苏轼，无异于从天堂跌落地狱。面对此景，苏轼勇敢而冒险地顶住压力，决定停止实施新法，并上书丞相，指出新法扰民是为祸，无异于逼民造反。

在紧锣密鼓的新法实施中，苏轼竟然有勇气冒天下之大不韪。一是生性耿直，有话不吐不快；二也是因为朝廷动荡，新党内部有了分歧。

熙宁七年四月，王安石罢相，韩绛为相，吕惠卿为参知政事。

熙宁八年二月，王安石复相。

熙宁九年十月，王安石二次罢相，吴充、王珪为相，冯京为参知政事。

王安石的浮沉，证实了变法派的种种危机，宋神宗的重重犹豫。然而，尽管王安石罢相，宰执之位上仍是新党，只是这些人推行新法，不再是像王安石那样一心为了富国强民，而更在意借新法之名为自己捞金夺权，排斥异己。

苏轼身处的政治环境，比从前更加不安。只是，他一时并没有意识到这些，甚至因为朝局不稳而变得益发大胆。他不但敢上书指出新法弊端，还经常在诗文中大加讽刺，这也为后来的乌台冤狱埋下了祸根。

好友刘贡父、李常曾写信寄诗问候他，苏轼又一次发挥了次韵而胜原诗的特长，步韵和诗一首回复：

> 何人劝我此间来，弦管生衣甑有埃。
> 绿蚁濡唇无百斛，蝗虫扑面已三回。
> 磨刀入谷追穷寇，洒涕循城拾弃孩。

为郡鲜欢君莫叹，犹胜尘土走章台。

这首诗不算太著名，却对研究苏轼十分重要，因为它形象确切地写出了苏轼在密州的生活。

首联概述自到此地，库银短缺，过客稀少，弦管失声，酒甄生尘，难得有场宴席，酒水也要省着喝，最多就是沾沾嘴唇罢了。

新酿的酒还未滤清时，酒面浮起酒渣，其色微绿，细沫如蚁，故常以"绿蚁"代指酒，比如"绿蚁新醅酒，红泥小火炉"即是。

颔联将少得可怜的官酒与多得可怕的蝗虫相对比，真是该有的没有，不该有的遍地都是。来了没多久，倒已经历了三次蝗灾。

颈联则是苏轼在密州做成的两件大事：一是剿匪，二是收养弃婴。

著名的《江城子·密州行猎》一词，很可能就是为了剿匪而做的操练。

密州生活艰苦，以至于穷苦人家养不起孩子，便常常弃于荒野。这简直让苏轼那颗博爱柔软的心受到重锤一般的打击，常常要流着泪亲自沿城墙根儿捡拾弃婴，安排人家收养，并由政府拨款补助。又颁令那些养不起婴儿的人家，一年之内由政府每月给米六斗，劝他们不要丢弃婴儿。而一年之后，父母与婴孩的亲情已固，除非泯灭人伦的，通常都不会舍得再抛弃了。这绝对是苏轼德政的重要业绩，可惜朝廷并不把这种只关民生无关国运的"小事"放在眼里。所以苏轼在尾联叹息说：我自做了这密州郡守后，便郁郁寡欢，真不知该跟老朋友们说些啥，你也不用为我叹息了，总好过尘土满面，走马章台吧。

《汉书》载，曾经为妻画眉的那位张敞在下朝后，为抄近路而走过长安妓坊一条街——章台街，招摇过市，有失体统。所以后世便以"走马章台"代指涉足妓院，追欢买笑。苏轼正话反说，自己来密州后连个酒宴都没有，歌舞娱乐一概全无，自然也不会有什么章台艳迹了。

（二）

苏轼在密州究竟有多穷呢？

说出来简直没人信。穷到要与通判刘廷式两人没事就沿城寻觅废园中野生的枸杞和菊花来吃，一边采药，一边拾弃婴，两不耽误。

嚼食杞菊是唐朝诗人陆龟蒙的发明，还曾作《杞菊赋》赞其效用。苏轼在密州实在没啥补品犒劳自己，便向唐人取经，还作了一篇《后杞菊赋》自嘲，序云：

> 余仕宦十有九年，家日益贫，衣食之奉，殆不如昔者。及移守胶西，意且一饱。而斋厨索然，不堪其忧。日与通守刘君廷式，循古城废圃，求杞菊食之。扪腹而笑。

一城太守混到吃野草，也真是没谁了。

当然这也许是苏轼的夸张写法，毕竟俸禄再低，也不至于吃不上饭，只是他公务繁忙，饮食匮乏，以至于竟有"公厨十日不生烟"之时，也就不能不自己想办法调剂口味，也当作一种养生秘法罢了。

到这时，他不禁有些后悔为了毗邻苏辙，一时冲动请调山东了，"回首西湖真一梦，灰心霜鬓更休论"。尤其他来胶西是为了离在济南任职的弟弟近一点，偏偏苏辙却去了京城，淹蹇不归，搁谁也是够郁闷的。

苏轼有才华，有能力，有口碑，也有政绩，二十岁一举中第，之后更是获得"百年第一"的好成绩，起点不是一般的高。如今十八年转眼飞逝，两鬓成霜，前途茫茫，不禁心灰，归隐之念愈强：

> 人生如朝露，白发日夜催。弃置当何言，万劫终飞灰。

好在苏轼生性乐观，面对再大的烦恼，也是"须臾便堪笑，万事风雨散"。他不是纸上谈兵无所事事之人，总要时不时折腾点动静出来。于是，就任密州一年后，渐渐安定乡郡，整顿心情，便又如初仕凤翔时一样，计划修座亭台，给密州留点痕迹。

当历史与传说都沉默的时候，唯有建筑在唱歌。苏轼一边差人上山伐木，修葺官舍庭园，一边考察方位，发挥建筑特长，在园北修建了一座高台，作为登临眺望的休闲之地。

书上说此台高而安、深而明，冬暖夏凉，可以东望庐山，西望穆陵，南望常山，北临潍河，风景极佳。苏轼还请老弟苏辙代取台名，得名"超然台"，表现苏轼"无所往而不乐，游于物之外也"的乐观超脱，尽显老庄意味。

超然台建成后，苏轼每每于其上举办雅集，吟诗联句，曾作《和潞公超然台次韵》一诗直抒胸臆：

我公厌富贵，常苦勋业寻。
相期赤松子，永望白云岑。
清风出谈笑，万窍为号吟。
吟成超然诗，洗我蓬之心。
嗟我本何人，麋鹿强冠襟。
身微空志大，交浅屡言深。
嘱公如得谢，呼我幸寄音。
但恐酒钱尽，烦公挥橐金。

诗中活用"万窍""蓬心"等《庄子》里的典故，表达超然之思，希望能像赤松子那样逍遥云外，一洗俗尘。自谦身微志大，不过是山林麋鹿强行穿了衣冠罢了，原本就没什么见识，况又交浅言深，不知进退，难得文潞公看得起，捎来书信，非常感激。

抒了半天情，结尾忽然一转，竟回到"但恐酒钱尽"，一下子就从冷然飞升落到了阿堵物的尘思凡恼中，未免太接地气了，令人莞尔。

（三）

望江南·超然台作

春未老，风细柳斜斜。试上超然台上看，半壕春水一城花。烟雨暗千家。
寒食后，酒醒却咨嗟。休对故人思故国，且将新火试新茶。诗酒趁年华。

这首词为密州代言了近千年。"半壕春水一城花，烟雨暗千家"说的是城，"且将新火试新茶，诗酒趁年华"说的是人。苏轼用了《望江南》

的词牌，然而他望的，究竟是密州风景、江南旧梦，还是蜀中家乡呢？

超然台堪称是苏轼乐观精神的具象表现，有了超然台，诗意的灵魂也似有了栖息寄放之处，每每花朝月夕，无论春风秋雨，苏轼但得有闲，便来到超然台上观风、赏雪、扫花、听雨，写下了许多隽永诗文。

苏轼诗中有一首写于密州，与李白诗风极像的《薄薄酒》，原诗有两首，这里只录第一首：

薄薄酒，胜茶汤；粗粗布，胜无裳；丑妻恶妾胜空房。
五更待漏靴满霜，不如三伏日高睡足北窗凉。
珠襦玉柙万人相送归北邙，不如悬鹑百结独坐负朝阳。
生前富贵，死后文章，百年瞬息万世忙。
夷齐盗跖俱亡羊，不如眼前一醉是非忧乐都两忘。

这首诗文词浅白，通俗晓畅，一贯而下，简单来说就是：再淡的酒也比没有好，再丑的老婆也比单身强。闲散无官一身轻，好过星夜赶朝堂。死后葬礼再排场，不如活着晒太阳，管他圣人伯夷、叔齐，还是恶人盗跖强梁者，是非善恶转头空，忧乐生死本无常。

苏轼自己也很喜欢与李白并论，在不久后知徐州时，曾于黄楼招待好友王巩等，特地穿了件飘然若仙的羽衣，迎风伫立，远远地看到王巩棹小舟，载名妓，吹笛饮酒，乘月而来。二人相见，不禁相视而笑，"以为李太白死，世间无此乐三百余年矣"！

老夫聊发少年狂

（一）

早在杭州时，苏轼已经感慨自己"苒苒中秋过，萧萧两鬓华"。随着时光流逝，就更加频繁地抱怨"多情应笑我，早生华发"。

头发总是先从鬓边白起，最初苏轼看到满头青丝里醒目地生出几根白发时，简直胆战心惊，恨不得立即拔去。可是后来越来越多，已是来不及拔除，不禁叹息"无可奈何新白发，不如归去旧青山"，伤春悲秋起来。

其实，当他在密州仰天长叹"老夫聊发少年狂"时，也不过才三十八岁。

江城子·密州出猎

老夫聊发少年狂。左牵黄，右擎苍。锦帽貂裘，千骑卷平冈。为报倾城随太守，亲射虎，看孙郎。

酒酣胸胆尚开张。鬓微霜，又何妨。持节云中，何日遣冯唐？会挽雕弓如满月，西北望，射天狼。

这一年，苏轼年未不惑，却已经自称"老夫"了。自嘲之下是深深的不甘心，因为他的骨子里，明明跳跃着一颗少年心。与其说"老夫聊发少年狂"，毋宁说"少年枉披老夫霜"。

"黄"是黄犬，"苍"指苍鹰，都是打猎的好伙伴。这里用了两个颜色名词代指禽畜，极为巧妙，且生动地描画出围猎它们前跃跃欲试的雄姿。

"锦帽貂裘"，是汉羽林军的服装，这里代指随从。跟随苏轼游猎的人不可能真有"锦帽貂裘"的豪奢装备，更不会有"千骑卷平冈"的雄壮气势，这些都是夸张的写法。

"倾城"，是说全城的人都出来了，跟着队伍围观太守也就是苏轼大人行猎，见识苏大人的雄姿英发。

"孙郎"，指东吴主帅孙权，这里借以自喻，说我为了报答密州人民对我的崇拜，今日要像三国孙郎那样挽弓射雕猎虎，决不能掉了链子。

苏轼还真是够嘚瑟的！

没办法，太憋闷了，总得找个法子发泄一番。

这首词上阕用了许多铺排，都是在说明这次出猎的阵仗，充满炫耀之感，而炫耀之余，其实是满满的惆怅。

苏太守真是喜欢打猎吗？不，他是有一个奋勇报国的英雄梦。于是，下阕直抒胸臆，写出了他真正的抱负。一边自嘲"老了老了，头发都白了"，一边又充满了少年轻狂不可一世的昂扬斗志；越怕老，就越禁不住豪情万丈，因此喝过壮行酒，就开始明确表达："持节云中，何日遣冯唐？"

"节"就是兵符，云中是汉代郡名，冯唐是西汉大臣，曾受汉文帝派遣去云中颁旨赦免魏尚。冯唐虽有才略，却一生不得志，曾于汉景帝时被任命楚相，但不久罢免。到武帝即位后，冯唐再度被举荐，但已经九十多岁了，心有余而力不足。所以王勃在《滕王阁序》中有"冯唐易老、李广难封"之句，后世常以冯唐来形容"老来难以得志"。

苏轼自比冯唐，就是觉得时光飞逝，眼瞅着就要老了，却仍然不得志，蹉跎地方，不得重用，这可到哪儿算是个头啊？

他不知道的是，这才从哪儿到哪儿啊，未来的坎坷还多着呢。

全词压尾六个字，将苏轼的愿望说得更明确了，乃是"西北望，射天狼"。

"天狼"，星宿名，又称犬星。《楚辞·九歌·东君》："长矢兮射天狼。"《晋书·天文志》云："狼一星在东井南，为野将，主侵掠。"这里隐喻侵犯宋边境的辽国与西夏。很明显，苏轼希望有机会像范仲淹、韩琦那样驱敌靖边，或像自己的同科王韶那样拓边河湟，立下战功。

《江城子·密州行猎》堪称苏轼词风转型的重要标志，豪迈英爽，洗尽花间遗风，在北宋词坛上别具一格。正是这首词的高调诞生，让人们注意到了苏轼词的与众不同，也标志着豪放派词风的横空出世。

诚如宋词论者胡寅在《论酒词》中言："词及眉山苏氏，一洗绮罗香泽之态，摆脱绸缪宛转之度。使人登高望远，举首高歌，而逸怀浩气，超然乎尘垢之外。"

因此苏轼也很满意，巴巴儿地写信寄给朋友，夸耀说：

近却颇作小词，虽无柳七郎风味，亦自是一家。数日前猎于郊外，所获颇多。作是一阕，令东州壮士抵掌顿足而歌之，吹笛击鼓以为节，颇壮观也。

说得很霸气。可是我们若从头追究一下《江城子》词牌的渊源，却不禁有点啼笑皆非了。

（二）

词又称"曲子词"，讲究"倚声合乐"，是要先有曲再有词，或者词曲同时产生的。唐宋时期，每当有人发明了一种新的词作格式，谱曲流传，就会形成一个新的词牌。

词牌，就是词的腔调与格式、韵律、曲谱，有了词牌，就可以按照词牌所规定的字数、韵脚、平仄、格式来填词了，这就叫"倚声填词"。

比如《江城子》的词牌，原兴起于晚唐，由韦庄创调，原为单调三十五字，七句五平韵。始见于《花间集》韦庄词：

恩重娇多情易伤。漏更长，解鸳鸯。朱唇未动，先觉口脂香。缓揭绣衾抽皓腕，移凤枕，枕檀郎。

这是一首典型的宴前赠妓之作，也就是唐代的酒令。

《江城子》在晚唐五代极为流行，有多位词人曾填此调，因此有过很多别名，如《江神子》《水晶帘》《村意远》等，词风都很雷同，为花间格调。

然而到了苏轼这里，首次改《江城子》为双调，上下阕都是七句五平韵。这也还平常，关键是风格豪迈。原调明明是描写小女儿娇羞妩媚婉转承欢的情怀，如今却用来形容老夫围猎的热血豪情。可想而知，这词如果谱入原曲中，那是完全不搭界的，如何"令东州壮士抵掌顿足而歌之"？想来肯定请高人另外谱曲了，而且还找了乐工重新定调，所以才能"吹笛击鼓以为节"，不然，可如何"壮观"得了？

　　既然如此，苏轼又何必定要以《江城子》之调填词呢？想来他不过是因为同张先混得久了，对《江城子》的平仄谱最熟，觉得最适合填词，至于曲调什么的，也就不考虑了。

　　这也罢了，同一年，苏轼又填了一首纪念亡妻王弗的《江城子》，便是前文提过的"十年生死两茫茫，不思量，自难忘"。

　　词是绝妙好词，然而就曲风而言也更加离谱，因为是一首悼亡词。

　　曲子词是要依曲填词，声词相从的，试想想，《江城子》曲调原为靡靡之音，却用来表现山东壮士挽弓射天狼之志，想必是将曲子改得跟军歌差不多了，却又如何再使之变为一曲悼念亡妻的哀音？

　　艳词、军歌、悼亡，这风马牛不相及的三种曲风，竟然用同一个词牌来完成，苏轼的"强迫症"，真真要把唱曲的愁死！

　　由此可见，苏轼初涉词坛时，只换情绪不换词牌，是标准的"不靠谱"。

因此，尽管苏东坡名重当世，同时期的沈括却讥讽他"声与意不相谐"，认为他不懂曲乐，只是填字游戏；而南宋的李清照虽赞他"学际天人"，却认为他的词只算是"句读不葺之诗"，根本不能叫作词。

这便是因为曲子词的特性就是"倚声而成"，是要交给歌女们扣弦而歌的。如果失了这种作用，这种风情，还能叫作词吗？

苏轼才气冲霄，名重天下，《江城子》悼亡词又写得脍炙人口，闻者落泪，想不红都难。所以此调迅速风行，且被后人效仿，追和无数。据统计，两宋以《江城子》为词调的词作有近二百首，且自苏轼后再作《江城子》者，皆为双调，可见苏轼词受追捧的程度。

苏轼作《江城子》的典型案例也解释了为什么会有很多词一词多名，或是同一个词牌名下有多种变调的现象。苏轼的典型案例，标志着词目与曲谱从起初的并生同传、"声词相从"而渐渐放宽了，从按乐谱宫商填词变成了按词牌格式填词，"哀声而歌乐词，乐声而歌怨词"，只分平仄四声，不论宫调律吕，"倚声填词"也渐渐发展为"声词分离"，成为单纯的案头之作。

今人评词，只能就文采论优劣，而无法对曲乐议短长了，真是非常可惜的事情。不过单就文字而言，宋词仍是中华文坛上最瑰丽的一页。

（三）

通常来说，词的分类根据乐曲体制分为"令引近慢"四种。

令即小令，名称来自唐代行酒令，即席填词唱小曲，又叫令曲；引来自乐府中曲调名，是在大曲中的首段序或散序之后，规模比小令要长；近，又称近拍，规模与引相近；慢又称慢曲，大部分为长调。

到了近代，因为对音乐体制的不了解，"令引近慢"的词式划分渐渐变成了机械的按字数多少分为三大类：五十八字以内为小令，五十九字至九十字为中调，九十一字以上为长调。

按照段落，则可以分为四类：词的一段叫作一片，或者阕、叠。不分段的词称"单调"或者"单片"，通常都是"小令"，一韵到底，在配曲上属于同一宫调。

分上下段的称为"双调"，又叫前后阕，或上下阕、上下片；如果前后片格式不同，后片开头一句就称为"换头""过片"或"过遍"。双调中，上下阕格式完全一样的，称为"叠格双调"；仅在下阕开头不同的，叫"换头双调"；前后阕大部分相同，仅有一两句不同的，叫"变格双调"；前后阕格式完全不同的，叫"异格双调"，多为长调慢词。

依次类推，词中分为三段的称为"三叠"，分为前片、中片、后片。

分为四段的叫"四叠"，较为少见，四个段落一般以叠称之，也就是一叠、二叠、三叠、四叠。

通常来说，双调最为常见，小令次之，三叠、四叠较为罕见。

因为填词多为宴前游戏，一般文人不会度曲，又记不住太长的谱子，且也没那么多时间慢慢琢磨，只能照着惯熟的曲牌填词，所以多作小令或双调。

当时，最擅长填曲子词的要数人称"白衣卿相柳三变"的柳永，简直是以此为业，人称"凡有井水处，皆歌柳词"。

苏轼初入京城时参加酒宴，到处都听得到柳永的歌，内心暗暗艳羡，因此一生都喜欢跟柳永较劲。此时小试牛刀，初露锋芒，便忍不住在信中与朋友称《江城子·密州行猎》"虽无柳七郎风味，亦自是一家"。

俞文豹《吹剑续录》里记了一个小故事，说苏轼帐下有个很会聊天的幕僚，有一次苏轼问他："我词比柳七何如？"此人对曰："柳郎中词，只合十七八女郎，执红牙拍板，歌'杨柳岸，晓风残月'；学士词，须关西大汉，铜琵琶，铁绰板，唱'大江东去'。"

这段话说得真是十分巧妙。

这个问题貌似随意，其实相当难回答。然而这幕僚却一张巧嘴，左右逢源，不去评价孰高孰低，却非常恭敬、贴切地形容出两个人的不同词风，因此"公为之绝倒"。

然而，词的特性本来就是为了让十七八女郎，执红牙拍板而歌，如今换成了关西大汉，铜琵琶，铁绰板，跟秦腔似的吼得地动山摇，成何体统？

就连苏门中人陈师道都说过："子瞻以诗入词，如教坊雷大使之舞，虽极天下之工，要非本色。"

且看流传至今的《水调歌头·明月几时有》，不知被多少大家几度重新谱曲，而它仍是作于密州。让人不能不感慨：密州，可真是苏轼灵感的引爆之所啊！

水调歌头

丙辰中秋，欢饮达旦，大醉，作此篇，兼怀子由。

明月几时有？把酒问青天。不知天上宫阙，今夕是何年。我欲乘风归去，又恐琼楼玉宇，高处不胜寒。起舞弄清影，何似在人间。

转朱阁，低绮户，照无眠。不应有恨，何事长向别时圆？人有悲欢离合，月有阴晴圆缺，此事古难全。但愿人长久，千里共婵娟。

这首词是苏轼于熙宁九年（1076 年）中秋寄给弟弟苏辙的，也是在超然台上吟咏，故曰"我欲乘风归去"，正是道心超然的一贯灵感。

这首词将自然天理与人生感悟相融合，情辞并盛，世人评价："中秋词，自东坡《水调歌头》一出，余词俱废。"

自此直至千年之下，每到中秋，"人有悲欢离合，月有阴晴圆缺"处处皆歌，成为年年中秋金曲榜榜首，绝无对手。

同时，《水调歌头》之曲也从此奠定了苏轼豪放派掌门的位置，终使豪放与婉约两峰对峙，成为宋代词坛中势均力敌的两树奇花。

七

徐州

徐州，明月明年何处看

（一）

密州期间，苏轼的思乡之情有如潮涌，屡屡在诗中表达归乡之愿，左一首"归田计已决"，右一首"倦游行老矣"，时时念着"长安自不远，蜀客苦思归"。还有"吾庐想见无限好，客子倦游胡不归""且待渊明赋归去，共将诗酒趁流年"。

他甚至已经有了具体的计划："此任满日，舍弟亦解罢，当求乡里一任，与之西还。近制既得连任蜀中，遂可归老守死坟墓矣。心貌衰老，不复往日，惟念斗酒只鸡，与亲旧相从耳。"

依照宋律，外放官员无旨不得进京，苏轼任满返京，需要递札子请奏批准。札子是早早递上了的，不过是走个流程，可是苏轼日夜兼程回到京城时，却在城门口被城卫拦住了，请奏札子竟然未得回复。这不按常理出牌的操作让苏轼蒙了，只得暂时住进蜀人范镇在城外的东园等候消息，内心充满惶惑。苏辙闻讯后，自京中赶至城外与哥哥相会，两人一起住进了东园。

范镇（1007—1088），字景仁，成都华阳人，生平以直言敢谏闻名。在学问上，他与欧阳修共修《新唐书》，苏轼称"其文清丽简远，学者以为师法""临大节，决大议，色和而语壮"。在政治上，他是坚定的旧党，支持司马光，弹劾青苗法，声称变法是残民之术。在私交上，范镇虽比苏轼足足大了三十岁，但二人既同乡，又同志，性情爱好也都相宜，遂结为

102

忘年之交。

此时，范镇已然辞官致仕，并未在朝廷翻覆中受到冲击。城郊的东园无疑是安乐的避风港。苏家兄弟在此盘桓了一个多月，还在范镇的牵线之下，与殿中侍御史吕陶结为通家之好，为十九岁的苏迈与吕家小姐操办了婚事。

从问名、下茶到亲迎之礼，统共只用了一个月，且还是暂借友人之处，连个正经新房都没有，这婚事未免有些仓促。如此潦草，也可以侧面窥见苏轼心中惶惶。

这是熙宁十年（1077年）二月，就在前一年十月，王安石在纷乱不休的争执中被二次罢相，此后再也未能回到朝廷。此时的宰相是吴充、王珪，两人的身份习性都颇可一提。

吴充（1021—1080），字冲卿，其次子吴安持娶了王安石的女儿，长女嫁给了欧阳修的大儿子，次女和幼女也分别嫁给了曾任宰相的吕公著与文彦博的儿子。换言之，吴家姻亲就能组织一个完整内阁了，而且还是政见不同的内阁。

吴充与王安石同年同月同日生，不但做了亲家，而且先后拜相。但是他对于王安石及其推崇的新法却并不赞同，还曾奏请召还司马光。或许，正是因为这种微妙的立场，他才会在党争中脱颖而出，被神宗钦点为宰相。

另一位宰相王珪，则是条典型的"变色龙"。他的人生简直就像是站在苏轼的对面照镜子一般，顺遂如意得天怒人怨。

王珪（1019—1085），字禹玉，也是少年才子。二十三岁进士及第，高中榜眼，从此步入朝堂，高歌猛进，一帆风顺。只做了一任扬州通判，便蒙召顺利进京，召直集贤院，历官知制诰、翰林学士等，熙宁三年拜参知政事，九年进同中书门下平章事，之后安坐相位十六年，历仕三朝，稳立不倒，人称"三旨相公"。

传说王珪上朝只做三件事：上殿进呈时，称"取圣旨"；神宗决定后，称"领圣旨"；退朝后则告诉从属，称"已得圣旨"。

要知道，在政局动荡的北宋久居相位可绝不是一件容易的事，不管是忠直的王安石，奸邪的蔡京，都曾经几沉几浮呢。而王珪却可以屹立不倒，且每朝都有晋升，先后封为郇国公、岐国公，六十七岁卒于高位，获赠太师。这一生，顺风顺水，堪称宋朝最幸福的宰相，没有之一。因为能够宰执天下十六年而毫无建树，在后代历史中鲜有人知，除了他也再没谁了。而我对他之所以关注，完全是因为他的另一个身份——李清照的外公。

看了王珪的履历，我们也就更能明白苏轼的郁闷了。他是制举试的百年第一，风光比王珪的高中榜眼只高不低，仕途也不该比王珪差才是。王珪第一份工作是扬州通判，然后便做了京官，一路高升；这应该也是苏轼的路，事实上他也是在做了一任凤翔通判后被召入京的，却因为父丧耽误了三年。三年后重回京城，就赶上变法了，又重新外放。虽杭州是好地方，却仍是通判。磨勘结束后升了半级做知府，又是密州那样的穷地方，如今回京述职，这回总应该高升了吧？并没有。非但没留京重用，甚至连皇上的面都没见到。

王珪初拜相，最在意的就是自己的地位安稳，正与吴充面和心不和地暗自较力，怎能让苏轼这种既反对新法又卓有才名的不安定因素进京扰乱了自己的步步经营？因此苏轼在东园等了一个多月，最终也没等到神宗召见，却等来了知河中府的调令。于是，兄弟俩拜别范镇，向河中进发了。可是就在苏轼走至陈桥驿时，却又忽然受命改差徐州。陈桥驿，就是大宋建朝之初，太祖赵匡胤黄袍加身的地方。原来，在陈桥，不只有兵变，还有改官。

河中府知府与徐州知州，可不是平级改调。知府是一府之长，相当于今天的市长，掌管军政大权，为四品官；知州，则相当于今天的县长，或是地级市市长，为五品官，这和密州知州是同样的品级，等于没有升迁。但是苏轼生性豁达，自我安慰说："仕宦本不择地，然彭城于私计，比河中为便安耳。"他从初仕凤翔起，似已早早知道，自己的仕途如雪泥鸿爪，注定了漂泊。

（二）

之前苏轼与苏辙相约，两人任期满后要一起入京请奏，谋个离乡近的州府做官，如今却既不能归乡，又不能升职，两头落空。虽然苏轼强自打起精神，苏辙却无法释怀。此时，他已应张方平之邀弄了个南京签判的工作，却不急赴任，干脆请了小长假，为哥哥送行。

苏轼初仕凤翔时，苏辙从京中一直送出郑州；前次苏轼任杭州通判，苏辙将他送至颍州，一同拜会了欧阳修方别；这次苏轼知徐州，苏辙就更绝了，干脆一直送到了任上。

徐州，古称彭城，为华夏九州之一，自古以来便是交通要道，兵家必争之地，向有"九朝帝王徐州籍"之说，还是老寿星彭祖的故乡。徐州素有"彭祖故国、刘邦故里、项羽故都"的说法，是两汉文化的发源地，更是著名的帝王之乡。

苏轼在《上皇帝书》中说道："汉高祖，沛人也；项羽，宿迁人也；刘裕，彭城人也；朱全忠，砀山人也：皆在今徐州数百里间耳。其人以此自负，凶桀之气，积以成俗。"这虽然是贬词，却也充分显示了"九朝帝王徐州籍"的传说非虚。此外，徐州史上的名人还有萧何、樊哙、孙权、李煜等，如今，又多了一位苏轼。

熙宁十年（1077年）四月，苏轼抵徐州，自行先往任上就职，又将弟弟苦留了三个多月，直到过了中秋，才依依惜别。只可惜，兄弟俩虽然对那些汉俑、汉墓、汉画像流连忘返，却没有多少时间闲吟风月，便赶上了徐州百年难遇的洪灾。这使得苏轼完全没有时间陪弟弟，而把所有的精力都用在了抗洪上。

七月十七日，黄河于澶州决口，摧枯拉朽，漫向东南，八月二十一日，滔滔河水奔至徐州，"彭门城下，水二丈八尺"。

此时城中人心惶惶，富庶人家纷纷驾车套马，准备出逃。苏轼急召僚属商议：如果城中人去，那么徐州还在吗？

他以身作则，亲自来到前线指挥抗洪，向徐州人民承诺："吾在是，水决不能败城。"他布衣草履，亲荷畚锸，带领民夫加筑城墙，连晚上也睡在城墙上。

人们看到新来的太守这样坚定从容，顿时信心大增，也都纷纷稳定下来：太守不走，我们也不走。

于是，苏轼一边调集五千民夫筑城，一边赶往禁军营地请首领一同护城。禁军本应由皇帝直接统率，知州无权调动，但是苏轼为了徐州百姓安危，已经顾不得事后可能有的追责了。

（三）

水困徐州两个多月，直到十月十三日方才退去，人们纷纷走上街头庆贺欢呼，感念太守之恩。

苏轼却并不懈怠，居安思危，担心下一次黄河决口还会波及徐州，一边接连上书朝廷，提出"筑堤防水，利在百世"的主张，请示蠲免徐州税赋，筹资修城；一边招募民众增高城墙，修筑城外小城，并在外围城墙上筑起一座十丈高的楼台，取名"黄楼"。

整个过程中，他都是身体力行，事必亲为。

且说苏轼为了抗洪，每天忙着率众筑堤，常常过家门而不入，完全顾不上弟弟苏辙，早出晚归甚至不归，回来时也是一身的泥水。但是中秋夜，兄弟俩却还是抽出时间来小聚一回，还邀请了几位文朋诗友，宴乐置酒，诗文唱和，既是赏月，亦为苏辙饯行。

当夜，明月高照，众人把酒赏月，不免说起去年在密州时，苏轼因为思念弟弟而写的中秋词《水调歌头·明月几时有》，如今已经传遍大江南北，无人不知，无宴不歌。

如今又到中秋，苏家昆仲人月两团圆，不免欣然。众人击节称赞之时，苏辙便也即席唱和一首同调同题之作：

水调歌头·徐州中秋

离别一何久，七度过中秋。去年东武今夕，明月不胜愁。岂意彭城山下，同泛清河古汴，船上载凉州。鼓吹助清赏，鸿雁起汀洲。

坐中客，翠羽帔，紫绮裘。素娥无赖，西去曾不为人留。今夜清尊对客，明夜孤帆水驿，依旧照离忧。但恐同王粲，相对永登楼。

开篇直抒胸臆，说兄弟俩已经七年不曾一起过中秋了，去年哥哥在密州与自己两地望月，今年则在徐州同泛古汴河，听曲赏月，何得如之。

下阕说满座嘉宾皆是翠羽锦裘的高贵之人，却仍然留不住渐渐西沉的明月。今晚我们共度良宵，明天我将独自远离，只怕今后只能像王粲那样，孤身万里，独自登楼望乡。

中秋节后，苏辙自去河南应天府赴任，苏轼则继续带领民众筑堤。

根据种种资料细推苏轼兄弟在熙宁十年夏天的时间表，会发现八月十五是个非常特别的时间点。

因为苏辙走后不到一周，八月二十一日，黄河水奔涌而至，这时，城中人便是想走也走不成了。而苏辙则完美避开了水围彭城，好险！

假如苏辙再稍晚走几天，就要一直困在徐州直到十月水退才能上任了，那不知该焦虑成何种情状；而若早走几天，未能与哥哥共度中秋，那么文坛上就会少一首绝妙好词了，也是奇险！

原来，苏辙小苏轼两岁，从小就是哥哥的影子，兄弟俩都是神童，正是"难分伯仲"。二人一同读书，一同科考，一同金榜题名，又一同制举得官，就连结婚，弟弟也只比哥哥晚一年。

苏辙在内心对哥哥是无比崇拜的，可也多少有点不服气，觉得哥哥能做到的，自己也能。尤其学问功课这件事，兄弟俩同窗同科，芝兰玉树，诗词唱和，各有千秋，并称大苏小苏。但是世人都夸苏轼是文豪是天才，而夸苏辙时，则多半补一句"不愧是子瞻的弟弟"，这真是让人苦笑不已。

中秋即席填词，苏子由一概曲牌皆弃，独独选中《水调歌头》，多少有点同哥哥"别苗头"（方言"比高低"之意）的意味。

苏轼也很体谅弟弟这点小心思，这夜便很低调地不肯填词，只写了一首七言绝句应景，兼为弟弟送行：

阳关词
暮云收尽溢清寒，银汉无声转玉盘。
此生此夜不长好，明月明年何处看。

又是一首千古名作！

107

（四）

　　熙宁十年的黄河泛滥，共淹没四十五个州县，不知冲垮多少民居，造成多少百姓流离失所。而徐州人民得以安居，全赖天降神兵的新太守。

　　因此皇帝颁诏奖谕：

　　敕苏轼，省京东东路安抚使司转运司奏，昨黄河水至徐州城下，汝亲率官吏，驱督兵夫，救护城壁，一城生齿并仓库庐舍，得免漂没之害，遂得完固事。河之为中国患久矣，乃者堤溃东注，衍及徐方，而民人保居，城郭增固，徒得汝以安也。使者屡以言，朕甚嘉之。

　　可见，苏轼之功是有口皆碑、声闻朝廷的。

　　关于苏轼的徐州抗洪始末，无论是他自己的诗文，苏辙的相关记述，还是朝廷的表彰诏文，都有着清楚翔实的记录。

　　尤其苏辙在《黄楼赋》引文中完整记述了苏轼抗洪筑堤的经过，为后世研究苏轼留下了最宝贵的第一手资料：

　　熙宁十年秋七月乙丑，河决于澶渊，东流入钜野，北溢于济，南溢于泗。八月戊戌，水及彭城下，余兄子瞻适为彭城守。水未至，使民具畚锸，畜土石，积刍茭，完窒隙穴，以为水备。故水至而民不恐。

　　自戊戌至九月戊申，水及城下者二丈八尺，塞东西北门，水皆自城际山，雨昼夜不止。子瞻衣制履屦，庐于城上，调急夫，发禁卒以从事，令民无得窃出避水。以身帅之，与城存亡，故水大至而民不溃。

　　方水之淫也，汗漫千余里，漂庐舍，败冢墓，老弱蔽川而下，壮者狂走，无所得食，槁死于丘陵林木之上。子瞻使习水者浮舟楫，载糗饵以济之，得脱者无数。

　　水既涸，朝廷方塞澶渊，未暇及徐。子瞻曰："澶渊诚塞，徐则无害，塞不塞，天也，不可使徐人重被其患。"乃请增筑徐城，相水之冲，以木堤捍之，水虽复至，不能以病徐也。故水既去，而民益亲……

黄色在五行中象征土，取"土克水"之意。楼之建材，取自城中原有的一座项羽霸王厅。苏轼认为是假古董，于是提笔圈个"拆"字，便破旧立新，改建为黄楼了。

黄楼落成之时，已是熙宁十一年九月。是日，举城欢庆，苏轼特地选在重阳节日，于楼上摆酒设宴，登楼四望，山川苍莽，泗水汗漫，阡陌纵横，黍麦乔秀，日升月落，天地浩渺，令人不禁为之心胸一畅。

苏轼畅饮之际，挥笔写下《九日黄楼作》：

> 去年重阳不可说，南城夜半千沤发。
> 水穿城下作雷鸣，泥满城头飞雨滑。
> 黄花白酒无人问，日暮归来洗靴袜。
> 岂知还复有今年，把盏对花容一呷。
> 莫嫌酒薄红粉陋，终胜泥中事锹锸。
> 黄楼新成壁未干，清河已落霜初杀。
> 朝来白露如细雨，南山不见千寻刹。
> 楼前便作海茫茫，楼下空闻橹鸦轧。
> 薄寒中人老可畏，热酒浇肠气先压。
> 烟消日出见渔村，远水鳞鳞山齾齾。
> 诗人猛士杂龙虎，楚舞吴歌乱鹅鸭。
> 一杯相属君勿辞，此境何殊泛清霅。

诗中回忆去年今日，还在夜战洪水，一身泥泞；哪里想到今年此时，还可以把酒对花，歌舞升平呢？

之前在密州建超然台时，是苏辙取的名；这次黄楼的名字由苏轼自己取了，却请弟弟作赋以记。

赋成后，苏轼亲自书写，刊刻勒石，立于楼前。

燕子楼里的关盼盼

（一）

苏轼实在是个天才，不仅诗词书画样样精通，而且懂得建筑、园林、水利，在凤翔开掘东湖，在杭州疏浚西湖，在密州筑超然台，在徐州又建了黄楼……这些人类文明史上的瑰宝，留下一两项就足以名存青史了，而苏轼竟是挥洒笔墨，点缀江山，在大江南北到处留下了自己的雪泥鸿爪。他生于川蜀，平生宦海漂泊，最东到达山东蓬莱，最西到过陕西凤翔，最北到达河北定州，最南抵达海南儋州。

而徐州亦是苏轼人生中的重要一站，暂且不提苏轼在徐州最大的功绩黄楼，来看看他有过一夜春梦的燕子楼。

永遇乐

彭城夜宿燕子楼，梦盼盼，因作此词。

明月如霜，好风如水，清景无限。曲港跳鱼，圆荷泻露，寂寞无人见。紞如三鼓，铿然一叶，黯黯梦云惊断。夜茫茫，重寻无处，觉来小园行遍。

天涯倦客，山中归路，望断故园心眼。燕子楼空，佳人何在，空锁楼中燕。古今如梦，何曾梦觉，但有旧欢新怨。异时对，黄楼夜景，为余浩叹。

这是苏轼的词，序言寥寥几语，却说得清清楚楚，因为夜宿燕子楼，梦见了关盼盼，所以写了这首词。

上阕说的是徐州诸般好风景，曲港跳鱼，圆荷泻露，风月无边。这晚苏轼也不知是因为公事还是私宴，在云龙山下燕子楼停宿一晚，还做了个梦，梦见了唐朝佳人关盼盼。醒来不禁有些茫茫然，再也睡不着，索性来到园中，寻寻觅觅，若有所思，终无所见。

下阕则是苏太守发牢骚，说我这天涯倦客，奈不得山居寂寞，又望不见家乡路远，任大好时光日益蹉跎，不禁想起深居燕子楼的盼盼，如花美眷，似水流年，何等幽怨。时光如箭，真真恍然一梦，千古一叹。

其实，这时候的苏轼出仕不到十年，比起"亦知合被才名折，二十三年折太多"的刘禹锡，宦途还远远算不得坎坷。须知道，就在离开徐州不到半年，便发生了"乌台诗案"，开启了他没完没了的贬谪路，那才真的叫天涯寂寞。

且说这燕子楼旧主关盼盼，原是唐朝名妓，擅歌舞，雅姿容，才名远扬，被尚书张愔纳为妾。

一日，大诗人白居易来到尚书府赴宴，关盼盼听说了，亲自歌舞相娱，唱的是《琵琶行》，跳的是《霓裳羽衣舞》。白居易不禁莞尔，想到这般大美女一枚，竟然是自己的铁杆粉丝，自是得意，遂赋诗相赠，形容盼盼"醉娇胜不得，风袅牡丹花"。盼盼得了此诗，亦自欣喜。

后来，张尚书病故，盼盼虽是妾侍，却自愿守节，以青春之身幽居燕子楼，寡居十年，闭门不出，曾赋诗《燕子楼》三首以寄思悼之情，凄婉不忍卒读。当然，亦有说此诗为徐州张仲素所作，拜访白居易时出示此诗并说明缘故。总之，白居易听闻传说又看了诗，也不知是手痒还是炫技，竟然步韵和诗三首，此处只举一首：

今春有客洛阳回，曾到尚书坟上来。
见说白杨堪作柱，争教红粉不成灰。

这最后一句，显然是责问关盼盼：既然如此深情，为什么不殉情呢？

盼盼见诗，又委屈又悲哀，想到当年那个赞美自己"风袅牡丹花"的多情诗人，如今竟这般冷心冷情，非但不怜惜风雨摧花枝，竟还讶异自己怎么还不死。遂愤然题诗以明心志，诗成之后，果然自闭于燕子楼中，绝食十日，香消玉殒。死，也要选择最痛苦最残酷的一种，算是无声的控诉吗？

苏轼是白居易的忠实粉丝，如今来到燕子楼，不可能不想起关盼盼的故事，所谓日有所思，夜有所梦，竟是难以释怀。但是词中只提到她的寂寞，却不提她死得决绝，是不忍怪责自己的偶像么？

（二）

不知道是不是因为关盼盼的缘故，苏轼在徐州时特别宠爱营妓马盼盼。在他两年任满离开徐州时，群众牵衣相送，官员置宴款留。席间，苏轼写过一首相思调，词牌仍是他熟悉的《江城子》。因为词中有"携手佳人"之语，世人多半猜疑此词为马盼盼所题：

江城子·别徐州

天涯流落思无穷，既相逢，却匆匆。携手佳人，和泪斩残红。为问东风余几许？春纵在，与谁同。

隋堤三月水溶溶，背归鸿，去吴中。回首彭城，清泗与淮通。欲寄相思千滴泪，流不到，楚江东。

其实，苏轼性情疏阔，纵有赠妓之作，亦不过是宴前应景之作，借歌妓身份表达惜别之情。

"既相逢，却匆匆"的，不是哪一个人，而是他与徐州的情缘；"回首彭城，清泗与淮通"是他的政绩，更是心心念念之处；"欲寄相思"的，更不是红颜，而是徐州的江东父老，故云"流不到，楚江东"。所以，无论弹唱这首词的歌妓是不是马盼盼，都并不重要。

不过，关于苏轼与马盼盼，有一则黄楼代笔的趣事不得不提。

且说苏辙《黄楼赋》成，苏轼亲自书写，准备刊刻。一日，马盼盼来到府上，恰值苏轼出门迎客，便顺脚来至书房，见桌上墨迹未干，正抄至"山川开阖，苍莽千里"一段，不觉手痒，偷偷提笔续写了四字。

原来，盼盼素喜苏轼书法，常常私下临摹，此时促狭心起，便淘气一回。苏轼回来见到，一时愣住，竟想不起刚才自己写到哪里，细细辨认墨迹，只觉似是而非，像自己写的，又有点不同，稍作思索，知是盼盼所为，不禁大笑，遂"不复易之"，因此碑刻上的这四个字，实为马盼盼所题。

这个小小插曲，只会更为黄楼赋碑增色。这座石碑如能留存，必然是徐州定城之宝，可惜却是物似主人形，命运多舛。苏轼在离开徐州后不久，获罪被贬，对手为了推倒苏轼在文人士族中的形象，提出销毁苏轼在各地的题碑刻石。

崇宁二年，神宗下旨"应天下碑碣榜额，系苏轼书撰者，并一例除毁"。这道旨意，不知毁掉了多少翰墨国宝，真真令人顿足。

彼时的徐州太守不忍毁掉这座苏辙作赋苏轼书写的石碑，悄悄命人投入护城河中，又将黄楼改名"观风"，曲线将此名胜保存了下来。

到了宣和末年，禁令稍弛，苏轼的书法碑帖重又在士族间悄悄流行起来，人们争相求购。这一任的徐州太守叫苗仲先，听说这件事后，心知是个好商机，于是令人连夜起出石碑，日夜摹印，一口气拓印了数千本后，又忽然变了副面孔，对人说："苏氏之学，法禁尚在，此石奈何独存？"因命人毁掉石碑，而抄本的价格却因此更高了。

后来这苗仲先任满回京，将所携拓本尽皆售出，狠狠赚了一笔，可比苏轼本人自在得多了。

这个故事里，有黄河泛滥，有军民抗洪，有兄弟同心，还有才子佳人，生旦净末丑齐全，真是最完美的风流传奇。

只可惜，风流总被雨打风吹去，黄楼也好，碑刻也好，早已星沉云散于岁月沙尘，只留下这片苏轼曾经走过的土地，依然默默地伫立于天地红尘。

然而，苏轼对徐州是深情的，徐州待苏轼亦如是。

苏轼对徐州的遗泽，又岂在乎一座黄楼、一面石碑呢？

云龙山上放鹤亭

浣溪沙

籁籁衣巾落枣花，村南村北响缫车。牛衣古柳卖黄瓜。

酒困路长惟欲睡，日高人渴漫思茶。敲门试问野人家。

这首苏轼在徐州所作的诗词里充满了一种生活的情趣。哪怕隔了千年，直到今天，走在村道旁，这种"牛衣古柳卖黄瓜"的情景也是稔熟的。

苏轼在徐州交了一位山民朋友叫张天骥，不知道会不会就是因为敲门索茶而结缘的。张天骥，字圣涂，自号云龙山人。他是被熙宁十年的大洪水赶到山上的，因为水淹草庐，索性迁居云龙山黄茅冈，躬耕自足，还养了两只鹤，并在山顶筑起一座"放鹤亭"，占山为仙。

苏轼最是喜爱登高望远的，春花秋月，夏木冬雪，只觉四季美景皆不可错过。一来二去的，就同张山人做了朋友，还经常携宾朋僚属登山相访，招鹤放歌，饮酒于亭。而张山人亦很好客，提壶劝酒，宾主相宜。

只可惜，苏轼好酒而不善饮，几乎每次都是大醉而归。最夸张的一次，直接醉倒在黄茅冈乱石间，还写下一首憨态可掬逸兴遄飞的醉酒诗：

登云龙山

醉中走上黄茅冈，满冈乱石如群羊。

冈头醉倒石作床，仰看白云天茫茫。

歌声落谷秋风长，路人举首东南望，拍手大笑使君狂。

如果让我将历代醉酒诗排行，第一位当属辛弃疾"昨夜松边醉倒，问松我醉何如。只疑松动要来扶。以手推松曰去"；次之为李白的"两人对酌山花开，一杯一杯复一杯。我醉欲眠卿且去，明朝有意抱琴来"；第三是老杜的《饮中八仙歌》。而苏轼这首诗，则是具体演绎了八仙之首贺知章的醉态："知章骑马似乘船，眼花落井水底眠。"

鹤飞去兮西山之缺，高翔而下览兮择所适。翻然敛翼，宛将集兮，忽何所见，矫然而复击。独终日于涧谷之间兮，啄苍苔而履白石。

鹤归来兮，东山之阴。其下有人兮，黄冠草屦，葛衣而鼓琴。躬耕而食兮，其馀以汝饱。归来归来兮，西山不可以久留。

这首则是苏轼的《放鹤亭记》，文章落款是"元丰元年十一月初八"，也就是 1078 年，苏轼来徐州做太守已经一年七个月了，政通人和，百姓爱戴，声名也更加响亮。

此时，文坛领袖欧阳修已逝，苏轼凭借才气与名声，俨然已经是新盟主。天下文人望其项背，纷纷慕名相访，拜于门下。

"苏门四学士"中的秦观和黄庭坚，就是在这时候进入苏门的。黄楼建成后，也都有诗文相贺。倒不知苏轼有没有带他们上过云龙山，饮过放鹤亭。

不论怎样，这段时日确实是苏轼生平较为顺遂得意的一段，对徐州的风雨晦明也已非常适应，但他心中却仍然有着隐隐的担忧，自知"西山不可以久留"。事实也的确如此。

一场精心策划、紧锣密鼓的诗狱正在悄然启动，危险渐渐逼近了他。这不能不让人怀疑，正是苏轼文坛新盟主的身份给他招了灾，惹起了小人的妒恨。

尤其是元丰二年（1079 年）三月，苏轼调任湖州，临行前，徐州父老夹道相送，场面壮观。风声传到京城，就更令那些素来与他有嫌隙的敌对方嫉妒得发狂。于是，就在苏轼抵达湖州不久，接到了一纸入京受审的诏令。他闲云野鹤般的生活被彻底打乱了……

八
湖
州

湖州，遭遇乌台诗案

（一）

城市不识江湖幽，如与螳蜣语春秋。
试令江湖处城市，却似麋鹿游汀洲。

这是苏轼任杭州通判时所写的诗句，最适宜用来形容他这一时期的仕宦生活了，那就是身处城市，怀念山林。只是，他到底不是麋鹿，身处尘嚣中，沉浮名利场，终不能淡然处之，不问春秋。

苏轼有才华，有能力，有口碑，也有政绩，自出京后历仕杭州、密州、徐州、湖州等地。每到一处，他都会考察民风，革新除弊，因法便民，颇有政绩，却迟迟不见升迁。只能说，是出于新党的打压了。

宋朝文臣外放做官，通常三年一迁，表现好则酌减一年，这叫作"磨勘"。苏轼八年换了四个地方，显然磨勘考绩不错，每次都能得到减年恩遇。但是一直徘徊在知州的位置上，不能进入朝廷中枢，难免气郁。

熙宁十年（1077年）四月，苏轼赴任徐州时，依例进谢表，表中说："知臣者谓臣爱君，不知臣者谓臣多事。"

显然，对于被阻城外不能入殿面君的缘故，他心里是明白的：那些人不就是讨厌自己屡屡攻击新法，不想让他见到神宗，在殿前发出不和谐的议论么！正所谓"道大不容，才高见忌"，他越出色，也就越容易树敌。他心如明镜，却改不了。

苏轼曾说："我性不忍事，心里有话，如食中有蝇，非吐不可。"翻译成大白话就是遇不容之事，如吞了只苍蝇一样难受，非得有所议论不可。不但要上札子奏与皇上，还要跟朋友们信件讨论，更要写下无数打油诗讥讽——而这些，后来都成了苏轼的罪证，引发了北宋文坛政坛著名的"乌台诗案"。

引爆点仍是因为谢表。

元丰二年（1079年）三月，苏轼移知湖州，谢恩表中加了几句牢骚话："陛下知其愚不适时，难以追陪新进；察其老不生事，或能牧养小民。"

他二十岁进士及第，二十四岁制举第一，起点不是一般的高。然而二十几年转眼飞逝，如今已经四十三岁了。与自己同科的曾布已成朝中重臣；王韶威震河湟，得封太原郡开国侯；张载、程颐著书立言，俨然一代宗师；而自己却文不成武不就，仍然辗转于各州调来调去地没个出头日。明明政绩不差，也得到了朝廷嘉表，却仍然不见升迁，只是没完没了地平调，不禁发了几句牢骚。这本是件小得不能再小的事儿，偏偏被居心不良的御史李定、何正臣等人抓了把柄，上表弹劾，说苏轼这是对变法不满，讥讽新党，"讥讪朝政"。

此前，苏轼曾有《上神宗皇帝书》反对变法，说王安石"招来新进勇锐之人，以图一切速成之效"，所以"新进"显然是指王安石引荐的新人；而司马光给王安石的信中则提过"生事"二字。如今苏轼再次提起，分明与司马光一道，暗语讥刺，"愚弄朝廷，妄自尊大"。

宋朝官员言论相对自由，如果只有这么两句话是打不倒苏轼的。但是御史台惯例是"风闻奏事"的，只要有弹劾，就可以搜罗证据了。于是，居心叵测者组成了"专案小组"，将苏轼的诗集拿来逐字推敲，放在显微镜下百般查找，经过四个月的搜检，查出了一百多首"反诗"来。于是打包上奏说："陛下发钱（指青苗钱）以本业贫民，（苏轼）则曰'赢得儿童语音好，一年强半在城中'；陛下明法以课试郡史，则曰'读书万卷不读律，致君尧舜知无术'；陛下兴水利，则曰'东海若知明主意，应教斥卤变桑田'；陛下谨盐禁，则曰'岂是闻韶解忘味，迩来三月食无盐'；其他触物即事，应口所言，无一不以讥谤为主。"接着，反对党一拥而上，集中炮火历数苏轼罪行，说他"讥讪文字""无君臣之义""虽万死不足以谢圣时"，并说苏轼所写之诗虽然荒谬浅薄，但在全国的影响甚大，强烈呼吁要对苏轼处以极刑，"大明诛赏，以示天下"。

苏轼七月遭捕，八月入京，押入御史台狱中。

当时的官衙都是坐北朝南，而御史台的大门却是向北开的，乃是极阴之地。官署内外遍植柏树，树上常有乌鸦栖息筑巢，俗称乌台，故而整件事被称为"乌台诗案"。

乌鸦为不祥之鸟，乌台的恐怖阴暗可想而知。因此人们都认为这次苏轼凶多吉少，未必能走出乌台了。

（二）

"乌台诗案"的始作俑者是御史李定。

那么李定为什么会这么仇恨苏轼呢？论其根源，也是苏轼自己"招黑"。

原来，苏轼因为受新党排挤，在得知火线升官的新党成员李定于母丧后没有依制守孝，就写了篇关于孝子的文章暗讽李定，引得朝廷官员上书弹劾，让李定丢了官职。

这李定是太子中允、监察御史，受此大辱，能不伺机报复？更何况，李定丢官其实有点冤枉，因为他的母亲仇氏本为妾室，生下他不久就离开李家了。李定自小由嫡母养大，与仇氏早无瓜葛，又何来守孝之说？

宋朝重孝道，宣扬以孝治天下，"求忠臣必于孝子之门"。所以"不孝"确实是重大污点，李定的官职就这么被苏轼一篇文章给搞丢了，焉能不恨？

连李定都不知道自己亲娘是谁，苏轼又是从哪里知道的呢？正是从他的好朋友佛印那儿听说的。据陆游《老学庵笔记》说，那个在佛印两岁时抛夫弃子的仇氏，后来竟嫁入李家为妾，还生了李定。也就是说，佛印与李定乃是同母异父的兄弟。

佛印出家，正是因为被母亲抛弃而看破红尘。但他其实从来没有真正看破，也没有真正放下。虽然身在方外，却一直关注着生母的生死与胞弟的沉浮，并将这秘密在闲谈中泄露给了苏轼。而苏轼写文章，导致李定丢官，多少有点替佛印出气的意思，却没想到由此引发了蝴蝶效应，自己差点在"乌台诗案"中丢了性命。

也就是说，苏轼的不幸是因为李定，李定报复苏轼的源头由佛印而起，佛印涉足红尘则是因为原生家庭的阴影——说到底，都是因为"不定"。

一个方外之人的言谈，竟然间接掀起了尘世中的滔天巨浪。

御史台发出逮捕苏轼的命令，驸马王诜事先得到了消息，忙飞马告诉苏辙。苏辙又立刻派人奔向湖州。本来从时间上来说是赶不及的，但是因为抓捕队伍中有人生病，到底让苏辙的人占了先机。

可怜苏轼刚刚上任不久，还在忙着策划如何治理太湖水患呢。他没有忘记徐州的凶险洪水，来到太湖后，勘察低洼地势，预估洪涝隐患，提出先治茭葑芦苇之积，让水东泄以免壅滞，并率民在湖州城南筑堤，疏堵结合，干得热火朝天。就在这时，一瓢冰水兜头浇下，他不禁惶然，完全想不通自己怎么会因为几首诗而要被捕。甚至直到官差来捕的时候，他还在问同僚："我该穿什么衣服出迎呢？"因为罪人是没有资格着官服的。

同僚也没经验啊，想了想才说："现在又没定罪，只是出迎天使，自然还是应该冠戴整齐。"

来抓捕苏轼的是李定的死党皇甫遵，他是憋足了力气要为李定出一口气的，离京时甚至向皇上请示，途中过夜时能不能把苏轼关在监狱里。神宗皱眉说："我就是找苏轼问几句话，带回京就行了，何需如此？"但是皇甫遵到达湖州后，仍然摆足威风，声严色厉，"顷刻之间，拉一太守，如驱犬鸡"。用现在的话说就是，"伤害性不大，侮辱性极强"。这分明就是皇甫遵给苏轼的下马威。

逮捕苏轼后，御史台又派人抄了苏轼的家，搜查其所有诗文、信件。王闰之怨愤之下，哭诉说："老爷一生爱写诗，可是写诗有什么好，带来多大的灾祸啊！"因为恐惧，她竟然将家中所存的苏轼诗文一把火烧了个精光。等到尘埃落定，苏轼回头搜理时，发现生平诗文已经十亡七八。

有则逸闻说，苏轼被捕时看到妻子满面惊惶，强作镇定地跟她开了个玩笑说：你怎么不学杨朴老妻那样给我写首诗送行呢？

杨朴是真宗朝隐士，很有才华，但不愿为官。真宗遣使差人强行将他带到京城，问他：听说你很会写诗？杨朴说：我不会，倒是我老婆常写几首打油诗。临走前还送了我一首。于是抑扬顿挫地念了一首诗：

更休落魄贪杯酒，亦莫猖狂爱咏诗。

今日捉将官里去，这回断送老头皮。

真宗听了哈哈大笑，便将杨朴放了。

苏轼此时讲起这个故事，固然是强作镇定安慰妻子，心中亦未尝没有今昔之感。王闰之经不起事儿，遇事只会慌张哭泣，却不能给自己助力，反要自己担心她的去向，叮嘱她带着一家大小投奔苏辙。

这个时候，他的心里是否想起了原配王弗呢？

尤其是这一路上徒步追随、沿途喂水喂饭的，唯有他与原配生下的长子苏迈，更让他想起从前一家三口的天伦之乐，想起在凤翔"屏后听声"的往事。

（三）

在新党中人的推波助澜下，"乌台诗案"牵连甚广，御史台大肆查抄苏轼与友人的诗词书信，共计三十九人受到牵连。

要说苏轼也不算冤枉，因为他确实对变法不满，多次讥讽，在与友人的书信中也屡有牢骚，那些信件文字并非伪造。但是发几句牢骚也是文人本色，而且苏轼并非表里不一之人。此前多次上书反对新法，这是"阳谋"，不是"阴谋"。宋廷祖训不杀言官及大夫，不以言获罪，写几首诗发发牢骚也算不得什么，之前蔡襄写《四贤一不肖》诗，范仲淹作《百官图》，讽刺得可比这狠多了。

仁宗朝时，有个四川老秀才给成都太守献诗说："把断剑门烧栈道，西川别是一乾坤。"竟是劝太守割据自立。吓得太守赶紧把老秀才下了狱，写了札子奏报朝廷，表示自己一点儿都没打算造反。

宋仁宗看了札子，笑道："老秀才要官耳，不足治也，给他个小官。"非但结案放人，还给他赐了个官做。

相比之下，苏轼写几首讽刺诗根本就不叫事儿。以诗论罪，是不可能整死苏轼的，最多是个约谈。

专案组为了罗织罪名，竟是牵强附会，曲解栽赃，出动全套肮脏手段，甚至昧着良心说"苏轼初无学术，滥得时名，偶中异科，遂叨儒馆"——百年制举试的最高成绩，还被说成无学术、滥得时名，那么学术又是什么呢？从这个罪名已经可以看出，反对党和苏轼与其说因嫌生隙，不如说因妒成仇。到最后，他们索性给苏轼冠上了一个"谋反"的重罪，以图置他于死地。比如苏轼有咏桧诗云："根到九泉无曲处，世间惟有蛰龙知。"王珪便上奏说："陛下明明飞龙在天，苏轼却求知音于地下蛰龙，这不是有反心吗？"

这种虚夸连新党中人、翰林学士章惇都看不过眼了，上前一步说："龙者，从说文解字上理解，并非单指人君。诸葛先生自称卧龙，岂非也成反贼？"

神宗虽不比仁宗大度，却也不至于草木皆兵，点头说："诗不能这么个读法，他咏他的桧树，与朕何干？"

出了大殿，王珪问章惇："章学士支持变法，正是苏轼文中所说的'新进'，怎么反而替反贼说话？"章惇冷冷反问："相公混淆是非，是必要灭苏轼全家吗？"

王珪脸红，顾左右而言他："这都是舒亶说的。"章惇更加不屑："舒亶的唾沫你也要吃吗？"

王珪这位政坛不倒翁，李清照的外公，最能鉴机识变。没有任何史料表明素来无为的王珪，究竟为什么会对苏轼那么看不上眼，没少找苏轼麻烦。将他阻于京都城门外只是第一步，改知徐州是第二步，乌台诗案则是最狠的一步。令人唏嘘的是，在这次诗案中与王珪唱反调的章惇，在后来整治苏轼时出手却比王珪更狠，竟是要不死不休，此是后话。

（四）

八月十八日，苏轼被押送至京，送进御史"知杂南庑"的一个单独囚牢中。这牢房狭窄阴暗、幽深如井，还不到一片席子大，只有屋顶开着一个天窗。这位惊才绝艳的大诗人，就在这井底一般的牢房中度过了一百零三天生不如死的黑暗日子。

审讯之时，李定为主审，舒亶为副审，张操专施刑具。审问常常通宵达旦，从精神到肉体双重折磨，堪称人间炼狱。当时同被关押在狱的开封府尹苏少容曾作诗说："遥怜北户吴兴守，诟辱通宵不忍闻。"

原来，苏少容就关在苏轼南院隔壁，只隔一道墙，常常从早到晚地听到狱卒对苏轼的辱骂拷问之声。吴兴就是湖州，苏轼是在湖州太守任上被捕的。

这样的高压之下，苏轼彻底崩溃了，了无生意地说：不用问了，你们说什么就是什么吧。在御史的授意下，苏轼足足写了两万多字的供状。

两万字，这是什么概念？要知道，古文讲究简洁，一篇文赋通常才两三百字。苏轼擅文，前后两篇《赤壁赋》加起来也不过一千多字，如今交代罪状居然能写两万多字，简直称得上罄竹难书了，这得有多少罪过啊！

当时苏迈每天给父亲送饭，父子相约，只送肉蔬。如果打听着判了死罪，就送条鱼进来。

然而在苏轼关押一个多月后，苏迈因为要去别处借钱，临时委托朋友替自己给父亲送饭，却忘了叮嘱需忌讳之事。这朋友想来也是苏轼的粉丝，能为偶像效劳，自然要大鱼大肉地供飨。然而苏轼一看到食盒，顿时惊得背脊生寒，自谓再无生机，痛定思痛，遂给弟弟苏辙写了封遗书，附《狱中寄子由》二首：

其一

圣主如天万物春，小臣愚暗自亡身。
百年未满先偿债，十口无归更累人。
是处青山可埋骨，他年夜雨独伤神。
与君世世为兄弟，更结来生未了因。

其二

柏台霜气夜凄凄，风动琅珰月向低。
梦绕云山心似鹿，魂惊汤火命如鸡。
眼中犀角真吾子，身后牛衣愧老妻。
百岁神游定何处，桐乡知葬浙江西。

苏辙展卷大哭，遂向皇上奏表求情，表示愿以自己的官职换兄长一命，"欲乞纳在身官，以赎兄轼，但得免下狱死为幸"。

这个情形，颇类唐朝王维、王缙兄弟。王维在安史之乱中因滞留京中，被安禄山强授给事中之职。肃宗还朝后，清算伪朝受职之臣，王维按律当斩，其弟王缙跪请以官职赎命。王缙在战乱中立下大功，而王维此前又有《凝碧池》诗表明忠君之心，遂得免罪轻罚。

如今苏辙以官职为苏轼请命，亦如前贤。

苏轼写这首诗时，大概已经想到苏辙会将它呈与神宗，因此措辞虽然悲慨却不敢怨怼，明明是遗书，开篇却要颂圣："圣主如天万物春。"

他说这是最好的时代，最好的君主，但我却是愚昧之臣，祸由自招，落到这家破人亡的境地。前世今生，不知造下多少孽债，还没偿还就要走了，只抛下寡妻孤儿十口人，真是拖累兄弟了。

从前我们夜雨对床，相约老来还乡耦耕岁月，如今哥哥我要先走一步，无缘再回家乡，死哪儿就埋哪儿吧；兄弟你从此风朝雨夕，独自伤神，想起我们从前的约定，情何以堪？兄弟啊，我这辈子最幸福的事就是有你这位手足，只愿下一世、再下一世、下下一世，乃至生生世世，我们都可以做兄弟，永无尽头！

这首诗堪称史上兄弟情深的巅峰之作，古往今来，无人超越！

不过，前一首刚说"是处青山可埋骨"，死在哪儿就葬在哪儿吧，后一首便说"桐乡知葬浙江西"，又挑剔地为自己选择吉地了。让人伤痛之余又忍俊不禁，叹一声苏子瞻到底看不破！

且说，有苏辙的伏乞天恩，又有很多大臣接连上书求情，觉得苏轼不过写了几首讽刺诗，虽然不敬，但若说是对皇上有反心，未免欲加之罪。就连退居金陵的"受害人"王安石都为之奔走，上书呼吁："安有圣世而杀才士乎？"王安石的弟弟王安礼也对皇上说："自古大度之君不以言罪人，苏轼若因诗降罪，只怕后世以为陛下不能容人。"

神宗悚然而惊，他本来也没想置苏轼于死地，只是对他一直以来的唱反调不满，加之御史们闹得厉害，便想杀一杀苏轼的威风，以儆效尤。如今事情折腾到这种万众瞩目的地步，他也觉得很难堪。

在这种关键时刻，曹太后说了一段决定性的诚语："当年先皇仁宗殿试回来，曾经兴奋地对我说：今天又为大宋选拔了两位俊才，说的就是苏轼、苏辙两兄弟。皇上如今要斩苏轼，先皇地下有知，岂不伤心？"

在众人力谏之下，神宗终于下令对苏轼从轻发落，贬谪黄州团练副使。轰动一时的"乌台诗案"终告结束。

"乌台诗案"是宋朝建朝以来的第一起大型文字狱，为"以诗论罪"的肇始。文人斗争不再是司马光与王安石那般的君子之争，而是上升到你死我活的地步。兴狱者罗织罪名，昧心枉法，完全暴露出穷凶极恶的嘴脸。

宋朝皇帝最怕党争，然而"乌台诗案"宣告：党争早已来临！

（五）

其实，早在苏轼出京赴杭州时，已经有很多人隐隐预感到了"诗狱"的到来，只是没想到会来得这样猛烈。

恩师司马光，老前辈文彦博，弟弟苏辙，好友李清臣、毕仲游、文同，都曾屡次劝他言语谨慎，不要因诗惹事。

司马光叮嘱他到杭州后"少作诗，恐为不相喜者诬谤，再三言之"；毕仲游寄信劝诫："言语之累，不特出口者为言，其形于诗歌、赞以赋颂、托于碑铭、著于序记者，亦言也。"

尤其擅画竹的文同，就像预言家一样明白警示："北客若来休问事，西湖虽好莫吟诗。"

这么多人再三告诫他说话小心，写诗作文更要小心，恐会招祸，苏轼"得书耸然"，也不是不在意的，却偏偏屡教不改。

他因"邦直屡以此见戒"而作诗说："欲吐狂言喙三尺，怕君嗔我却须吞。"我有涎水三尺那么多的话要说，但是因为您一再告诫我少说话莫写诗，我生生给吞回去了。

真是话痨得让人无奈啊。唐朝有诗仙、诗圣、诗鬼、诗魔、诗囚、诗奴，若论苏轼，我好想给他个"诗痨"的美名！

如今，人们的担忧到底成了现实，苏轼因诗获罪，五月二十日才抵达湖州，七月十八日即在任上被捕，八月十八日押送至京，直至十二月二十八日结案出狱，历时近半年，受牵连者近百人，三十九人获罪，这是宋史上牵连最广、历时最久的一次文字狱。

"百年第一"的苏东坡，真是什么事都要闹个第一，他甚至是北宋以来发配最远的犯官，一直发配去了海南儋州。

这是苏轼人生的第一次流放。他并不知道，此后的苦海沉浮还多着呢。但是死里逃生，他也的确是怕了。痛定思痛，想到此前有那么多人劝自己不要写诗，而自己没有听从，真是大错特错啊，从今以后，必须改过了。于是，判决之日，苏轼特地依前韵写下两首诗表明今生为诗所累、今后再不写诗的决心，堪称是最没说服力的"保证书"了。

出狱次前韵二首
十二月二十八日，蒙恩责授检校水部员外郎黄州团练副使

百日归期恰及春，余年乐事最关身。
出门便旋风吹面，走马联翩鹊噪人。
却对酒杯疑是梦，试拈诗笔已如神。
此灾何必深追咎，窃禄从来岂有因。

平生文字为吾累，此去声名不厌低。
塞上纵归他日马，城中不斗少年鸡。
休官彭泽贫无酒，隐几维摩病有妻。
堪笑睢阳老从事，为余投檄向江西。

两首诗虽然写的是同一件事，却各有偏重。前一首表达死里逃生，感悟因果之叹，认为此一大劫原为命数所定，岂非无因。既然逃劫重生，那么此后的年年岁岁都是赚来的，只当感恩。如今拿着酒杯还觉得恍然如梦，不敢相信真的重获自由了呢。然而，什么是真，什么是假，什么是因，什么是果呢？只知道这扑面风冷，盈耳鸟啼，最是生活滋味。

后一首则是写给弟弟苏辙的，因为此前苏辙任著作郎，签书应天判官，古称睢阳；而今则受自己所累，贬官江西筠州，故以首尾两联起合呼应，说文字累身，让你这位睢阳老从事，投檄向江西。

明知"平生文字为吾累"，仍喜悦"试拈诗笔已如神"，苏子瞻还真够死不改悔的。

承转两联，接连用了四个典故：塞翁失马、贾昌斗鸡、陶潜归隐、王

维参禅。

《淮南子》载，塞翁丢了马，却淡然说："焉知非福？"后来这马不但回来了，还引了另一匹好马来；但是塞翁并不狂喜，只说："焉知非祸？"后来，他的儿子因为骑马而跌伤。

苏轼自我安慰也安慰兄弟说，一时沉浮，焉知祸福，看淡些吧。

"塞上纵归他日马"表现得很是淡定从容，但是"城东不斗少年鸡"则充满不屑之意，显然傲气一点不改：唐朝有京中纨绔贾昌，不学无术，只为擅长斗鸡而被唐玄宗封为"五百小儿长"，天下称为"神鸡童"，以至于天下流传一句话："生儿不用识文字，斗鸡走马胜读书。"自己因为读书而获罪，哪里比得上朝中那些阿谀媚上的斗鸡之徒？算了，走了，不玩了。

"休官彭泽"是文人们最常用的典故了，说的是彭泽县令陶渊明挂冠归田的故事。苏轼几次都在诗文中表示想学陶令归农，但最多也只是开辟东坡，闲时自耕罢了。

"隐几维摩"则说的是王维一生热爱佛法，人称"诗佛"，每每下朝后便换下朝服，布衣芒鞋，过午不食，完全是位不穿袈裟的和尚。但他一生清心寡欲，却终不能风烟俱净，真是最大的悲哀。临终时，忽索笔墨，写信给兄弟王缙和平生亲故诀别，内容多是敦励朋友奉佛修心之嘱，写完后搁笔而死，如同高僧坐化。

苏轼说自己今后也想像王维那样好好读经，静心学佛。后来，苏轼果然更加醉心佛法，却也和王维一样，一辈子红尘打滚，至死未能脱离官场。

元丰三年（1080年）正月，苏轼在御史台的台卒押送下赴湖北黄州（今湖北黄冈）。

这是苏轼一生的转折点。从此，世上少了一个少年奇才苏轼，却多了一个潇洒不羁的苏东坡。

九

黄州

黄州，从此有了苏东坡

（一）

在宋朝浩如星海的文人墨客中选一位最受欢迎的代表人物，答案毫无疑问会是苏东坡——对，是苏东坡，而不是苏轼。

在人们的印象中，苏轼少年才俊，前途无量；而苏东坡才华横溢，不拘小节。甚至很多人会把苏轼和苏东坡当成两个人，觉得前者是官场新秀，而后者是江湖游侠。这也不能算错，因为在苏轼成为苏东坡前后，性格和文风确实是迥然不同的。

这个分水岭，在黄州，也就是今天的湖北黄冈。

贬谪黄州的苏轼正是在这里涅槃重生，从此成为苏东坡。

如果没有黄州，我们也一样拥有才子苏轼，一个著名的诗人、散文家，但有了黄州，我们才会遇见豪放洒脱、独一无二的东坡先生。他不仅是宋朝制举考试的"开国百年第一"，更是整个大宋文坛毋庸置疑的"千古第一文人"。

我们是不是应该感谢黄州？

苏轼于元丰三年（1080 年）正月，在长子苏迈的陪同下，由御史台的台卒押送至黄州。

从奇才盖世的三州太守沦为遭贬谪的戴罪之身，虽然名头是"责授检校尚书、水部员外郎、充黄州团练副使"，却"不得金书公事"，也就是有职无权，形同看管。

这对于天之骄子苏轼来说，无疑是个巨大的打击，天上地下的落差让他简直难以相信这一切是真的。

一切有为法，如梦幻泡影，如露亦如电，应作如是观。

苏轼从父母妻子先后过世便开始醉心佛法，《金刚经》中这段佛偈反反复复浮现于他脑海中，可谓字字诛心。

原来，这就是梦幻泡影。功名利禄，如露如电，瞬息即逝，又何必执着？

然而，人生无常，又岂能真正看破？

自出狱以后，苏轼便觉得睡不够，一觉接着一觉，一梦接着一梦。然而到了夜间，他却又睡不着，披衣坐起，思如泉涌。于是，他往往独自夜出，在没有人的街道上徘徊流连，同明月、清风诉说着那些不敢再随便说出口的话。

初至黄州时，他借宿在定慧院，似乎只有佛寺里的磬声檀香才能让他惶然的心安定下来。布衣蔬食，闭门静思，不停地回顾平生过往，在想自己到底做错了什么才会沦落至此。

夜间绕寺徐行，自觉如同鬼魂，因此写下了平生最无"尘俗气"的一首词：

卜算子·黄州定慧院寓居作

缺月挂疏桐，漏断人初静。谁见幽人独往来，缥缈孤鸿影。

惊起却回头，有恨无人省。拣尽寒枝不肯栖，寂寞沙洲冷。

上阕开篇是惯常的绘景托情，点明时间是在晚上，夜深人静之时。

有月，不说新月、弯月、弦月，而说"缺月"，残破之苦有如此身；有树，不说梧桐、秋桐、冬桐，而说"疏桐"，清冷之意溢于言表；有人，不说罪人、谪人、诗人，而说"幽人"，宛如孤鸿梦寻，益发凄清孤寂，恍惚迷离。

一句"缥缈孤鸿影"的借喻，让人不能不想起他写于二十年前的"人生到处知何似，应似飞鸿踏雪泥"。当年他初仕凤翔，在弟弟苏辙的相送下去到郑州，这是兄弟俩第一次久别。他预感到今后步入官场，这样的分别大概会经常发生，因此感慨"泥上偶然留指爪，鸿飞那复计东西"。虽然惆怅，却也潇洒。但是如今劫后余生，那只孤独的飞鸿来到了黄州，依然漂泊无定，依然身不由己。

"惊起却回头，有恨无人省"一句，简直令人落泪。树欲静而风不止，那漂泊的孤鸿要如何安心栖息？乍睡还惊，乍栖还翔，绕树三匝，何枝可依？

于是，"拣尽寒枝不肯栖，寂寞沙洲冷"。

为什么明明这样贫病交加，却还要遍寻寒林，不肯停歇呢？因为惊惧不安，还因为幽怀洁净，清高自持，有良禽择木之志，故而不愿随波逐流，亦不肯轻易落足。

尽管如此疲惫，却还保持着固有的操守。这就是彷徨落难中的苏轼。

（二）

苏轼父子在年初先至黄州，其余家眷则由被贬江西的弟弟苏辙护送，直到五月方抵黄州。

在此期间，苏轼写信给章惇，说一想到苏辙要来就头疼。自己一个人寄寓寺院，随僧一餐，至为简便。可是待自己一家大小来到，却如何得活？不过，所谓水到渠成，到时自然会有处置的办法了。

这是他叙述黄州困窘生活至为详细的一封信，却是写给此时正得势的章惇，是因为二人交情特别深厚，还是有意哭穷期望得到援助呢？我想，这封信倒未必是写给章惇一人的，也是借机让皇上知道，自己已有改过之心。

因为这封信的前半部分简直就是一篇悔过书，忏悔之诚在东坡文字中平生仅见。显然是顾及章惇乃皇帝近臣，写这样一封信给他以备神宗随时问及。

此时，章惇任职参政谏议执事，他不仅在苏轼入狱时仗义执言，还在苏轼贬放黄州后去信抚慰，足见情义。

苏轼也十分感恩，声称获罪以来"虽骨肉至亲，未肯有一字往来"，而今竟得子厚垂询，深为感佩。"平时惟子厚与子由极口见戒，反覆甚苦，而轼强狠自用，不以为然。及在囹圄中，追悔无路，谓必死矣。不意圣主宽大，复遣视息人间，若不改者，轼真非人也。"

又道是："深自感悔，一日百省，庶几天地之仁，不念旧恶，使保首领，以从先大夫于九原足矣。轼昔年粗亦受知于圣主，使少循理安分，岂有今日。追思所犯，真无义理，与病狂之人蹈河入海者无异。方其病作，不自觉知，亦穷命所迫，似有物使。及至狂定之日，但有惭耳。而公乃疑其再犯，岂有此理哉？"

这哪里像是朋友间通信，分明是呈上御览的认罪书。而且信中提及章惇来信嘱他"痛自追悔往咎""有才之人，朝廷所惜"。显然不论章惇本意如何，至少在苏轼看来这是一种暗示，所以态度绝对配合，语气十分谦卑，不但再三悔过，一日百省，而且干脆将过往狂言妄语说成是发疯，是病狂之人为物所使，非出本心，今后决不再犯。

接下来便是卖惨，说自己"平生未尝作活计""俸入所得，随手辄尽""恐年载间，遂有饥寒之忧"，而且不只自己，弟弟苏辙更惨，"子由有五女，负债如山积"，自顾不暇，还要护送自己的妻儿来黄州，何等可忧？

最后，苏轼又在信末特地表白说："初到，一见太守，自余杜门不出。闲居未免看书，惟佛经以遣日，不复近笔砚矣。"当真是洗心革面，别说写诗，连字都不写了。

不知道神宗后来有没有见到这封信，至少，贬放后没有再进一步降罪，总算能让苏轼松一口气吧。

对苏轼来说，日子清苦还罢了，最难以忍受的就是没有朋友，精神上的寂寞比物质上的匮乏更让他感到窘迫难耐。

他生性豪放，喜交朋友，一直是个率性好客的人，尤其声名鼎盛时，俨然是文坛领袖，为天下仰慕，四海皆朋友。然而"乌台诗案"牵连甚广，让故交好友纷纷撇清关系，不敢亲近。虽然这期间他与章惇、李堂、范镇等人都有书信往来，绝非"平生亲友无一字见及，有书与之亦不答"。但是比起从前的"过相称誉"，自然是天壤之别，让向来只觉"天下无一个不好人"的苏轼，第一次透彻地感受到了世态炎凉的况味。

初到黄州的这年中秋，他把酒对月，写下一首孤独的中秋词：

西江月

世事一场大梦，人生几度秋凉？夜来风叶已鸣廊，看取眉头鬓上。

酒贱常愁客少，月明多被云妨。中秋谁与共孤光，把盏凄凉北望。

人生不过百年，福祸生死，俱如一梦。

苏轼握着酒杯，想到过往四十多年中一个又一个的中秋节，或有父母兄弟，或与同僚挚友，或集文人墨客，总是过得热热闹闹。尤其他在密州任上，于超然台对月击节，一曲《水调歌头》唱得四座皆惊，举杯共贺。

彼时有多么潇洒痛快，现在便有多么落魄凄凉。从前不知尝过多少美酒佳肴，如今却只有这一盏薄酒，几碟野菜，聊度中秋。

然而"酒贱"还不算真正的寥落，让人自惭的是"客少"——或者，这两件事本来就是一回事，贱的不是酒，是自己获罪贬放的身份，一个失去了政坛地位的人，哪里还会有朋友、有来客呢？

"把盏凄凉北望"，望的到底是谁？因为前面有"中秋谁与共孤光"一句，大多人都说是苏辙。然而苏辙此时被贬江西，苏轼不可能从湖北向北望，所以，他这里望的只能是京城汴梁了。

苏轼此时对于发生在京城的这场无妄之灾还是有所怨怼的，因此心之所想、目之所及，尚且不能放下。

谪人孤月，异乡罪臣，他想，他是真的被这个世界抛弃了。

（三）

苏轼穷了。

其实，苏轼也不是贬去黄州后才开始穷的，他曾在诗中说："若问我贫天所赋，不因迁谪始囊空。"

少年苏轼在眉州时，父母俱在，山水自足，家境也是颇过得去的。可是自从变卖资产拖家带口地去了京城，消费水平指数与日俱增，三苏的俸禄却不够支撑。后来又为苏洵守制三年，兄弟俩坐吃山空，也就拮据起来。加之苏轼大手大脚，银钱随入随空，向来没攒下多少积蓄，再遇上这牢狱之灾，便彻底折腾空了。

如今贬谪黄州看管，从知州降为团练副使，从五品降为从八品，两万石俸禄缩减为干巴巴的四千五百文，还要养活一大家子人，这穷便赤裸裸地端上桌面来。

这时候，就看出王闰之的贤惠能干了。她会和苏轼一起采野菜，赤脚耕田，还会给牛治病。她把四千五百文月俸分成三十份，穿了丝线吊在房梁上，每天早晨用晾衣竿取下一串，数米下锅。如果这天过得节省，能省下一两文来，就会收在竹筒里，攒够了给苏轼打酒。

宋朝时的生活水平是怎么样的呢？

淳熙年间，临海县令彭仲刚曾在谕俗文中指出："农工商贩之家，朝得百金，暮必尽用，博弈饮酒，以快一时，一有不继，立见饥冻。"也就是说，普通的农工商贩，平均收入是每天一百文钱，只够一天的生活费用。如果想来点赌博饮酒之类的节目，那就捉襟见肘了。

以武大郎为例吧，有人给他算过一笔生活账：他每天走街串巷卖炊饼的收入大约是一百到三百文钱，而他和金莲所住的那间临街二层小楼的月租大约是四百文。也就是说，他卖两天烧饼就可以赚足一个月的房钱了，剩下的时间就全用来赚取吃穿杂用的费用，供应夫妻两人加一二仆妇的生活开销，绰绰有余。

也正因为如此，武松才有底气劝哥哥："假如你每日卖十扇笼炊饼，你从明日为始，只做五扇笼出去卖；每日迟出早归，不要和人吃酒。归到家里，便下了帘子，早闭上门，省了多少是非口舌。"真真苦口婆心。

苏轼如今的日均收入是一百五十文，将将向武大郎看齐，可是他要养的可不止一个潘金莲，而是一大家子十几二十口人，这可怎么过呢？即便按社会最低生活标准，如徽宗朝时，杭州居养院对居养人的供应标准是"人给米二升，钱二十"，苏轼一家的生活也是拮据的。一个人一天的最低生活标准是二十文钱，二十个人便是四百文，苏轼的俸禄哪里供养得起？

幸而，黄州的两任知州陈轼（字君式）、徐大受（字君猷），都对苏轼礼遇有加，诸多照顾。新调任的通判马正卿又是与苏轼相识二十年的故旧，虽无深交，却向来钦佩苏轼为人，便向郡守申请，将黄州城东山坡上五十亩荒田拨与苏轼耕种，徐君猷欣然应允。

苏轼大喜，遂于东坡植树栽花，垦荒种菜，因想起偶像白居易在忠州任职期间，曾于城东山坡种花，写有《步东坡》一诗："朝上东坡步，夕上东坡步。东坡何所爱，爱此新成树。"

苏轼为了向偶像致敬，便自号"东坡居士"。从此，世上少了一个喜评世事激扬文字的官场举子苏轼，多了一个潇洒不羁随遇而安的苏东坡。

（四）

农夫苏东坡开始开荒垦地，低处种粳稻，高处种枣栗，又向人求了些菜豆种子，终于辟出了一片"桃花源"。日出而作，日落而息，凿井而饮，耕田而食，恨不得击石高歌：帝力于我何有哉？

他用《东坡八首》，正式宣告了这场蝶变的胜景。其中第八首，写的正是东坡与马正卿的交往：

> 马生本穷士，从我二十年。
> 日夜望我贵，求分买山钱。
> 我今反累生，借耕辍兹田。
> 刮毛龟背上，何时得成毡？
> 可怜马生痴，至今夸我贤。
> 众笑终不悔，施一当获千。

《东坡志林·卷一》中载："马梦得与仆同岁月生，少仆八日。是岁生者，无富贵人，而仆与梦得为穷之冠。即吾二人而观之，当推梦得为首。"

《卷五》又载："杞人马正卿作太学正，清苦有气节，学生既不喜，博士亦忌之。余偶至其斋中，书杜子美《秋雨叹》一篇壁上，初无意也，而正卿即日辞归，不复出。至今白首穷饿，守节如故。正卿字梦得。"

马正卿，字梦得，与苏轼同年同月生，相差八天。苏轼说，那年出生的人是穷命，而我与马梦得又是穷中之冠。如果我们俩再比一下，那么还是马梦得更穷。换言之，马梦得无疑是这六十年一甲子间最穷的人了。

马梦得穷到什么程度呢？苏辙《赠马正卿秀才》一诗中说："男儿生可怜，赤手空腹无一钱。死丧三世委平地，骨肉不得归黄泉。"

那大概是他们二十年前刚刚相识的情景，马正卿穷到家徒四壁，囊无一文，祖宗三代的棺材都堆放平地，不能下葬。但就是这样一个穷秀才，却有傲骨、讲义气。自己没有余钱，倒有心帮助苏轼谋食，还一直给苏轼打气，说你快努力吧，一定还会东山再起的，等你将来有了钱，就买座山，咱俩一起归隐。

然而苏轼自己还"恨无人借买山钱"呢，倒有人惦记着龟背刮毛，指望他发财分钱，这样哪辈子才能买得起山啊！

所以苏轼发狠说：梦得啊梦得，真是痴儿，看我落魄如此，还初心不改地夸我贤能，岂不让人笑话？好吧，你既不悔，我当努力，只望有一天"施一当获千"，涌泉相报。

这戏谑的口吻，让我们眼前一亮：活泼诙谐的苏轼，回来了！

因为，他现在已经成了苏东坡！

遗爱湖边寒食林

（一）

多年之后，苏轼在自己的绝命诗《自题金山画像》中写道：

> 心似已灰之木，身如不系之舟。
> 问汝平生功业，黄州、惠州、儋州。

他去过的地方当然不止黄州、惠州、儋州三处，但这三次被贬是他受到的最大三次打击，也是他一生遭贬最久的三个地方，一处比一处更远离朝堂，直至天涯海角。同时，这几个时期也是他文学创作的高峰期。因此有人说，正是谪宦生涯成就了苏轼超凡绝尘的人格与文格。

来到黄州的苏轼是什么身份呢？

自然不是能得皇帝赐烛的宠臣，流落荆楚，前途茫茫。他的生命里早已没了仪式感，甚至没想起这天是寒食节。晚上漫步田野，他看到乌鸦衔着纸钱，这才想起已是寒食，感愧交加，遂接连写下《寒食诗》两首。

寒食诗（其一）

> 自我来黄州，已过三寒食。
> 年年欲惜春，春去不容惜。
> 今年又苦雨，两月秋萧瑟。

卧闻海棠花，泥污燕脂雪。

暗中偷负去，夜半真有力。

何殊病少年，病起头已白。

　　诗中说，我来黄州三年了，春去春来，时光飞逝，无可奈何。于是渐渐忘却时光，不计岁月，只是朝耕暮读地过着日子。

　　今年寒食，正逢苦雨连绵，明明是春天，却如萧瑟清秋。病榻之上，卧听风雨，想那海棠花在雨中凋残，零落污泥，宛如病中少年一夜白头，那春去之何速，直叫人徒呼奈何。

　　"暗中偷负去，夜半真有力"之句典出《庄子》："夫藏舟于壑，藏山于泽，谓之固矣！然而夜半有力者负之而走，昧者不知也。"把小船藏在山谷中，把大山藏于水泽中，自以为很稳妥了。然而物换星移，夜半有神力者将小船大山连夜扛走，愚昧的人还在梦中呢。

　　"有力者"是谁？时间之神是也。无力之力，莫大于变化，日新月异，无时或已，今天的我还是昨天的我吗？生我之前谁是我？我死之后我为谁？这个"我"分分秒秒都在变化中，生亦何欢，死亦何苦，春花秋月，红颜枯骨，譬如朝露，终归尘土。

　　苏轼少时读《庄子》时曾欢呼长啸，说"吾昔有见，口未能言，今见是书，得吾心矣！"

　　如今他中年落拓，庄子精神深入骨髓，每于落笔处随手拈来，宛如天成。

寒食诗（其二）

春江欲入户，雨势来不已。

小屋如渔舟，濛濛水云里。

空庖煮寒菜，破灶烧湿苇。

那知是寒食，但见乌衔纸。

君门深九重，坟墓在万里。

也拟哭途穷，死灰吹不起。

　　暂住的小屋在风雨中飘摇，简直如浪中小船般动荡不安，四望濛濛，雨将天地连成一片，这是跌入云梦泽中了么？

家徒四壁，厨灶空空，下了这许久的雨，连作柴火的苇子都找不到一点干的。忽然看到乌鸦衔着纸钱在飞，才猛然醒悟正值寒食，家家祭祖上坟撒纸钱，然而家乡万里，父母妻子的墓冢无人祭扫，惶愧何如？

因为寒食禁火，各家扫墓亦不设香火，不化纸钱，而是撒于坟头，或是挂于树梢，所以会有乌鸦衔去。

"君门深九重，坟墓在万里。"无疑是苏轼心中的两座大山，在公不能报效朝廷，在私不能孝敬父母。俯仰天地，何去何从？

魏晋贤士阮籍，往往驱车旷野，不辨道路，走到无路可走的时候，就对着穷途末路号啕大哭一场而返。如今苏轼亦是穷途，欲效阮籍之哭，却心如死灰，风吹不起，连哭的力气都没有了。

苏轼曾说，"楷如立，行如走，草如奔"。这两首《寒食诗》，苏轼特以行书抄录，笔走龙蛇，竟然因此留下一部书法宝帖，史称"天下第三行书"。

黄庭坚评价说："东坡此诗似李白，犹恐太白有未到处。此书兼颜鲁公、杨少师、李西台笔意。试使东坡复为之，未必及此。它日东坡或见此书，应笑我于无佛处称尊也。"

后世清高宗亦道："东坡书豪宕秀逸，为颜杨以后一人。"认为此帖乃是"读书万卷始通神"之作，简称"神作"。

（二）

苏轼几次说要戒诗，来黄州后非但没戒，还灵感爆发了。不但留下了书法名作《寒食帖》，写下了著名的"两赋一词"《赤壁赋》《后赤壁赋》和《念奴娇·赤壁怀古》，还开始注释《论语》，并着手续写父亲苏洵未能完成的《易传》。

仕途受挫，只会让他更加寄情世外，达到了创作生涯的高峰。苏辙曾说："东坡黄州以后文章，辙虽驰骤从之，而常出其后。"苏轼自己也很得意："某平生无快意事，惟作文章，意之所到，则笔力曲折，无不尽意。自谓世间乐事，无逾此者。"

此时的苏东坡，对于裁剪文字已是得心应手，出神入化，全然不费思量，仿佛遍地珠玉，俯拾即是。即便随手写出的片言只语，也是充满禅机哲趣，比如《书临皋亭》：

东坡居士酒醉饭饱，倚于几上。白云左缭，清江右洄，重门洞开，林峦坌入。当是时，若有思而无所思，以受万物之备，惭愧！惭愧！

"倚于几上"，这仍然用的是庄子意象，正如《庄子·齐物论》中所写的南郭子綦，"隐机而坐，仰天而嘘，苔焉似丧其耦"。

苏东坡既学佛亦修道，但在文章中，却往往以道家典故说理达意，无论是《雪堂赋》还是《寒食帖》，乃至《赤壁赋》，所用典故多出"三玄"，而冥冥中与他进行灵魂对话的，也都是道人。

且看《赤壁赋》中的这段议论：

客亦知夫水与月乎？逝者如斯，而未尝往也；盈虚者如彼，而卒莫消长也。盖将自其变者而观之，则天地曾不能以一瞬；自其不变者而观之，则物与我皆无尽也，而又何羡乎！且夫天地之间，物各有主，苟非吾之所有，虽一毫而莫取。惟江上之清风，与山间之明月，耳得之而为声，目遇之而成色，取之无禁，用之不竭。是造物者之无尽藏也，而吾与子之所共适。

这里大段抒情议论，所引术语、所论道理，无不脱胎于《庄子》。《赤壁赋》中"寄蜉蝣于天地，渺沧海之一粟。哀吾生之须臾，羡长江之无穷。挟飞仙以遨游，抱明月而长终"等句，更是糅庄子与屈原于一体，才情横溢，仿佛满目琳琅，一案珍馐，却又偏偏不使人觉得累赘重复。

黄州赤壁位于城西江畔，东坡数次游览，每游必有佳作。这日，有朋友提鱼来访，东坡便携了酒，与友人夜游赤壁矶。

明月在天，人影在地，江流有声，断岸千尺，清风徐来，水波不兴。苏东坡与友人泛舟江上，望月怀古，议论着三国故事，追忆曹操破荆州、下江陵，舳舻千里，横槊赋诗，固一世之雄，而今安在哉？

想着，苏东坡忍不住扣舷而歌：

桂棹兮兰桨，击空明兮溯流光。渺渺兮予怀，望美人兮天一方。

客人中有擅洞箫者，倚歌而和，呜呜咽咽，如怨如慕，如泣如诉，余音袅袅，不绝如缕。

苏东坡凭舟远眺，西望夏口，东望武昌，山川相缪，水光接天，一时逸兴遄飞，不禁豪情陡生。

东坡仰首望月，冰轮当空，照人通彻。只觉天上人间，独我为尊，虽学不了阮籍哭穷途，又何妨学一学他的啸歌呢？于是东坡傲然长啸，草木震动，山鸣谷应，风起水涌。良久，群山寂寂，悲从中来。

然而，不待东坡兴尽，忽然有只孤鹤横江东来，翅如车轮，玄裳缟衣，戛然长鸣，掠江飞去。

谁说世间无知己，那只孤鹤，便是天地江山回应他的精魂具象吧？

其实，据史家考证，黄州赤壁又名"赤鼻矶"，和三国古战场的赤壁根本不是一回事，只不过因为两处赤壁都在湖北，又恰好重名，就被东坡张冠李戴了。但也幸亏有这么个误会，才诞生了著名的"两赋一词"，尤其《念奴娇》一词气冲斗牛，堪称豪放派代表杰作。

念奴娇·赤壁怀古

大江东去，浪淘尽，千古风流人物。故垒西边，人道是，三国周郎赤壁。乱石穿空，惊涛拍岸，卷起千堆雪。江山如画，一时多少豪杰。

遥想公瑾当年，小乔初嫁了，雄姿英发。羽扇纶巾，谈笑间，樯橹灰飞烟灭。故国神游，多情应笑我，早生华发。人生如梦，一尊还酹江月。

据统计，这首《念奴娇》在宋、金、元、明时期被步韵赋和了一百多次，是所有宋词中被和次数最多的一首，连南宋大词人辛弃疾都作过《念奴娇·用东坡赤壁韵》。

现在，这首词也被选进课本，人人成诵。

破茧成蝶的苏东坡，非但不再北望君门，甚至也不在意白头了，他的人生已经重新开始。

有一首《浣溪沙》，最能表现这种凤凰涅槃的豪情：

浣溪沙·游蕲水清泉寺

山下兰芽短浸溪，松间沙路净无泥。潇潇暮雨子规啼。

谁道人生无再少？门前流水尚能西！休将白发唱黄鸡。

这首词上阕写实，下阕抒情。

蕲水又称蕲河，酉阳五水之一。兰溪为其中一段，因为河畔长满兰草而得名。

这天，苏轼邀约了一群朋友同游清泉寺，黄昏下山，又赶上了一场雨，不过是小雨，空气清新，子规鸟在山谷间声声啼鸣，呼唤着"不如归去"。

这本来是有点凄清的春暮溪景，然而苏轼已经不再是初到黄州时那个郁郁寡欢的失意者了，而是重新焕发斗志、破茧重生的苏东坡。

他看着兰溪，从江山之助中得到了极大的信心和勇气：都说大河向东流，你看那兰溪的水却是向西流的。世上有什么事是一定不变的呢？易即是不易，不易即是易，什么是生，什么是死，什么是老，什么是少，什么是福，什么是祸，不过是角度与立场的转换。所以，人生并非老了便不再年少，重要的是心态！

七年前，他还算年轻，两鬓刚刚有了白头发，就为赋新词强说愁地叹息"老夫聊发少年狂"；七年后，他人到中年，且落入人生的低谷，却反而豪迈地宣言"谁道人生无再少？" 白发又如何，我要从头再来！这最后一句，是反用白居易诗"黄鸡催晓丑时鸣，白日催年酉前没。"

白居易晚年时倡导：修身以儒，治心以佛，养生以道。现在的苏东坡是真做到了。他一边参佛诵经，坐禅悟机，一边修书著述，而且是《论语》和《易经》同注。

儒家是入世的，道家是出世的，佛家则讲究三世因果六道轮回，广泛吸纳儒、释、道三家思想的苏轼圆融贯通，静则物我两忘，动则事事天下。

在古寺经声的呢喃里，在黄州山水的疗愈下，在新交旧友的聚拢中，苏东坡渐渐放开怀抱，重新恢复天真率性的本色。虽然不能签署公事，但他热心好义的性情不变，"管闲事"甚至管到了邻州去。

一日，有朋友从武昌过江来看他，说起岳州、鄂州一带"溺婴"恶习，直令东坡寒毛倒竖，脸上变色。

原来，当地百姓生活贫困，养不起孩儿，便在呱呱落地之初便浸入冷水溺死，尤其是女婴，更是溺死者众。那些父母也不忍心，溺婴时会闭着眼睛，背转身子，将孩子按在水盆中，任凭咿嘤哭号，直到"咿嘤良久乃死"。

东坡听了，胆战心寒，如何忍得？但是身为犯官，自顾不暇，又如何救得？于是他一边给鄂州太守写信要求法治，一边发起慈善募捐组织"育儿会"。本来就没多少俸禄，还率先捐款，然后再向当地富户募集会费，每年每户出钱十千，购买婴儿衣药食品，救助那些养不起孩子的贫困家庭。他大声疾呼，奔走劝诫，仿佛又成了当初那位"老夫聊发少年狂"的密州太守。这也是苏东坡最令人喜爱的地方，得意时张扬奔放，一心致君尧舜，失意时亦心怀天下，悲悯众生。

正可谓：

　　　　鹤唳长江故垒边，鸦飞寒食冷尘烟。

　　　　春回蕲水转西去，苏子依然是少年！

东坡肉与东坡鱼

黄州的日子虽然清苦，然而苏轼苦中作乐，躬耕东坡，吟诗雪堂，闲时注解《论语》和《周易》，过的完全是魏晋名流式的生活。采药，煮茶，坐禅，酿酒，自给自足，逍遥物外，还得了一个诨号："坡仙"。

"坡仙"身上也有油盐酱醋的生活趣味，不但学会了耕种畜牧，还开始研究菜谱。他在才子、知州、散人、居士的头衔之外，又多了个新身份：老饕苏轼。他喜欢吃新鲜蔬菜，菜品多是自家地里种的，偶尔也跑去山坡田间挖野菜："时绕麦田求野荠，强为僧食煮山羹。"他会以菌菇或萝卜为底料，与菜汤同蒸，水沸后加入熟豆或生米，称为"东坡羹"；又或是将红小豆与大麦同蒸，称为"新样二红饭"。他也喜欢荤菜，还学会了做"东坡肉"，并写了首《猪肉颂》细说做菜步骤：

> 黄州好猪肉，价贱如粪土。
> 富贵不肯吃，贫者不解煮。
> 净洗铛，少著水，柴头罨烟焰不起。
> 待他自熟莫催他，火候足时他自美。

从诗中可见，宋朝时，黄州的富贵人家不肯吃猪肉，而贫穷人家又多半不大会做，故而肉价贱如土。这可就便宜苏东坡了。虚火慢炖，重点在于火候。

除了猪肉外，黄州还有两样特产卖得很便宜，一是鱼，二是笋。偏偏这两样素被东坡喜爱，所以被贬黄州后，在口腹之欲上总算没有太亏待自己。于是，他刚到黄州不久，就为自己找到了是处可安的两大理由：

初到黄州
自笑平生为口忙，老来事业转荒唐。
长江绕郭知鱼美，好竹连山觉笋香。
逐客不妨员外置，诗人例作水曹郎。
只惭无补丝毫事，尚费官家压酒囊。

诗中所说的"为口忙"，既指祸从口出，也指口腹之欲，半生奔劳不过为了三餐一宿，却落到如今的荒唐境地。好在江中有鱼，山上有竹，日子得过且过，便也有滋有味。

"逐客"指贬官，"员外"是定额以外的官员，"水曹郎"则是隶属水部的郎官。苏轼被贬黄州，名衔是"责授检校尚书、水部员外郎"，故有此联。

因他"不得金书公事"，所以自惭碌碌无为，于朝廷无所助益，只浪费了薪禄养我这酒囊饭袋罢了。

且苏轼在这首诗后自注："检校官例折支，多得退酒袋。"

宋代常以实物来抵充部分官俸，叫作"折支"。检校官收到的"以物抵薪"之物常常是一种用来压酒滤糟的布袋，这真是绝妙的讽刺啊。

东坡爱吃鱼，亦会做鱼，最拿手的是"东坡鱼羹"，常常"亲执枪匕，煮鱼羹以设客"，并在《东坡志林·卷九》中记录鱼羹做法：

以鲜鲫鱼或鲤治斫，冷水下，入盐如常法，以菘菜心芼之，仍入浑葱白数茎，不得搅。半熟，入生姜、萝卜汁及酒各少许，三物相等，调匀乃下。临熟，入橘皮线，乃食之。

这食谱多明白，要以新鲜鲫鱼或鲤鱼整治，冷水下锅，加盐、菘菜心、葱白、生姜、萝卜汁及酒少许，临熟还要放上切成丝儿的橘皮，吃得那叫一个精细。

《后赤壁赋》中，他感慨有客无酒，有酒无肴，友人提起一尾鱼道："今者薄暮，举网得鱼，巨口细鳞，状如松江之鲈。"于是众人携酒与鱼，同游赤壁。

众人拎着鱼去了江边，泛舟中流，未必带着炉火，既然特别强调其鱼"如松江之鲈"，我怀疑他们吃的是鲈鱼脍，也就是生鱼片。

早在春秋时期，人们已经有了吃鱼生的经验，且讲究"脍不厌细""鱼馁而肉败，不食。"吃鱼生，最重要的就是生鱼活吃，不然可是要生病的。

到唐宋时期，斫脍已经成了一个专用术语，李白有诗"呼儿拂几霜刃挥，红肥花落白雪霏"，杜甫形容"无声细下飞碎雪，有骨已剁觜春葱"，都说的是食脍前的刀艺表演。

苏轼身为资深吃货，当然对鱼脍并不陌生了，曾道是："吴儿脍缕薄欲飞，未去先说馋涎垂。"吴刀如水，手势如飞，雪白的松江鲈鱼躺在案板上，剔骨去鳞，莹润如冰，随着巧厨的飞刀被分割为薄如蝉翼的鱼片，飞花般无声而落，只是看着已经令人垂涎三尺。

被东坡拿来与鲈鱼相比的还有鲥鱼。

鲥鱼爱惜鳞片，被渔人捞捕之时，一旦触到网，便不再挣扎，束手就擒，生怕损坏了自己的鳞。因此东坡为它取名"惜鳞鱼"，特地为它题诗：

咏鲥鱼
芽姜紫醋炙银鱼，雪碗擎来二尺余。
尚有桃花春气在，此中风味胜莼鲈。

东坡热爱食脍到什么程度呢？《东坡志林·卷一》记录了一则小故事：

余患赤目，或言不可食脍。余欲听之，而口不可，曰："我与子为口，彼与子为眼，彼何厚，我何薄？以彼患而废我食，不可。"

东坡得了红眼病，大夫说不能吃肉，但是东坡嘴馋，就精神分裂地让舌头与眼睛吵了一架。

那可是苏东坡的舌头，自是巧辩如簧，滔滔不绝，振振有词："我是你的口，它是你的眼，你为什么要厚此薄彼呢？眼睛生病了，为什么要让口舌受苦，这不公平啊！"

说得好有道理！

争论的结果，九成是满足口舌之欲了吧？

苏东坡喜欢吃海鲜，相关的诗写过很多，我认为最著名的一首当为《惠崇春江晚景》：

> 竹外桃花三两枝，春江水暖鸭先知。
> 蒌蒿满地芦芽短，正是河豚欲上时。

这本是一首题画诗，写的是僧人惠崇的《春江晚景图》。人家明明画的只是桃花和江水，但是到了苏轼这里，注意力全在画外之物上：这时节，该是河豚上桌的时候了吧？

古时有"并死吃河豚"之说，是说河豚虽然肉质鲜美，然而体有毒素，若是处理不当，食客会有生命危险。故而少有人尝试。

曾经有人在席间听苏轼大谈河豚之美味，便问他：到底能有多美味呢？东坡答："值得一死。"这才是吃货精神啊。毕竟，"清诗咀嚼那得饱，瘦竹潇洒令人饥"。如果只是吟诗而没有肉可嚼，便是做神仙也不那么快活的。

吃货东坡即便后来到了海南，也仍对美食这件事毫不放松，还特地写了篇《老饕赋》吹牛：

> 尝项上之一脔，嚼霜前之两螯；烂樱珠之煎蜜，滃杏酪之蒸羔；蛤半熟而含酒，蟹微生而带糟。盖聚物之夭美，以养吾之老饕。

意思是，真正会吃的人，吃猪肉要选脖子后面那一小块，吃螃蟹要吃霜冻前最肥美的蟹前腿；而且无论蒸蛤还是蒸蟹，都要半熟微生，还要滴一点酒去腥。不只酒可以做调料，还可以将樱桃或杏子煮料煎蜜，将汁淋于羊羔肉上。

听上去色香味俱全，说得头头是道，可为什么我要说是吹牛呢？

因为这时候的苏东坡已经被发配到了宋代贬放最远之处——海南儋州，用"割腥啖膻"都不足以形容他在饮食上的困窘，简直已经是"茹毛饮血"。最可怕的，是连老鼠和蝙蝠都要吃。

苏轼曾在诗中写："土人顿顿食薯芋，荐以熏鼠烧蝙蝠。旧闻蜜唧尝呕吐，稍近虾蟆缘习俗。"

"蜜唧"就是蜜渍鼠崽，起初苏轼一尝便吐，在这样的情况下，再说什么"盖聚物之夭美，以养吾之老饕"，不过是精神会餐罢了。

但这还不是最令人解颐的，苏东坡在海南将吃货精神发挥到极致的是他写给儿子的一封信："食蚝而美，贻书叔党曰：'无令中朝士大夫知，恐争谋南徙，以分此味。'"

意思是蚝太好吃了，你可不能告诉朝中的士大夫们啊，我怕他们因此会争着往海南跑，与我争蚝！

夜夜青竹眠不足

（一）

吃货苏东坡是无肉不欢的，这真是他人生中的一大矛盾。

无论佛家还是道家，讲究的都是清心寡欲，而苏东坡明明号召"戒杀生"，却偏偏抑制不了"肉鱼控"。如何在这两者间找一个平衡呢？

苏东坡也是想了很多折中的方法乃至自我催眠的理由的，不仅是为了说服别人，更是为了安慰自己。尤其是他写于於潜县寂照寺绿筠轩，赠给慧觉僧人的那首"肉竹诗"，简直是出人意表，令人拊掌：

於潜僧绿筠轩

宁可食无肉，不可居无竹。

无肉令人瘦，无竹令人俗。

人瘦尚可肥，士俗不可医。

旁人笑此言，似高还似痴。

若对此君仍大嚼，世间那有扬州鹤。

绿筠轩以竹闻名，十分幽雅。东坡素爱竹，故而开篇向魏晋名士王徽之致敬。

王徽之，字子猷，是"书圣"王羲之的第五子。平生爱竹成痴，所住之处必植竹林。他有一次暂时借住别人的空房，特地令下人过来种竹子。

有人问他："不过暂住几天，何必这样麻烦？"

王徽之却望着竹林兴高采烈地啸咏一番，兴尽之后才微笑答道："何可一日无此君？"那样子，就像一个戒酒多日的酒鬼终于喝到了酒一般，畅饮之后方才回魂。当真是以竹为友，以竹为神。"宁可食无肉，不可居无竹"，说的就是这种精神了。

但是东坡对竹子的执着可没有王徽之那么极端，他是喜欢吃肉的，所以紧接着便又反口说："无肉令人瘦，无竹令人俗。"

人瘦，可以吃胖；人俗，无可救药。别人不懂得这种至理，还以为我说的是傻话。他们哪里会晓得，对竹食肉，大俗大雅，身心俱欢，世上哪有"扬州鹤"这等美事呢？

关于"扬州鹤"，也是个典故。传说有四个人好运地遇到了神仙，也不知道是不是帮了神仙什么忙，反正神仙答应满足他们每人一个愿望。

于是第一个人说：我要当扬州刺史。他如愿了。

第二个人说：我要富甲天下。他也如愿了。

第三个人说：我要羽化成仙。他也如愿了。

第四个人一听，来了主意，综合前三个人的全部理想，吟了一句：腰缠十万贯，骑鹤上扬州。

有仕途，有财运，能成仙，人生太丰满了。

而苏东坡却说：鱼与熊掌兼得太不实际了，不就是做神仙吗，何必那么麻烦，对着竹林吃肉就够了！

又或者，竹笋炖肉。

（二）

东坡爱竹，亦擅画竹。那时人们画竹都是运笔从上而下的，东坡却与众不同，从地一直至顶，先竿后节，一气呵成。

元丰五年（1082 年）三月，米芾慕名前来，与董钺、绵竹道士杨世昌等一起拜谒黄州雪堂，并将此行经过记录于《画史》："吾自湖南从事过黄州，初见公（苏轼）酒酣曰：'君贴此纸壁上。'观音纸也，即起作两竹枝、一枯树、一怪石见与。"

看到东坡与众不同的画竹法，米芾大奇，不禁问："为什么不是一节一节地画呢？"

东坡答："你见过竹子是一节一节长出来的吗？"

说得好有道理！

还有一次，苏东坡兴致来了，欲画竹时却手边无墨，看见案上有朱砂，便拿来画成一片红色竹林。于是又有人质疑了："世上只有绿竹，何来朱竹？"

东坡答："世上也没有黑竹，为何人人画墨竹？"

那人顿时语塞："你总这样有理，我竟无言以对。"

于是，苏东坡就此便注册了朱竹的专利。后世齐白石、吴昌硕也都画过朱竹，而朱竹鼻祖，便是苏东坡。

北宋画家中画竹最著名的是文同（1018—1079），字与可，自号石室先生，又号笑笑先生。他与苏轼一样老家是四川，又与苏轼一样曾任职湖州，并在任上过世，故而后世又称之为"文湖州"。

元代画家李衎曾评点画竹史："文湖州最后出，不异杲日升空，爝火俱息；黄钟一振，瓦釜失声。"

意思是自从文同开创了深墨为面、淡墨为背的画竹叶法，墨竹才成为文人画的重要题材，一时尽扫画竹各法，如日当空，灯火失明。

文同曾经送给苏东坡一幅竹画。一日东坡在晾晒书画时重新看到这幅图，想到物在人亡，不禁睹物生情，写了一篇《文与可画筼筜谷偃竹记》，细述自己从文同那里学得的画竹之法：

画竹必先得成竹于胸中，执笔熟视，乃见其所欲画者，急起从之，振笔直遂，以追其所见，如兔起鹘落，少纵则逝矣。

从此，后人提炼出"胸有成竹"这个响当当的成语。

画竹之前要先有成竹在胸，而后心手相应，一蹴而就。岂独画竹，作文更是如此。苏东坡作文，便是胸藏万卷，下笔如神。

"苏门四学士"之一的晁补之拜入苏东坡门下后，一日说起文同竹画，补之便拿出自己的珍藏与老师共赏，苏东坡又是一番抚今思昔，赋诗以纪。

书晁补之所藏与可画竹（其一）

与可画竹时，见竹不见人。
岂独不见人，嗒然遗其身。
其身与竹化，无穷出清新。
庄周世无有，谁知此凝神。

这首诗说的仍然是文同画竹时，胸中有竹，眼前无人，遗世忘我，与竹俱化。莫非这文同本来就是竹子变的吧？

看来，文同的画真不能轻易看，每看必有好文章。

近世非绘画爱好者，多半不识文同之名，却无人不知苏东坡，便也有了一种"东坡竹"。

清代《柳亭诗话·卷八》云："富州有东坡竹。相传大苏过此，尝以题壁余墨洒丛竹间，其新篁枝叶俱带墨痕。"

看来，文同是不是竹子变的不可确证，东坡倒是能够变出竹子来的。

不过，若是单以画竹论，古今最著名的画家应属清代郑板桥，他对东坡画竹别有一论：

题画竹

山谷写字如画竹，东坡画竹如写字。
不比寻常翰墨间，萧疏各有凌云意。

真是大家法眼，一言中的。东坡的墨竹也好，朱竹也罢，都是一气呵成，酣畅淋漓，和他的书法如出一辙，见叶如字，不知是不是他过安乐山，听闻山上树有文如张道陵篆符，因而有了"满树写天书"的启发。

"苏门四学士"之一的黄庭坚（1045—1105），字鲁直，号山谷道人，也是宋代"尚意"书法的延续者，行书作品如《松风阁诗帖》等，当真是瘦劲挺拔，出锋尖利，纵横舒展，恰如竹叶纷披，乱而有序。

史上留下许多"苏黄"互相戏谑的趣事，说苏东坡打趣黄庭坚书法劲瘦，"几如树梢挂蛇"。

黄庭坚立刻反唇相讥，说老师字迹褊浅，"甚似石压蛤蟆"。

又有《诗话总龟》称："元祐文章，世称苏、黄。然二公当时争名，互相讥诮，东坡尝云：'黄鲁直诗文，如蝤蛑、江珧柱，格韵高绝，盘飧尽废，然不可多食，多食则发风动气。'山谷亦云：'盖有文章妙一世，而诗句不逮古人者。'此指东坡而言也。"

苏东坡为人诙谐，黄庭坚亦机敏潇洒，两人亦师亦友，互为谑笑是可能的，但若说"争名"，则未免言过其实了。

苏轼在京城不耐繁华纷争，上书请辞时，依例要举荐一人顶替自己，他举荐的便是黄庭坚，称他"孝友之行，追配古人；瑰玮之文，妙绝当世"。而黄庭坚夸起老师来，也是不遗余力："余谓东坡书，学问文章之气，郁郁芊芊，发于笔墨之间，此所以他人终莫能及尔。""翰林苏子瞻，书法娟秀，虽用墨太丰而韵有余，于今为天下第一。""挟以文章妙天下，忠义贯日月之气，本朝善书，自当推为第一。"

《邵氏见闻录》载，苏轼过世后，黄庭坚将苏轼像挂于室中，每天早晚正衣焚香，恭敬礼拜。有人说："你与苏轼诗书齐名，并称苏黄，何必如此礼敬？"黄庭坚起立正色道："庭坚望东坡，门弟子耳，安敢失其序哉？"我于东坡而言，不过是学生罢了，怎可搞错师生的次序呢？

可见黄庭坚一生对苏东坡执弟子之礼，绝无争名之心。

（三）

苏东坡没去过蜀南竹海，但却不止一次经过宜宾，那时叫作"戎州"，《南行集》中就留下不少他在宜宾的足迹：《过宜宾见夷中乱山》《夜泊牛口》《牛口见月》《戎州》。他眼中的宜宾，山峦叠翠，岷江湍急，地远人稀，夷汉杂居，一个字：乱！

然而人们怡然地生活着，日出而作，日落而息，丰俭自足，浑不理山有豺狼，江有险滩。

过宜宾见夷中乱山

江寒晴不知，远见山上日。

朦胧含高峰，晃荡射峭壁。

横云忽飘散，翠树纷历历。

行人挹孤光，飞鸟投远碧。

蛮荒谁复爱，穑秀安可适。

岂无避世士，高隐炼精魄。

谁能从之游，路有豺虎迹。

其实，宜宾自唐以来，便是巴蜀地区通南昭的交通枢纽，门户之地，虽是少数民族混居之地，却土地肥沃，生活富足，不至于像东坡说的那样蛮荒。只不过，彼时的苏东坡合家迁往京城，心中又兴奋又彷徨，只觉得满世界除了京城，哪里都不如家乡眉山，看到同在蜀中的宜宾，哪会放在眼中？

苏家的大船一路沿着岷江南行，苏东坡负手立于船头，看江天一色，桨声云影，两岸峭壁流光，翠林凝碧，不禁猜想那深林之中，或许会有隐士高人在修炼吧？

苏东坡在宜宾不曾久留，黄庭坚却是正经做过宜宾市市长的。

说起苏黄二人的相识，也和水利有关——黄庭坚最早是凭借舅舅李公择和岳父孙莘老的推荐认识苏东坡的。彼时苏东坡往湖州考察水利，孙老热情款待，并拿出女婿的诗文请他指正。

苏东坡一见之下，惊为天人，赞其"超轶绝尘，独立万物之表"，是当世罕见的好文字，遂主动投书结交。

不过直到苏东坡贬来黄州，两人都还没见过面。直到做了多年笔友后，苏东坡起复京城，两个人才终于"网友奔现"，深觉见面胜似闻名——黄庭坚比苏东坡小八岁，虽然骄傲自负，却绝不轻狂。他对苏东坡的名望与文采都是很佩服的，得到偶像垂青，欣喜异常，投入门下，遂成为"苏门四学士"的代表人物之一。

后来苏东坡二次被贬，黄庭坚也受他牵连，于绍圣二年（1095 年）

被贬涪州（今属重庆）别驾、黔州（今四川彭水一带）安置，移戎州（宜宾）。从1098年抵达宜宾，到1100年与东坡先后放还，足足在宜宾待了两年多。流杯亭公园中，至今还留有黄庭坚所发起"曲水流觞"的遗迹。

黄庭坚的后半生几起几落，极是坎坷，而任凭风雨飘摇，他淡然故我，从容达观，参禅清心，寄诗明志："皎皎不受尘泥涴""但使本根在，弃捐果何伤？"

这份精神与情操，师生亦是一脉相承。

雪堂的好朋友们

（一）

苏轼初来黄州时，深居简出，沉默寡言，也不大敢与外界往来，"幽人无事不出门，偶逐东风转良夜"，即便独自踏月，亦时有"惊起却回头"之态。他最苦闷的就是孤独，曾在一首词的引言中写道：

> 顷在黄州，春夜行蕲水中，过酒家饮。酒醉，乘月至一溪桥上，解鞍曲肱，醉卧少休。及觉已晓，乱山攒拥，流水锵然，疑非尘世也。书此数语桥柱上。

该有多么孤独绝望，才会在深夜里跑去街边酒馆买醉，然后解鞍溪桥，醉眠一夜啊！

他骨子里疏朗清阔的本性太强大了，声名也太盛，还是不能不引起世人的关注，很快身边又聚集起了很多新朋旧友。

他自称："上可陪玉皇大帝，下可陪卑田院乞儿。"常常穿越在社会各阶层，听人闲谈。他喜与僧人往来，隔一二日便往护国寺听经，焚香默坐；他也很喜欢活泼泼的世俗气，关心身边的每一个人，更擅与农夫渔父交朋友，尤喜听野狐禅。遇到那些看上去积古的老人，便请人给讲个鬼故事，对方说没什么故事可讲，东坡便道：瞎编一个也行。惹得路人大笑。

于是，他的新朋友里有卖酒卖草药的本地人，也有因为反对新法而贬来黄州的犯官，还有祖籍四川的移民同乡，更有许多慕名前来的诗朋酒友。

第一个向东坡伸出友谊之手的，是陈季常。

苏轼在《岐亭五首（并叙）》中道："元丰三年正月，余始谪黄州。至岐亭北二十五里山上，有白马青盖来迎者，则余故人陈慥季常也。"

陈季常，就是东坡在凤翔的顶头上司陈希亮的小儿子。三个哥哥都做了官，只有他在侠客梦破灭后，改弦易张做了隐士，住在黄州龙丘濯锦池，参禅习道，自称龙丘先生。

两人本是旧识，早在东坡抵黄之前，就已经书信通知了陈季常。而季常也真够意思，早早地就候在道旁了。流贬异乡，还能得逢故友，车马相迎，这对于孤独漂泊的东坡，是多么重要的安慰啊。

东坡居黄州的四五年间，曾前往陈家做客三次；而陈季常更是七次到访，每次往返四五百里地。两人志同道合，时常相聚，交往极密。直到东坡离开黄州时，陈季常还善始善终，弃家伴从。别的乡邻故友最多送到慈湖岸边，而陈季常则从湖北黄州一直送到江西九江，其依依之情简直比得上苏子由了。

后世对于苏东坡与陈季常交往故事中最熟知的，却是陈季常怕老婆的故事，也就是电影《河东狮吼》的情节。

原来，陈妻柳氏作风彪悍，每每陈季常宴客时，柳氏经常听墙根。若听到他们说起风月事来，醋劲一起就用木棍敲打墙壁，或是隔屏大喝一声：陈季常，滚出来！

因此东坡写了首诗打趣季常：

龙丘居士亦可怜，谈空说有夜不眠。

忽闻河东狮子吼，拄杖落手心茫然。

柳氏属于唐代五姓之家，河东为其郡望，因此苏东坡在诗中以"河东"代指柳氏。"狮子吼"一语来源于佛教，佛教经典称"狮子吼则百兽伏"，所以用"狮子吼"比喻声之威严。

陈季常喜参禅，两人常在一起谈空说有，故而苏轼以佛教故事打趣他。这个故事被宋代洪迈写进了《容斋三笔》，"河东狮吼"的典故从此确立，并多了一个形容怕老婆的专属名词："季常之癖"。

陈季常就这样被取笑了一千年啊！如果苏东坡知道自己的一首诗会对朋友造成这样的伤害，不知道会不会后悔一时口快？

（二）

除陈季常外，东坡在黄州的朋友还有赵德麟、张怀民、李仲览等。张怀民便是《记承天寺夜游》中"亦未寝"的怀民：

元丰六年十月十二日夜，解衣欲睡，月色入户，欣然起行。念无与为乐者，遂至承天寺寻张怀民。怀民亦未寝，相与步于中庭。庭下如积水空明，水中藻、荇交横，盖竹柏影也。何夜无月？何处无竹柏？但少闲人如吾两人者耳。

显然这位张怀民也是一位居士朋友，常住寺中，遂得与东坡相投。

孔子说："君子固穷，小人穷斯滥矣。"有道德、有学问的人也同样会遇到磨难，但他们不会因为困窘而仓皇失措，失去自我。只有小人才会一遇挫折便忘乎根本，失去下限。

东坡是真君子、大文豪，其最重要的德行就是即便穷途末路，依然固守内心的操守，贫贱不移，甚至自得其乐。何必说穷呢？江山有情，风月无边，取之不尽，用之不竭，这便是东坡最大的财富。

诚如他写给朋友的信中所说：

何必归乡哉！江山风月，本无常主，闲者便是主人。

吾兄弟惧老矣，当以时自娱。世事万端，皆不足介意。所谓自娱者，亦非世俗之乐，但胸中廓然无一物，即天壤之内，山川草木虫鱼之类，皆是供吾家乐事也。

显然，东坡已经完全适应黄州的生活了，甚至打算在此终老，于是着手在废园平地上盖房子。

造屋之际，当地居民纷纷前来帮忙，苏轼在诗中说："四邻相率助举

159

杵，人人知我囊无钱。"没钱，可是有朋友，这就是苏轼一生取之不尽用之不竭的财富。

成屋之日，适逢大雪，故而苏轼将新屋题名"雪堂"，并洋洋洒洒写下堪与"两赋"媲美的《雪堂记》：

苏子得废圃于东坡之胁，筑而垣之，作堂焉，号其正曰雪堂。堂以大雪中为之，因绘雪於四壁之间，无容隙也。起居偃仰，环顾睥睨，无非雪者。苏子居之，真得其所居者也。……

这段文字，看得人心潮澎湃，艳羡不已。东坡不仅文采斐然，亦画风豪迈，在雪堂四壁亲绘雪景图，满墙不留空隙。人处其间，俯仰回首，四顾茫茫，皆是一片大雪纷飞。"追其远者近之，收其近者内之，求之眉睫之间，是有八荒之趣"，身在屋中，而如身处雪野，凄凛其肌肤，洗涤其烦郁，何等境界！

文中说，苏东坡在雪堂小寐，恍惚有客来访，与他谈说风花雪月人生理想，议论得失智愚，动静阴阳，藩篱桎梏与精神自由。

文章通篇以对话完成，既有入世的智慧，又有出世的理想，充满机锋。比如客人问："子之适然也，适有雨，则将绘以雨乎？适有风，则将绘以风乎？雨不可绘也，观云气之汹涌，则使子有怒心。风不可绘也，见草木之披靡，则使子有惧意。睹是雪也，子之内亦不能无动矣。苟有动焉，丹青之靡丽，水雪之有水石，一也。德有心，心有眼，物之所袭，岂有异哉？"

苏东坡却反问："子以为登春台与入雪堂，有以异乎？以雪观春，则雪为静。以台观堂，则堂为静。静则得，动则失。黄帝，古之神也，游乎赤水之北，登乎昆仑之丘，南望而还，遗其玄珠焉。游以适意也，望以寓情也。意适于游，情寓于望，则意畅情出，而忘其本矣……"

这段对话充满辩证之理，是纵横在苏东坡心中的儒释道思想的碰撞，而最终将它们融会贯通，形成自己的"性之便，意之适"的人生观。

一日，苏轼与朋友们从野外归来，途中遇到大雨，大家都没有带雨具，被淋得很狼狈。有人到处躲避，有人急于奔跑，唯有东坡泰然自若，依旧冒雨徐行。他已经是在乌台狱中"死"过一回的人了，大风大浪都见过，还畏惧自然界的风雨吗？

只是一阵急雨，很快就停了，看到雨过天晴，东坡若有所感，当即吟就《定风波》一首——

定风波

三月七日，沙湖道中遇雨。雨具先去，同行皆狼狈，余独不觉，已而遂晴，故作此词。

莫听穿林打叶声，何妨吟啸且徐行。竹杖芒鞋轻胜马，谁怕？一蓑烟雨任平生。

料峭春风吹酒醒，微冷，山头斜照却相迎。回首向来萧瑟处，归去，也无风雨也无晴。

（三）

雪堂落成，四面八方的好朋友闻风而至。蜀中旧识巢谷（字元修）来了，为东坡带来了"元修菜"等许多豆类蔬菜的种子，让东坡的菜园更加丰富；那位"禅心已作沾泥絮"的参寥和尚来了，他于元丰六年（公元1083年）三月自杭州出发，在雪堂一住便是一年；大书法家米芾来了，与苏东坡讨论书法绘画，还向他讨了一张《竹石图》；道士杨世昌来了，还留下一张酿酒秘方，东坡照着做了，但是挺失败……

显然，客居黄州的东坡重新开启了呼朋唤友、斗酒吟诗的生活模式。"黄州岂云远，但恐朋友缺"的慨叹已成云烟，东坡再不会担心酒贱客少了，反而是愁"有客无酒，有酒无肴，月白风清，如此良夜何！"

每当此时，王闰之便莞尔一笑，变戏法般从床底下掏出一坛酒说："我这斗酒收藏很久了，就怕你有不时之需。"

赵德麟《侯鲭录》载，一天晚上，月色如洗，梅花静放。闰之推窗见月，主动提议道："春月胜如秋月，秋月令人惨凄，春月令人和悦。今夜景色如此之好，你不如约赵德麟他们花下饮酒。"东坡大喜赞叹："夫人此言，真诗家语耳！"并为此填了一首梅花词：

减字木兰花

二月十五夜，与赵德麟小酌聚星堂。

春庭月午，摇荡香醪光欲舞。步转回廊，半落梅花婉娩香。

轻云薄雾，总是少年行乐处。不似秋光，只与离人照断肠。

显然，王闰之很高兴看到苏轼一天天振作起来，也很赞成他与朋友小聚。拮据的日子过的还时有小惊喜，得妻如此，夫复何憾？难怪东坡有底气嘲笑季常"惧内"了。

不过，有一天苏东坡又和朋友喝酒到半夜方回。大约是回来得实在晚，大度的王闰之也有些生气了，没给他留门，而小童也睡着了，没听到敲门声。苏轼敲了半天门没反应，大约也是心虚，不好闹得动静太大，索性就不回家了。他转身去了江边，对着浩渺烟波继续抒发未尽的诗情，写下又一首绝妙好词：

临江仙

夜饮东坡醒复醉，归来仿佛三更。家童鼻息已雷鸣。敲门都不应，倚杖听江声。

长恨此身非我有，何时忘却营营？夜阑风静縠纹平。小舟从此逝，江海寄余生。

这首词写于元丰五年（1082年），也就是东坡被贬黄州的第三年，与《寒食诗》作于同一年份。但是诗中再也没有"把盏凄凉北望"的不甘，和"君门深九重"的惆怅，只有打算远离朝堂，寄身江河的旷达。

四十年来宦场如网，南迁北谪，身不由己，奔波劳碌，究竟何为？如今醉眼望江天，往事已惘然，只想忘却奔走钻营、追逐名利。风平浪静，不如就驾一叶扁舟，从此在江湖深处度过余生吧。

词的上阕写实事，直白如话，写出多少奔波人的心境。下阕抒志向，一句"长恨此身非我有"，又惊醒多少网中人的迷梦。

据说，这首诗传出的同时，也传出了苏东坡逃离黄州的传言，吓得太守赶紧前来查看，却发现东坡正高卧酣睡，鼻息如雷，不禁哑然。

如果坡仙一直留在黄州，想来会把日子过得越来越有滋味。然而元丰七年（1084 年）四月，忽然收到了一纸调令，命他移往河南汝州。此时他正与参寥、元修在雪堂中同吃同住，吟诗作赋，不亦乐乎，大有相伴到老之势。诏令不但打乱了东坡的生活，也打破了参寥的黄州梦，遂留诗告辞：

留别雪堂呈子瞻

策杖南来寄雪堂，眼看花絮老风光。
主人今是天涯客，明日孤帆下渺茫。

诗中说，我来雪堂投奔你，但是眼看先生如天涯飘絮重新飞起，我不想成为你的负累，明天就独自离去吧。东坡见诗，心知参寥其实不愿离开，于是次韵一首挽留：

和参寥

芥舟只合在坳堂，纸帐心期老孟光。
不道山人今忽去，晓猿啼处月茫茫。

这是再次用了《庄子》的典故，说自己如同草芥浮于堂中水洼般渺小卑微，只想过着耕织自足，日出而作、日落而息的平淡生活，同孟光与妻子梁鸿那般举案齐眉，荆钗布衣，甘贫到老。不料又逢变故，以至于参寥决意匆匆离去。恰闻猿声哀切，眼前月色迷茫，思及未来的境况，令人更觉凄凉。

参寥见诗，大为感伤，便又留下来多住了些时日，直到与苏轼一起离开黄州，又一直相伴到江西九江，才恋恋不舍地道别。

（四）

参寥也好，米芾也好，马梦得、陈季常也好，都还是尘世中的朋友。在东坡的心底，更有一位隔世知己，他就是陶渊明。

江城子

梦中了了醉中醒。只渊明，是前生。走遍人间，依旧却躬耕。昨夜东坡春雨足，乌鹊喜，报新晴。

雪堂西畔暗泉鸣。北山倾，小溪横。南望亭丘，孤秀耸曾城。都是斜川当日景，吾老矣，寄余龄。

他自称陶渊明转世，人生如梦，唯有躬耕才是正事。昨天下了一场春雨，浇润东坡，想来庄稼必然长得很好，连喜鹊报晴的叫声都格外脆朗呢。

耕种的东坡就在雪堂西侧，坡边有泉，远处有山，南望亭台丘壑，孤峥秀美如同耸立的曾城山，这番景象岂不美哉，我便在此终老，又有何憾？正如他在给李常的信中所写：

某见在东坡，作陂种稻，劳苦之中，亦自有乐事。有屋五间，果菜十数畦，桑百余本，身耕妻蚕，聊以卒岁也。

身耕妻蚕，自给自足，这便是他的理想生活"纸帐心期老孟光"的现实写照。

临行前，苏东坡填词作别雪堂诸邻里，再次表达了随遇而安的处世态度，以及对黄州父老的眷念之情：

满庭芳

元丰七年四月一日，余将去黄移汝，留别雪堂邻里二三君子，会仲览自江东来别，遂书以遗之。

归去来兮，吾归何处？万里家在岷峨。百年强半，来日苦无多。坐见黄州再闰，儿童尽、楚语吴歌。山中友，鸡豚社酒，相劝老东坡。

云何，当此去，人生底事，来往如梭。待闲看秋风，洛水清波。好在堂前细柳，应念我，莫剪柔柯。仍传语，江南父老，时与晒渔蓑。

"归去来兮"是陶渊明的选择，也是古代文人避世思想的集中体现。

苏轼在精神上与先贤对话，原本打定主意要终老黄州，得其所哉。然而身不由己，再次漂泊，却不知将归向何处。

苏东坡老家眉山，处于岷山、峨眉山一带，故曰"万里家在岷峨"。这年他已经四十八岁，年近半百，以"人生七十古来稀"计算，已经走过大半辈子，所以是"百年强半，来日苦无多"。

在黄州多年，小孩子都学会说湖北方言了，因为他在吴地做过官，所以他们同时也会唱吴地山歌。

"楚语吴歌"，苏东坡用最淡最平实的语言，写出了宦旅生涯最痛最沧桑的漂泊。但他不会让自己沉浸在这种自怨自艾的情绪中，于是话锋一转，说到黄州父老带着鸡豚社酒前来送别的殷殷情意。

下阕是送行时的对话。此番远去河洛，但是不会忘记雪堂新柳，就像他在湖北时，也仍常常想起江南的旧渔蓑，还请老友帮自己收着时时晾晒呢，因为说不定什么时候又回去以打鱼为生了。

这阕词，写于黄州，将行汝州，却同时提到江南行迹，只为词人这一生，身如飘絮，到的地方太多了。

苏东坡既有一颗旷达贞亮的心，又何处不可归，哪里不是家呢？

我不禁要再一次重复东坡的哲语："何必归乡哉！江山风月，本无常主，闲者便是主人。"

筠州，不识庐山真面目

（一）

在苏轼被贬黄州的四五年间，神宗从来没有忘记过他，曾经多次打算起复。早在元丰三年九月，神宗与几位大臣商议人事，拟授司马光御史中丞，苏轼中书舍人、翰林学士，其他被贬的保守派大臣也都有所任命。

按说朝廷不该只有一种声音，神宗尽管主张变法，依然是想留下保守党制衡监督的，这才是清明之政，也是君王之术。然而王珪等人好不容易才把苏轼赶走，怎么会愿意让他还朝呢，况且中书舍人又是这么重要的位置，自是百般拖延，各种借口，最终来了个不了了之。

这番争议，苏轼大约也是辗转听说了的。同一时期，他在读《战国策》时，以商鞅变法暗射熙宁改革，写了篇杂记抒愤，恨不得将新党中人车裂以快人心：

商君之法，使民务本力农，勇于公战，怯于私斗，食足兵强，以成帝业。然其民见刑而不见德，知利而不知义，卒以此亡，故帝秦者商君也，亡秦者亦商君也。其生有南面之乐，既足以报其帝秦之功矣；而死有车裂之祸，盖仅足以偿其亡秦之罚。理势自然，无足怪者。

后之君子，有商君之罪而无其功、享商君之福而未受其祸者，吾为之惧矣。

元丰三年九月十五日，读《战国策》书

这段文字见于《东坡志林》，是他平日杂记所汇，但在当时估计他是没胆量拿出来示众的。

后来，因朝廷修撰国史，神宗又想起了苏轼。之前《新唐书》的编撰就是由欧阳修主持的，如今其弟子为往圣继绝学，不正是人尽其才么？但是王珪等人又以各种借口给岔开了。

又隔了些时日，神宗再说："著作郎非苏轼不可。"

然而，翰林学士也好，著作郎也好，都身在京中，有太多机会亲近天颜，怎么能让王珪放心呢？

这样一次次地被阻，神宗也有点明白王珪等人的用心了，却也不愿意与辅阁对着干，便又拟旨起复苏轼知江州，却再次受到抵制。神宗干脆于元丰七年正月亲书手札："苏轼黜居思咎，阅岁滋深，人才实难，不忍终弃。"诏他为汝州团练副使，本州安置，不得签书公事。

这样，便只是量移逐臣，而且也不在京中，王珪等人也不好再反对了。

苏轼接到调令后，亦喜亦忧。喜的是皇上亲自下诏量移，隆恩圣眷不言而喻；忧的是这调令来得太晚，他已经不再有含泪北望的心境，而只想老死东坡了。

汝州位于今河南中西部，离汴京不足二百公里，又是天子亲诏，显然是苏轼即将被起复的先兆。但是权臣虎视眈眈，会让苏轼亲近天颜吗？看他来了汝州，保不定就要使些什么阴谋伎俩来陷害。因此苏轼患得患失，想要"乞依旧黄州住"，又细思"君恩至厚，不可不奔赴"。

一纸调令打乱了苏轼平静淡泊的耕读生活，将他又引上了颠沛流离的宦途。苏轼与邻人依依告别，将东坡田园、雪堂与亲人的坟冢托付友人照管，再三说："我还会回来的。"

然而，这一走，他此生都未能再回黄州。

与苏轼调令先后到达的，还有苏迈的任命。

苏迈早于元丰四年（1081 年）便对试策进士第，却一直滞留黄州未曾入仕。直到此时方授饶州府德兴县尉，也就是现在的江西，倒是邻近叔叔苏辙。

之前，苏辙初至江西时，曾经游庐山栖贤谷，并寄信与兄长说："谷中多大石，炭峯相倚。水行石间，其声如雷霆……虽三峡之险不过也。"

苏轼见信，好生向往，一直惦记着自己什么时候也能亲身游览呢。现在如愿来到江西，自然要先往山中一游。

于是，苏轼一家自四月初七出发，兵分两路。他让苏迈带着家人慢慢赶路，自己则在陈季常、参寥的陪同下径向庐山而去，约好过后在九江会合。

苏轼这次庐山行不过几日，却留下诗文数篇，最著名的一首绝句，题于西林壁上，便是七岁小儿也会背诵：

题西林壁

横看成岭侧成峰，远近高低各不同。
不识庐山真面目，只缘身在此山中。

这首诗通俗晓畅，却饱含哲理，世间事，心中情，种种茫然纠结、患得患失，不皆是因为身在局中而不能自知么？

黄庭坚读到这首诗后，叹息说："此老于般若横说竖说，了无剩语。非其笔端有舌，安能吐此不传之妙？"

他将此诗不仅看作文人绝句，更视为僧伽佛偈，以为深谙禅理之作。对如此好文采，人们通常都会形容为"笔下生花"，独独黄庭坚比喻成"笔端有舌"，也是妙人妙评了。

庐山曾是李白隐居之地，自有许多俊逸诗文题壁，其中的咏瀑布诗同样是七岁小儿人人成诵的绝句：

望庐山瀑布

日照香炉生紫烟，遥看瀑布挂前川。
飞流直下三千尺，疑是银河落九天。

这首诗潇洒磅礴，极尽夸张之能事，典型的李白风格。此诗一出，古往今来题写瀑布的诗尽皆拜服。但是后来有位叫徐凝的举子偏偏不服，也写了一首同题诗，还得到白居易的赏识。且看原诗：

　　　　虚空落泉千仞直，雷奔入江不暂息。

　　　　今古长如白练飞，一条界破青山色。

　　这首诗的气势是有的，"一条界破青山色"的技巧也很不错，但是有李白诗珠玉在前，这首诗便显得平平了。"千仞直""不暂息"等语更是刻意生硬。

　　苏东坡是事事以乐天为圭臬的，独独在这件事上极不赞同，非但不以徐凝诗为美，简直深恶痛绝，因此便也戏题一绝：

　　　　帝遣银河一派垂，古来惟有谪仙辞。

　　　　飞流溅沫知多少，不与徐凝洗恶诗。

　　东坡认为，既然庐山已经有李白的"飞流直下三千尺"，那别人的飞流溅沫都属多余，徐凝枉得虚名，根本就是"恶诗"。

　　可怜的徐凝，就这样被诗家打入冷宫，再也翻不了身了。

（二）

　　苏轼下山后，便告别参寥与陈季常，独向筠州而去。想到就要见到兄弟了，越走越是心热。一路上边走边写信，明知旦夕相见，却仍争分夺秒，"念汝还须戴星起"。

　　筠州，就是现在的江西高安，又称瑞州府。

　　说来苏辙也真是可怜，他是因为哥哥而受累贬放筠州的，官衔是"盐酒税"，而且"五年不得调"。他有三子七女，家累自比苏轼更重，公务也十分繁忙。但是兄弟俩从精神追求到行为艺术都是神相似。苏轼耕种东坡，苏辙则给自己在听事堂东侧建了一小间"东轩"，种竹数丛，杉两本，并著《东轩记》，自称："使得归服田里，治先人之敝庐，为环堵之室而居之，然后追求颜氏之乐。"表达了自己愿意效仿颜回，乐穷守节的心志。

　　这份执着，这份潇洒，这份清风明月般的襟怀，兄弟俩如出一辙。

　　算起来，从当年苏轼初仕凤翔，苏辙一路相送至郑州，到如今已经二十五年了。

二十多年前，兄弟俩风萍浪迹，聚散无常，每次相聚都极为珍惜，总要盘桓数月甚至半年才肯分离。然而这次苏轼来访，却只在筠州停留了不足十天。这对于久别重逢的兄弟俩来说肯定是不够的，何况就这短短十日里，苏辙还往往不能告假，就连端午节也只能让三个儿子陪伴兄长游玩，相聚更加不能尽兴。

种种歉意，都表现在了他的《次韵子瞻端午日与迟适远三子出游》一诗中了：

> 人生逾四十，朝日已过午。
> 一违少壮乐，日迫老病苦。
> 丹心变为灰，白发粲可数。
> 惟当理锄櫌，教子蓻稷黍。
> 谁令触网罗，展转在荆楚。
> 平生手足亲，但作十日语。
> 朝游隔提携，夜卧困烝煮。
> 未歌《棠棣》诗，已治乌灵祖。
> 士生际风云，富贵若骑虎。
> 奈何贫贱中，所欲空龃龉。

这首诗中充满了身不由己，羁身尘网之苦。显然兄弟俩对前途都很迷茫，不知如何选择。

苏辙小苏轼两岁，这年四十五岁，也是白发染鬓了。他与苏轼一样，既好佛亦好道，在筠州结交了许多方外友人，除了谈佛论道之外，也常常研习养生之法，且是瑜伽高手。

关于兄弟俩的这次见面，有则极有传奇色彩的逸闻。说的是苏辙接到苏轼来信的这日早晨，洞山的云庵和尚忽然来访，说昨晚梦见他与苏辙及圣寿院的蜀僧有聪禅师一同出城迎接已故的戒禅师。正说着，有聪禅师也来了，竟然也是因为做了同样的梦，特来寻苏辙的。

苏辙讶道："世间竟有如此同梦奇事。今天我哥哥将远道而来，莫不

171

是说的是这件事吗？"

云庵、有聪也都抚掌大笑："既如此，我们就一起去迎接东坡居士吧。"

于是，三人携手出城二十里，早早地等在了城外建山寺。

苏轼到来后，自是一番执手相看，种种寒暄。俄尔，寺中坐定，云庵二人便说起梦中情景来。苏轼说："母亲从前曾说过，生我时梦见有个和尚来投宿，陕西口音，身材瘦长，还瞎了一只眼睛。"

云庵大惊："戒和尚是陕西人，的确瞎了一只眼。晚年来游筠州，于此圆寂，如今已近五十年了。"

苏轼笑道："我如今也年近五十，莫不是戒和尚重来么？"

自此，苏轼便常常穿衲衣，自称戒和尚，且说："我本修行人，三世积精炼。中间一念失，受此百年谴。"

明代小说集《清平山堂话本》中有一则《五戒禅师私红莲记》，而冯梦龙亦有《明悟禅师赶五戒》传奇，说的便是苏东坡前世的故事。虽是杜撰，却也有趣。

故事说，大宋英宗年间有两位高僧五戒与明悟，同在寺中修行，互论佛法，交情极深。这五戒禅师左眼失明，举笔成文，琴棋书画，无所不通。

一日雪霁，寺外有小儿啼声，竟是一个半岁女婴，襁褓中有字条写明唤作红莲。五戒一念之仁，便命将其收养寺中，交与弟子照顾。

倏忽十六年过去，这红莲生得清秀妩媚，美艳动人。五戒和尚也是合该有劫，这日寺中经行时猛然见了红莲，不禁魂灵飞在半天，打动凡心，竟然欲胆冲天，犯了色戒，将红莲玷污。

此事为明悟禅师所察，这日约了五戒赏莲吟诗，对谈中暗含机锋。五戒羞愧不已，转身回房，对行者说："快与我烧桶汤来洗浴。"沐浴罢，换了一身新衣，焚香坐化。

明悟听得，跌足叹息，只怕五戒后世坠落苦海，不得皈依佛道，岂非自己所害？遂也令道人烧汤，而后洗浴、更衣，上禅椅结跏趺坐，吩咐徒众道："我今去赶五戒和尚。汝等可将两个龛子盛了，放三日，一同焚化。"嘱罢，圆寂而去。

后来，这五戒便托生为苏轼，而明悟则转世为佛印。至于红莲，便是将一生命运系于东坡的孤女朝云吧？

（三）

　　朝云姓王，是东坡在杭州任上时来到苏家的，入府时只有十二岁。关于她的来历有两种说法：一是西湖名妓，二是故人之女前来投奔。

　　在苏轼与友人的信中，提及朝云只说是"侍儿"，相当于暖床丫鬟之类，直到 1083 年在黄州生下儿子后才正式扶为妾侍。

　　关于苏轼的侍妾到底有多少，史上向来争论不一，但是诞下儿女留下名字的就只有朝云。她诞下的也是苏轼最小的儿子，取名苏遁，小名幹儿，是真真正正孕于黄州的新生命。

　　都说家族重长子，父母怜幺儿，何况还是东坡年近半百时得的老来子，因此疼得如珠如宝，还特地为他的"洗三"礼作了一首诗：

> 人皆养子望聪明，我被聪明误一生。
> 惟愿孩儿愚且鲁，无灾无难到公卿。

　　此时的苏轼正处于蛰居状态，对仕途富贵已无心追逐，只想"小舟从此逝，江湖寄余生"。为儿子取名"遁"，清楚表明了他的遁世理想。他已经不指望孩子飞黄腾达为龙为凤了，只希望他们平安长大无灾无难就好。然而事与愿违，一纸诏令打破了家人平静的生活。先是长子苏迈要独往德兴赴任，于湖口石钟山下与家人洒泪道别，接着幼子苏遁中暑，高热不退。

　　一家人不得不在金陵停留下来。朝云心急如焚，泪眼难干，抱着孩子日夜啼哭，几近疯狂。但是任凭她如何祈神祷天，到底未能挽回弱小的生命。七月二十八日，未满周岁的幹儿中暑不治，夭亡在朝云的怀抱里。

　　这是王朝云生平唯一的孩子，其椎心泣血之痛可想而知，便是从容淡定的苏东坡也无法承受了，挥泪写下一首哭儿诗。诗很长，题目也长：《去岁九月二十七日，在黄州，生子遁，小名幹儿，颀然颖异。至今年七月二十八日，病亡于金陵，作二诗哭之》。

> 吾年四十九，羁旅失幼子。幼子真吾儿，眉角生已似……

我泪犹可拭，日远当日忘。母哭不可闻，欲与汝俱亡……

真真字字血泪，痛断肝肠。尤其幼子之死，全因自己身不由己的宦旅生涯所致，东坡就更加内疚惭愧。

也许东坡真不应该离开黄州的，如果不是长途跋涉，苏遁就不会死，可以和他的哥哥们一样长成光明磊落的伟男子。可是，他却再也没有机会了。

对于苏东坡这个父亲来说，苏遁只是最疼爱的小儿子，生命中的一小部分，虽然痛心，却不会伤其根本。哭过之后，依然能镇定地寻亲访友，排遣伤心。但是对朝云来说，却无异于摘了心肝，每天躺在床上两眼望天，如丧魂魄，恨不得追随儿子而去。后来船经泗上，她听从东坡的劝诫，拜入义冲尼师座下，开始学习《金刚经》，这才借着诵经修佛稍微安慰了千疮百孔的心。此后，她也再没有过孩子，直到临死前，还对此耿耿于怀，怅憾不已。

生命的无常让苏轼越发幻灭，对于即将前去的汝州也充满了抗拒，再度起了辞官归隐之心，并且选定常州作为久栖之地。于是连上两封《乞常州居住表》，恳请朝廷批准。这请求，多少是因为看到形销骨立的朝云心生不忍，想要留在常州太湖边陪她平复心情。虽然这个愿望最终未能实现，然而十七年后，苏东坡在常州仙逝，其时正是七月二十八日，与苏遁同一天忌日。而他百般不愿前往的汝州，最终却成了他的埋骨之地。

如果五戒和尚的故事是假的话，那么还有一个巧合让人不能不觉得悚然，就是五戒坐化时曾留下八句《辞世颂》，第一句便是："吾年四十七，万法本归一。"幹儿夭亡这年，东坡恰好四十七岁。

世事无常，人生有命，发生在东坡身上的一切，莫不像一个早已预定好的劫，只等他一步步踏进去，难以挣脱。

当真是"不识庐山真面目，只缘身在此山中"啊！

金陵重逢王安石

（一）

从筠州回来，苏轼与家人在九江会合，一同送长子苏迈往饶州府（今江西省鄱阳湖东）赴任。元丰七年六月初九，途经湖口，父子俩同游石钟山。

郦道元《水经注》称此山"下临深渊，微风鼓浪，水石相搏，声如洪钟"。当地寺院的一个小和尚带着父子俩前往山下，手持小斧在水边乱石上敲打，铿然有声，说："这就是石钟山得名的来历了。"但是苏轼却不以为然，能发出声响的石头多了，如何别处不叫石钟山？

苏轼坚信"没有调查就没有发言权"，于是带着儿子当夜乘舟到绝壁下，只见"大石侧立千尺，如猛兽奇鬼，森然欲搏人；而山上栖鹘，闻人声亦惊起，磔磔云霄间；又有若老人咳且笑于山谷中者，或曰此鹳鹤也。余方心动欲还，而大声发于水上，噌吰如钟鼓不绝"。

涛声澎湃，各种怪声回荡于山谷间，连船夫都觉心惊肉跳，东坡却坚持徐行细察。当小船行至两山之间，将入港口时，只见一大石踞中流，可坐百人，空而多窍，与风水相吞吐，其钟鼓之音尤为动听，犹如作乐。

这便是"石钟山"的由来了。苏轼大喜，遂书《石钟山记》："事不目见耳闻，而臆断其有无，可乎？"

这堪称苏轼在苏迈就任前为他言传身教的一课，课题叫"实践出真知"。

之后，一家人在湖口分别，苏迈自往德兴上任，而苏轼则带家人继续北行。

苏迈自幼丧母，一直在父亲身边长大，这还是他第一次这样长久地远离父亲。苏轼百感交集，不知道该为儿子终于羽翼丰满而高兴好，还是为父子远别而惆怅好。临别之前，殷殷叮嘱，并送给苏迈一方砚台，亲撰铭文：

以此进道常若渴，以此求进常若惊，以此治财常思予，以此书狱常思生。

苏迈未辜负老父期望，后来在任上兢兢业业，颇得民望。

苏轼在《与陈季常书》中说："长子迈作吏，颇有父风。"《德兴县志·卷八》谓，迈公有政绩，后人立"景苏堂"仰之。

苏轼一家继续北上，船至金陵时已是疲惫不堪，加之小儿苏遁中了暑，一家人便在金陵停留下来。其间，东坡不知是偶然起兴还是运筹久已，竟往半山园拜访了"宿敌"王安石。

苏轼与王安石虽然政见不同，但无关私怨。王安石执政时，为人光明磊落，治学更是严谨，苏轼虽然屡屡抵牾，但内心对其为人是敬重的。尤其乌台诗案中，王安石虽已下野，仍主动为苏轼奔走疾呼，让他更为感戴。如今途经金陵，便特地前往拜晤。

王安石接了帖子，高兴得骑着毛驴就奔向渡口亲自迎接。见面一看，苏东坡也是只穿着常服，没有戴官帽。东坡行礼说："我身着野服就来见丞相了，丞相不会斥我不敬吧？"

王安石大笑道："礼仪岂为我辈所设？"

这用的乃是魏晋狂人阮籍的典语，二人不禁相顾大笑，携手至半山园中，烹水煮茗，谈诗论典，这一聊就聊到了夕阳西下。

苏轼贬谪黄州五年，如今方得迁调，正有"东山再起"之势。然而，王安石却劝他要归隐。两人相识虽早，却因立场不同而无深交。如今一个在野，一个戴罪，倒是无官一身轻，相谈甚欢，也顾不得交浅言深了。

苏轼停留金陵期间，几乎每隔一两日便要去王安石的居所半山园拜会，两人把酒联诗，游览山水，论佛说道，相谈十分投机。

《宋史·苏轼列传》中载录了一段两人的对话，说是苏轼认为王安石变法革新而使边境多战，西边连年烽火，东南多起祸患，您难道就不站出来说几句话吗？

王安石说："这两件都是吕惠卿引发的，我已不在朝廷，有什么好说的？"

苏轼不以为然："在朝则言，在外则不言，事君之常礼耳。但皇上厚爱于您，不以常礼待之，您又怎么能以常礼待皇上呢？"

王安石似被说动了，大声表示："是的，我必须进言。"但是转身又反了，叮嘱苏轼，"这些话出在安石口，入在子瞻耳。就不要再与别人说起了。"

又过一会儿，王安石若有所思，感慨道："人须是知行一不义，杀一不辜，得天下弗为，乃可。"

这原是《孟子》里的话："行一不义，杀一不辜，而得天下，皆不为也。"意思是不可做不义之事，不可杀无辜之人，哪怕这样能得到天下，也是不可以做的。

苏轼冷笑道："现在的所谓君子哪里还懂得这样的德行呢？那些做官的哪怕只是为了减掉半年磨勘期，即使杀人也是愿意的。"

王安石笑而不语。

（二）

王安石一生诗赋俱佳，警句颇多，如"细数落花因坐久，缓寻芳草归来迟""含情欲说独无处，传与琵琶心自知""春风又绿江南岸，明月何时照我还""遥知不是雪，为有暗香来"等，笔下生花，精妙绝伦，苏东坡也是熟读成诵的。

尤其王安石三十岁那年，曾写过一首七言绝句：

登飞来峰
飞来峰上千寻塔，闻说鸡鸣见日升。
不畏浮云遮望眼，自缘身在最高层。

彼时还在仁宗朝，王安石在浙江鄞县知县任满回江西临川故里时，途经杭州而作此诗，那时的他只是一个底层官员，距离"身在最高层"还有二十年的距离，却早已初露峥嵘，气冲霄汉。

李白曾作《登金陵凤凰台》，有"总为浮云能蔽日"之句，豪放洒脱的诗仙也有报国无门的沉痛忧郁。而王安石却高呼"不畏浮云遮望眼"，与他后来的口号"天变不足畏"遥相呼应，可见这狂妄的性子并不是当上宰相才生成的。

东坡显然是熟知并暗暗喜爱着这首诗的，因此才能在自己游庐山时脱口而出："不识庐山真面目，只缘身在此山中。"

或许，正因为写这首诗时，让他想起了王安石，也才引发了对王安石的重新思考，遂有了这次金陵之访。

他所茫然的"真面目"，何止庐山，还有王安石这位"宿敌"，以及朝廷的新旧党争。只可惜，回到朝廷之后，他仍然未能识清"庐山真面目"，再次陷入了"横看成岭侧成峰"的纷乱党争中，远近高低，举措不定，此为后话。

王安石曾有一首绝句《北山》，最为苏轼喜爱。

> 北山输绿涨横陂，直堑回塘滟滟时。
> 细数落花因坐久，缓寻芳草得归迟。

此次苏东坡来金陵，又想起这首诗来，便步韵赋和，以纪念两人的见面：

> 骑驴渺渺入荒陂，想见先生未病时。
> 劝我试求三亩宅，从公已觉十年迟。

首句说的是这次相逢，王安石给苏轼的第一印象：骑着头毛驴，孤独地走在钟山路上。这让苏轼不由得想起从前在汴京时，丞相大人主持变法，宰执天下，挥斥方遒的恢宏气度。

后两句则说的是两人越谈越投机，王安石索性劝东坡在金陵买田盖房，彼此卜邻以老，长相往来。东坡也十分意动，并感慨说早在十年前，就应该驸君骥尾，成为至交的。相识虽不晚，相知却恨迟。

苏东坡说做便做，当真托人求田问舍，打听起房价来。无奈金陵乃六朝古都，早在东晋时，中原贵族衣冠南渡，已将良田瓜分殆尽，哪里还寻得到余田。

所谓"旧时王谢堂前燕，飞入寻常百姓家"，王安石有幸得了谢安旧居，苏东坡却没有这份幸运，仍旧是寻常百姓罢了，且望不进乌衣门第。

由于王安石与苏东坡的政治立场不同，后世反对王安石变法的专家将苏东坡树成了一杆旗帜，认为他一生坚定地站在王安石的对立面。所谓卜邻而居的打算，也不过是一种口头客套罢了。宁可将苏东坡说成一个虚与委蛇的人，也不愿承认他对王安石有着真诚的尊重与亲近之意。这实在是以政治态度左右了人情评判，爱一个人就恨不得将他打造成十全十美无所不能的神；反感一个人又恨不得打翻在地再踏上一只脚，将他糟蹋得面目全非。

王安石无论从才华、学问、人品、能力哪个方面评价，都是无可诟病、光风霁月的。他除了做学问思政务，几乎不将任何事挂在心上，却因为深陷党争而被对手百般攻击，造出无数谣言，这些谣言到了后世，竟成了攻击他的铁证、史实，这真是件让人悲哀的事情。

买田阳羡吾将老

（一）

浣溪沙·感旧

徐邈能中酒圣贤，刘伶席地幕青天。潘郎白璧为谁连？

无可奈何新白发，不如归去旧青山。恨无人借买山钱。

这大概又是东坡先生在一次酒后写的诗，想着徐邈、刘伶这些半仙，真想和他们一样我行我素，任性人生。可是转念一想，青山绿水哪里是那么好归隐的，吃啥？喝啥？钱从哪儿来？没人借钱让自己买山，却又去谁家山头隐居？最终，他决定退而求其次，在阳羡买田安居了，还写了首词广而告之：

菩萨蛮

买田阳羡吾将老，从来只为溪山好。来往一虚舟，聊随物外游。

有书仍懒著，水调歌归去。筋力不辞诗，要须风雨时。

阳羡就是今天的宜兴，溪山俊美，水网交错，是陶的古都、茶的故乡、竹的海洋，山清水秀，人杰地灵，还是出状元和宰相的好地方。同时，它东临湖州，西接常州，距离杭州、扬州、金陵都很近，朋友往来极为方便，正是苏东坡长居养老的理想家园。

开篇直抒胸臆，说我在阳羡买田啦，这里好山好水，最合我意，从此我就可以在太湖养老了，每天乘着一叶小舟做物外之游，过上我理想的神仙生活。以后我要有多懒就多懒，著书这些暂都停下，只管唱着水调歌儿来来去去。倒是写诗这件事不费什么力气，好风好雨时，我有情绪就会写。这真是非常可爱非常得意的一首词，可惜，终究只是一场美好的梦境罢了。

细说起东坡"买田阳羡"的动念，可以一直追溯到嘉祐二年的琼林宴上。彼时，苏轼与一干同年举杯共贺联络交情时，座上有位同年蒋之奇，很自豪地说起了自己的家乡宜兴：我们那里不但年年出进士，还出过好几位状元呢！

进士对于蜀人来说还是挺稀罕的事儿，更别说状元了。这让苏轼很是羡慕，心想这该是多么毓秀钟灵的一处风水宝地啊，便话赶话地说将来有机会一定要去阳羡看看，最好能在阳羡生活，同蒋之奇做邻居。

这多半是得意时的客套话，但用心理学来分析，必是对东坡形成了一种"沉锚效应"的，在他心里投下了一个锚点，因此才有了他与蒋之奇的唱和之作：

次韵蒋颖叔

月明惊鹊未安枝，一棹飘然影自随。
江上秋风无限浪，枕中春梦不多时。
琼林花草闻前语，鼍画溪山指后期。
岂敢便为鸡黍约，玉堂金殿要论思。

颖叔，是蒋之奇的字。苏轼在小注中说："画蒋诗记及第时琼林宴坐中所言，且约同卜居阳羡。"显然两人书信往来时，蒋之奇又提到了相约做邻居的旧话，苏轼却叹息说，我这萍踪舟影，孤鸿惊鹊，还全然看不到前途何在，哪里能计划得那么远？

那时两人大约都没想到，许多年后苏轼果然由蒋之奇帮忙，在阳羡山中买了块地，完成了琼林宴座中之约。

首句苏轼化用的乃是曹操的《短歌行》："月明星稀，乌鹊难飞，绕树三匝，何枝可依？"而他没想到的是，后来他自己的这句"月明惊鹊未安枝"也被借用，辛弃疾直接化成了"明月别枝惊鹊"。

苏轼第一次来宜兴，是在通判杭州时，熙宁七年（1074年）三月，奉命前往常州赈灾。经宜兴时，想起从前与蒋之奇的约定，不禁感慨此地果然山清水秀，最宜终老。次年春天，他在一组寄陈襄的诗中，第五首特别提到了阳羡：

> 惠泉山下土如濡，阳羡溪头米胜珠。
> 卖剑买牛吾欲老，杀鸡为黍子来无。
> 地偏不信容高盖，俗俭真堪著腐儒。
> 莫怪江南苦留滞，经营身计一生迂。

他为什么要"卖剑买牛"呢？因为想归隐田园，做一生经营之计了。

这念头在他心中横亘半生，如今自黄州召还，又在途中痛失幼子，不禁万念俱灰，复起归田之念。

金陵不易居，那么江浙别处呢？于是他四处打听，卜田问居。就有那么巧，蒋之奇此时正在真州任江淮浙发运使，于是重提旧话，果然帮苏东坡在阳羡山中买了块田地。

当年的一句玩笑话，终于成真了。

（二）

苏轼于熙宁七年第一次到宜兴时，住在宜兴湖父的单锡家中。单锡也是苏东坡的同榜进士，估计年纪不大，因为后来苏轼还把自己的外甥女嫁给了他。

然而在各种关于苏东坡的诗文资料中，并没有提及他那早亡的姐姐苏八娘有个女儿，所以估计这应该是哪位堂姐妹家的女儿吧。

苏轼在宜兴永定还有个好朋友叫邵民瞻，其家乃是当地望族。元丰八年，苏轼来到宜兴，曾约邵家父子与单锡同游张公洞，还写了首诗。

一日，苏轼往邵家做客，受其邀请题匾"天远堂"，并在把酒赏花时叹道：花园虽好，独缺海棠。于是专程请人从四川捎来海棠花植于园中，这就是著名的"东坡海棠"。

东风袅袅泛崇光，香雾空蒙月转廊。
只恐夜深花睡去，故烧高烛照红妆。

如今，这园中还有他的另一首词《满庭芳》。他从黄州被召还时，经过阳羡，曾填词《满庭芳》以别友人；将至汝州，终于得到放归阳羡的恩诏，大喜而归，遂又作这一首志喜：

满庭芳

余谪居黄州五年，将赴临汝，作《满庭芳》一篇别黄人。既至南都，蒙恩放归阳羡，复作一篇。

归去来兮，清溪无底，上有千仞嵯峨。画楼东畔，天远夕阳多。老去君恩未报，空回首、弹铗悲歌。船头转，长风万里，归马驻平坡。

无何。何处有，银潢尽处，天女停梭。问何事人间，久戏风波。顾谓同来稚子，应烂汝、腰下长柯。青衫破，群仙笑我，千缕挂烟蓑。

诗情俊逸，于洒脱中又有着几许慨叹，无限风霜。一句"归去来兮"，道尽真情，东坡是多么想就此歇下困顿漂泊的脚步，归田终老啊。

可惜，终究只能是一场梦。

（三）

说到东坡的"蒙恩放归阳羡"，过程真是太折腾人了。

决意买田阳羡后，苏轼一边去信范镇，委托他把自己在京师的房子出售，一边上书皇帝，请求允许自己在宜兴安居。并作文记事云：

吾来阳羡，船入荆溪，意思豁然。如惬平生之欲，逝将归老，殆是前缘。王逸少云，我卒当以乐死，殆非虚言。吾性好种植，能手自接果木，尤好栽橘。阳羡在洞庭上，柑橘栽至易得。当买一小园，种柑橘三百本。屈原作《橘颂》，吾园若成，当作一亭，名之曰"楚颂"。

王逸少指王羲之，他与道士一同采药修仙，游名山，泛沧海，叹曰："我卒当以乐死。"我应该用最快乐的方法死去，此乃人生至高境界。

东坡说，我来到阳羡后，心情大好，只想于此终老，那必是最快乐的死法。我在老家就很擅长种树，最喜种橘树。阳羡水土好，种柑橘是最容易成活的。我要买个小园子，种三百株柑橘，足以收成了。

屈原有辞《橘颂》，等我建好了园子，就筑个亭，取名"楚颂亭"。东坡的理想很美，不但想好了如何开园栽橘，连筑座亭子甚至给亭子取名都规划好了。可惜，这座楚颂亭终未建成。

这篇文章写于元丰七年十月二日。此时距苏遁之死已经两月有余了，苏轼仍在江南徘徊，不愿北上，眼巴巴地等着皇上批准退休，免得来回花冤枉路费。

可是他迟迟得不到回复，到底不敢一直蹇滞不行，只得又拖家带口缓缓向都城行进。走走停停，十二月抵达泗州，却又告病停留下来。遂再次上书神宗，祈告"禄廪久空，衣食不继，累重道远，不免舟行。自离黄州，风涛惊怒，举家重病，一子丧亡。今虽已至泗州，而赍用罄竭，去汝尚远，难于陆行。无屋可居，无田可食，二十馀口，不知所归，饥寒之忧，近在朝夕……欲望圣慈，许于常州居住……"

一句话：没钱了，不想走了，让我回去吧。

这也是真话，他到黄州时已经受穷，好不容易自耕自足支撑了三四年，将将翻过身来，盖了雪堂，却又被调往汝州。这一路上耗资不少，小儿苏遁问病发丧都是花费，又在宜兴置地买田，哪里还有余钱？

泗州太守刘士彦（字倩叔）是东坡粉丝，听说偶像来此，巴不得他长住，天天好茶好酒招呼，陪着他游山玩水，观塔拜寺，还请他去雍熙塔下洗澡搓背。

原来，泗州百姓有腊月十八往僧伽塔下沐浴的习俗，意谓洗去尘垢和罪孽。苏轼本来就是很喜欢泡澡堂子的，如今洗澡与拜佛联系起来，当然更不可错过，还特地戏作两首小令以记：

如梦令

其一

水垢何曾相受，细看两俱无有。寄语揩背人，尽日劳君挥肘。
轻手，轻手，居士本来无垢。

其二

自净方能洗彼，我自汗流呀气。寄语澡浴人，且共肉身游戏。
但洗，但洗，俯为世间一切。

词虽戏谑，却有深意，热爱生活的他还并不想摆脱这肉身，却着实想远离红尘游戏。

东坡停留泗州期间所作诗文，有一首《浣溪沙》最能同时表现他的出世精神与烟火情怀：

浣溪沙

元丰七年十二月二十四日，从泗州刘倩叔游南山。
细雨斜风作晓寒，淡烟疏柳媚晴滩。入淮清洛渐漫漫。
雪沫乳花浮午盏，蓼茸蒿笋试春盘。人间有味是清欢。

这首词的时间、地点、人物都记录得相当清楚，乃是东坡与太守刘士彦于腊月同游南山时所作，在今天的盱眙境内。

虽然东坡很喜欢在诗词中说酒，但这句"雪沫乳花浮午盏"实实在在指的是茶。宋朝盛行点茶，并以茶色愈白愈佳，故而形容为"雪沫""乳花"，而"盏"，自然指茶盏，且以建盏为上。宋人于立春时馈赠亲友鲜嫩春菜和水果、饼饵，谓之"春盘"。此时尚在十二月，离立春还远，但是农家已经竭尽所能布置出一桌佐茶小菜来，故曰"试春盘"。

这首词上阕写山景所见，下阕写清茶小菜的滋味。一句"人间有味是清欢"，道尽人生况味，成为千古名句。

元丰八年（1085 年）正月初四，东坡一家离开泗州继续北上，二月到了南京应天府，借住在老友张方平家中，一待又是月余。

这段时间，神宗也正值病中，大约推己及人，不愿再为难苏轼；又或是内阁中人正忙着讨论新帝即位之事，顾不上再跟苏轼较劲：总之到底允了他阳羡终老的请求。

苏轼大喜过望，立刻掉转船头返回宜兴。四月初三起程，五月二十二日抵达，开心地写下组诗三首，且举第一首：

归宜兴留题竹西寺

十年归梦寄西风，此去真为田舍翁。

剩觅蜀冈新井水，要携乡味过江东。

这时距离苏轼第一次来宜兴，已经整整十年了，故曰"十年归梦"。

"蜀冈"，是一口井的名字，被评为"天下第五泉"。相传这口井的深处地脉通西蜀，水源通岷江，苏轼是四川人，如今回不到蜀地，却能够饮到蜀水，自是乡味可亲。

也因为苏轼这一番热爱，宜兴的独山从此被改名为蜀山，而东坡买田之地，则叫作丁蜀镇。

明朝时，工部侍郎宜兴人沈晖于此建起一座东坡祠堂。再后来，又改为东坡书院。清朝时改为东坡小学，是宜兴最古老的小学之一。不过如今，便只是一个清雅的景点。

书院掩在居民区中，从门头看，似乎是不大的院落，然而进院后，却一路经过泮池、小桥、门厅影壁、三进院落，方知院中自有乾坤。尤其第二进院中立着一尊巨大的提梁紫砂壶，据说是东坡发明，这个款制就叫作东坡提梁。

登州，五日太守

就在苏东坡为阳羡美好生活大唱赞歌的时候，朝廷又发生了变故。

元丰八年（1085 年）三月五日，宋神宗赵顼在福宁殿病逝，享年三十八岁。年仅十岁的赵煦继位，史称宋哲宗。因其年幼，由神宗之母太皇太后高滔滔垂帘听政。

高滔滔为仁宗皇后的养女，崇信祖宗之法，在神宗朝时就很反对变法。如今自己当家做主了，自然要随心所欲。于是立即下诏重新起用六十七岁的司马光，先知陈州，不久又除授门下侍郎（即副宰相）。连带地，一干被贬谪降职的保守党旧人也都得到了起复，重回要职。刚刚在阳羡安居了没几天的苏轼，也被委任登州太守。这是朝廷的皇恩浩荡，但对苏轼来说却实在算不上什么好消息。郁闷之下，他又写了一首诗：

> 南迁欲举力田科，三径初成乐事多。
> 岂意残年踏朝市，有如疲马畏陵坡。

在诗中，他将自己比作疲弱老马，已经不堪山陵陡坡之险。意谓此时年近半百，无意朝争，再也经不起政事折腾了。他这首诗当真没说错，因为后面的路，真个是风起云涌，大起大落。

苏轼五月底才回到阳羡，六月便又重新起程了，前往山东就职。从青岛上船，绕山东半岛而行，十月十五日方达登州。

更可怕的是，他抵达登州接印上任刚刚五天，又收到了调令，授以礼部郎中之职，让他立即返回京城。

　　苏东坡简直无言以对。尤其是他早就听说登州多海市蜃楼，还未得一见呢，怎能甘心。于是，他来到海边龙王庙祈祷，写成《登州海市》一诗，祷于海神广德王之庙，望得龙王垂怜，可使一见：

登州海市

东方云海空复空，群仙出没空明中。
荡摇浮世生万象，岂有贝阙藏珠宫。
心知所见皆幻影，敢以耳目烦神工。
岁寒水冷天地闭，为我起蛰鞭鱼龙。
重楼翠阜出霜晓，异事惊倒百岁翁。
人间所得容力取，世外无物谁为雄。
率然有请不我拒，信我人厄非天穷。
潮阳太守南迁归，喜见石廪堆祝融。
自言正直动山鬼，岂知造物哀龙钟。
伸眉一笑岂易得，神之报汝亦已丰。
斜阳万里孤鸟没，但见碧海磨青铜。
新诗绮语亦安用，相与变灭随东风。

　　关于苏东坡最后到底有没有见到海市，一直是诗家口水战的一道难决辩题。人们总是愿意相信美梦成真这回事，所以关于东坡祈祷海神的第二天终于见了海市的说法更占上风。然而就这首诗本身而言，只是祈祷得见，并未有半字着力于海市情景，不足为据。

　　至于诗序所说"祷于海神广德王之庙，明日见焉，乃作此诗"，指的是祈祷明天得见海市，作诗献祭，并不是说第二天真的见到了才写这首诗的。此前东坡每每率众祈雨，也都有诗文祭诵，果真有雨后，会再行作文以纪，祈祭文章可不等于既成事实。

　　关于诗中所说种种异象，则不过是东坡于登州百姓口中道听途说的蜃景罢了。至于有人认为若非东坡亲见，绝写不出此等文字，则纯属外行话了。范仲淹写《岳阳楼记》时，也还从未到过岳阳楼呢。文人笔墨，岂可尽信？

东坡虽然只做了短短五日太守，却还是体察民情，恪尽职守，做了大量民调，并在回京途中连写两道奏章：《登州召还议水军状》《乞罢登莱榷盐状》，提请朝廷重视登州海防，改革盐税。

宋时规定，百姓晒盐必须卖给官府，由官府统一发售，这却给贪官大行方便之门，敲骨吸髓，贪弊成风。苏轼建议，盐户自行发售，官府收取赋税。

此议被朝廷获准，登州百姓叩谢天恩，恨不得给苏太守造生祠。这种福利一直延续至清末。苏轼五日太守，遗泽何止百年，怎不让登州百姓铭心感怀？

至今，蓬莱犹有苏公祠，为苏公演绎着风云变幻的海市蜃楼。

其实，人生浮屠，转瞬泡影，岂非也是一场蜃景？

"五日登州府，千年苏公祠。"什么是真，什么是幻，什么是长，什么是短，什么是生，什么是死？

正如庄子所言："朝菌不知晦朔，蟪蛄不知春秋。"人生再执着，相比于上古大椿，以八千岁为春，八千岁为秋，短短百年，又算得上什么？

苏遁不满周岁一病而亡，苏轼年近五十忽得升迁，想想东坡的雪堂，阳羡的良田，黄粱未熟，而已几番生死，天地苍茫，究竟何处是家？

算起来，苏东坡从元丰七年四月离开黄州，到元丰八年十月抵京都，这中间一年半时间，竟全折在路上了，真真是"身如不系之舟"啊！

回到汴州，登上巅峰

（一）

重新回到京城汴梁。

汴梁城里的灯火依然辉煌，樊楼的雅座饭菜飘香，大相国寺前熙熙攘攘，庙会的戏台上锣鼓铿锵，丝竹盈耳，弦管悠扬，唱一曲风起云涌，天地玄黄。

1085年的朝局真是变幻莫测，比蓬莱海市更难端详。神宗驾崩，哲宗继位，太皇太后高滔滔垂帘听政，起用保守党司马光登朝拜相，这真是"你方唱罢我登场"。

司马光还朝之后，第一件事就是向太皇太后进言，废除"熙宁变法"的所有内容，并把因反对新法而被贬的保守党如刘挚、范纯仁、李常、苏轼、苏辙等人全部召回朝中任职，同时贬黜了所有支持新法的人，因次年改年号"元祐"，故而史称"元祐更化"。

高滔滔是英宗的皇后，神宗的生母，哲宗的祖母。她从变法之初就激烈反对，只是拗不过儿子才不得不忍耐多年，因此对新党中人十分不喜。如今大权在握，自然要尽如己愿，将朝廷人员来了番令人瞠目的大换血。

她对身为保守党的司马光高徒苏轼十分喜爱，密旨新诏都常常指定苏轼代拟。一夜，苏轼锁宿禁中，太后召他入便殿，问他："你从前做的什么官？"

苏轼答："常州团练副使。"

高滔滔再问："今为何官？"

答："臣今待罪翰林学士？"

高太后高深莫测地一笑："那你可知道为什么升得这样快？"

苏轼答："自是幸蒙太皇太后、皇帝陛下恩宠。"

高太后微微摇头："非也。"

苏轼猜疑："莫不是有大臣举荐？"

高太后再摇头："亦非也。"

苏轼有点惶惑，不知这位老太后葫芦里卖的什么药，莫不是要找自己麻烦吧，忙说："臣虽无状，亦不敢歪门邪道，自他途取捷径以进。"

高太后这才煞有介事地揭开答案："这是先帝的意思啊。先帝每每看到卿的文章，必叹奇才，只是没有来得及重用卿罢了。"

高太后口中的先帝，自然是宋英宗赵曙。他在位不到五年，正赶上苏轼守制，故说未来得及重用。苏轼听了这番话，自是感激涕零，痛哭失声。宣仁太后与哲宗也哭了起来，左右的人也都跟着感动垂泪。如此哭了一回，太后复命坐赐茶，又从御前拿过一盏金莲烛，命人护送苏轼返回翰林院。

这段文字记录于《宋史》中，纵非真相之全部，也是有些影子的。明朝张路绘有《苏轼回翰林院图》，便是再现的这一画面。

这是苏轼人生中最得意的时光，紫气东来，皇恩浩荡，八个月接连擢升三次，一跃成为翰林学士知制诰，这已经是"预备宰相"了。

之前苏轼被贬为黄州团练副使，相当于从八品；回京后先是被任为礼部郎中，迁起居舍人，从六品，诏赐绯袍银鱼袋；接着免试升任中书舍人，职居四品，例兼知制诰，赐紫袍金鱼袋。

宋朝开国百年来，知制诰免试任命的不超过三人，苏轼前面那位得此殊荣的，还是他的老师欧阳修。

半年之内，苏轼换下穿了二十五年的绿袍，先着绯袍，再换紫袍，真应了一个成语：红得发紫。

这还不算，未数月，苏轼再次荣升翰林学士知制诰，正三品大员，非但有官服鱼袋，还有金腰带一条，金镀银鞍辔马一匹。

从前苏轼讽刺乘着变法东风迅速擢升的人为"新晋"，如今他自己晋升之速可是比那些人还要来得迅猛，不到一年，竟然整整跳了十级。

北宋官员在特定时间、场合里另有特定礼服，颜色往往统一，那就要靠梁冠区分身份了。

仁宗时，梁冠分为五梁、三梁、两梁三个等级，只有一品与二品大员方可用五梁，以下阶品依次递减。身份最高的宰相、使相、中书以及门下则可使用"貂蝉冠"。此类梁冠是在冠上罩着半透明的武弁，侧插一支貂尾，正中有一大倒蝉铛，两侧上各有三只小金蝉。因为往往"貂不足，狗尾续"，故而发明了"狗尾续貂"的成语。

官员平时戴的长翅帽也是宋太祖赵匡胤发明的，为的是防止大臣交头接耳。而苏轼则发明了一种高筒短檐的便帽，原本不出奇，却迅速流行坊间，人人效仿，称之为"子瞻帽"，似乎谁戴了这帽子就做得出好文章一般。

有一次宫廷献艺，有丑角吹嘘自己文章盖世，理由是：没见我戴着子瞻帽吗？

时人因此做过一副对子讽刺：

伏其几而袭其裳，岂为孔子？
学其书而戴其帽，未是苏公。

虽然是讽刺时俗，但是将苏轼与孔子并论，可见其地位崇高。

因此人人都说，苏轼大约要接司马光的班了。然而，苏轼与司马光的关系，却未必如外界想象的那样亲密。

（二）

这时候，新法已经推行了十五年，初见成效。比如青苗法等的施行使得财政收入有了明显增加，国库充裕，神宗年间国库积蓄可供朝廷二十年财政支出。保甲法也极大地增强了北宋军队的战斗力。熙宁六年（1073年），熙河路经略安抚使王韶在王安石的支持下带兵进攻吐蕃，收复了三百年前在唐朝安史之乱中失去的河湟六州，拓地两千余里，受抚羌族三十万帐，军心大振。

这个文武全才的王韶，也是嘉祐二年（1057年）的进士，欧阳修的门生，苏轼的同科。河湟大捷是积弱之宋在军事上取得的一次空前大捷，更是新法施行富国强兵的直接成果。但是司马光对这些成果视而不见，只是连上札子，把新法比作毒药，请求全面更新。在他的坚持下，保甲法、方田均税法、市易法、保马法，接连废除。

司马光仍不满足，得知免役法、青苗法和将官法还未废除时，无限感伤地说："吾死不瞑目矣！"上表请求辞位。太皇太后对司马光十分倚重，非但不准辞位，还下诏让他正式拜相。司马光既大权在手，便排除异己，很快废除了免役法、青苗法。

这种大刀阔斧的做法，让保守党的很多中坚力量也感到迟疑。比如范仲淹的儿子范纯仁，正是他在王安石变法时上书神宗说这是与民争利，并因此出京。但是如今回来，却反对司马光的"一刀切"，指出"新法有利民可取之处，不应因人废言"。

"因人废言"，范纯仁指出了司马光新政的最大弊端。老年的司马光枉修了半世通鉴，却全然做不到以史为鉴，更不具备史官应有的公正客观之心，完全听不进任何意见。对于司马光的坚持己见，一意孤行，苏轼也是十分无奈，在背后跺脚叹息：真是司马牛，司马牛！

其实，早在贬至黄州时，苏轼对新法已经有了更深入客观的思考。他曾在元丰六年写给朋友滕达道的信中说道：

盖谓吾侪新法之初，辄守偏见，至有异同之论。虽此心耿耿，归于忧国，而所言差谬，少有中理者。今圣德日新，众化大成，回视向之所执，益觉疏矣。若变志易守以求进取，固所不敢；若哓哓不已，则忧患愈深。

这时东坡已经在黄州淹留四年了，却对新党毫无怨愤，反而开始真心反省自己在变法之初的种种言论。他说，当时两党政见不同，我所为固然是一片忠君忧国之心，但是所言所行终究偏颇了些，往往冲动偏激，少有真正切中时弊、客观公正的。如今随着时间推移，可以看到新法初有小成，再回想当初，越发觉得自己思虑不周，深自悔恨。让自己改弦更张为新党摇旗固然有违本心，但是继续鼓噪反对变法，也不应该。

这番话已经说得很明白，苏东坡早已对新法有了更客观的立场与认识。

司马光也罢，苏轼也罢，或辞官，或归乡，或外放，都只是离京赴职，并非贬谪，苏轼的通判杭州，更算不上一种惩罚。要知道，后来苏轼位高权重最得意之时，还主动抢着往杭州跑呢。

至于"乌台诗案"，虽然罪名是攻击新法，但已经无关党争，说到底是因为苏轼说话太冲，得罪小人。在他入狱时，当时回乡的王安石，和在朝的章惇，都是替他说过话的，可见对事不对人。

倒是司马光上台后，大搞"元祐革新"，掀起了腥风血雨，他的执拗从来都不是为了什么"祖宗之法"，而是"一己之见"罢了。

比如差役法为太祖皇帝所施，颁行多年来，早已生出种种弊端。后来王安石改为免役制，虽然亦有不足，但是利弊参半。如今司马光尽废新法，恢复差役，范纯仁便再三婉劝，并说："宰相之责，在于广开言路，遍求人才，希望您能虚心以延众论，不必事事自己独断。谋自己出，便会让小人乘虚而入。即使您一定要废除新法，也不妨先挑选一路，先做试验，假以时日，再作决断。"

苏轼也为老师详细分析新旧法的利弊，劝说："差役、免役，各有利害，功过相等，当酌情量衡，参照为用。"但是司马光不以为然，完全不想听取意见。苏轼便又在陈事厅再次提出自己的主张，这下司马光不高兴了，认为苏轼不遵己意。苏轼无奈地说："从前韩琦做宰相时，指责陕西军义勇，您作为谏官，争执不下，韩公不高兴，您也不管，认为是为臣本分。如今您做了宰相，便不许学生说话了吗？"司马光笑了，不再同苏轼计较，却仍然不肯听劝。

免役法的立废之争愈演愈烈，宰相章惇数次上书，洋洋洒洒千言，与司马光当廷力辩，争得面红耳赤，甚至大声咆哮："他日安能奉陪吃剑！"恨不得当堂决斗。

这下子捅了马蜂窝，旧党台谏全员出动，纷纷指责章惇殿前失仪，诋诟同列，态度恶劣，罪大恶极，形成了一面倒的群殴之势。就连苏辙也上了札子《乞罢章惇知枢密院状》。

几十份奏折将章惇批评得一无是处，几乎成了箭靶子。在这个时候，苏轼沉默了。这是苏轼与章惇友情破裂的开始。

之前，尚书左仆射蔡确罢政，出知陈州。如今章惇罢相，宣告了新法的彻底失败。

司马光扫清了挡在前路上的一切障碍，遂专裁决断，一意孤行，不顾现实地火力全开，下令必须在五日内尽废免役法。众人都以为这样的草率变革不可行，须根据实际情况从长计议，只有蔡京迎合上司，不顾民怨，强力执行，并且因而得到了司马光的高度赞扬："使人人奉法如君，何不可行之有！"

这个蔡京，便是"北宋六贼"之首，是个典型的政治投机分子。他在神宗时支持新法；司马光当权时，他又主动做先锋，大大助长了司马光废除新法的决心；到了章惇重新得势，又是他第一个跳出来说："取熙宁成法施行之尔，何以讲为？"俨然以王安石信徒自居；徽宗即位后，他更是串通童贯把持朝政，翻云覆雨，直到将北宋葬送于金人之手……

真庆幸苏东坡不必亲眼看到他热爱的山河被一分为二，在他精彩而不平静的一生里，所面临的最大苦难，只是党争。

（三）

就这样，司马光不仅废除全部新法，而且排斥异己，重用佞臣，大肆招揽了一批如蔡京般肯听自己话的小人，制造朝廷上一边倒的虚假繁荣。

苏东坡在《与杨元素》的信中写道：

昔之君子，惟荆（王安石）是师；今之君子，惟温（司马光）是随。所随不同，其为随一也。老弟与温相知至深，始终无间，然多不随耳。

他对于朝堂上这种一边倒的局势深感厌倦与无力。这已经不是执政，而是一个老人的临终固执，以朝局动荡民生彷徨来完成自己的平生夙愿。"拙于谋身，锐于报国"的苏东坡，在这样的时局中显得格外不合时宜。

大宋迄今已经存在了一百多年，太祖建立宋朝时的种种策略早就不实用了，至少"重文抑武"这一条就为国家安危埋下无数祸患。而且，这些问题并不是刚刚出现的，早在仁宗朝就已经呈现出来，所以才会有范仲淹主导的"庆历新政"。但凡改革就会动了某些特权阶层的利益，所以新政迅速失败，范仲淹等人以朋党之名悉遭贬谪。

宋仁宗赵祯是整个宋史上最温柔的皇帝，却也是个保守怯弱的皇帝。他害怕激烈的对立，所以无法下定决心变法，一旦引起朝争立即叫停。这个烂摊子留到神宗朝时，越来越窘困的朝政已经使变法势在必行，而神宗胜在年轻有魄力，遂让变法雷厉风行地推广了下去。所以，"法"不是该不该变的问题，而是怎么变的问题。然而法由人执，吏治不清，是必然的纰漏。变法过程中展示出来的种种问题，需要的是不断补救和完善，而非直接废除新法恢复旧制就能解决。

如果神宗能多活几年，大概会在推进过程中不断做出修正和完善，可惜他死得太早了，早到小皇帝还来不及长大。于是给了高太后和司马光卷土重来的机会，更制造了太后与幼主间不可调和的矛盾，这才导致了北宋国力的急转直下。

可是，司马光已经顾不上思考这些，或者说，以他的年龄和心性，已经无法客观理智地进行思考。他要做的就是推翻王安石的所有主张，废除一切新法，将世界恢复成从前的模样。就这样，一个老太后，一个老宰相，一拍即合。司马光为相不足三个月，就将宋神宗和王安石厉行革新十几年的心血一朝洗尽，而神宗在位期间积累的那点微薄家底也被挥霍一空。

此时的王安石正抱病江宁，寄住在客栈中，听到新法全面废除的消息，不堪重击，痛心长叹："亦罢至此乎？"怅憾之下，含恨而亡。王安石逝于元祐元年（1086年）四月，享年六十六岁，追赠太傅，谥号"文"。

以皇帝口吻发布的官方讣闻，正是由苏轼代写的：

将有非常之大事，必生希世之异人。使其名高一时，学贯千载；智足以达其道，辩足以行其言；瑰玮之文，足以藻饰万物；卓绝之行，足以风动四方。用能于期岁之间，靡然变天下之俗。

具官王安石，少学孔孟，晚师瞿聃。网罗六艺之遗文，断以己意；糠秕百家之陈迹，作新斯人。属熙宁之有为，冠群贤而首用。信任之笃，古今所无。方需功业之成，遽起山林之兴。浮云何有，脱屣如遗。屡争席于渔樵，不乱群于麋鹿。进退之美，雍容可观。

苏轼这篇文章写得极其公允而圆滑，他赞美了王安石的声名学识，智辩文采，也提到他的平生伟业"变法"，却不提这变法的结果是好是坏；更提及王安石汇集六经而为一家之言，同样不评价这种做法是对是错。却强调他少年学儒，老年修禅学道，隐迹山林，不恋功名，跻身渔樵，进退从容。这自然是所有人都可以承认的美德。

王安石死了，司马光没了对手，威风也不知道抖给谁看，心气忽地便泄了。同年九月初一，心满意足地合目而逝，与王安石逝世仅隔四个月，谥号比王安石多了一个字："正"。

北宋有好几个著名的文正公，一个是锐意革新推行新法的范仲淹，一个是反对变法至死方休的司马光，还有一个则是既反对王安石变法又反对司马光废除青苗法的苏轼。

历史功过向来是很难评价的，司马光与王安石亦敌亦友，各执己见，历史上对于王安石变法的褒贬不一。

有人说，如果王安石变法成功，能够一直推广下去，根本就不会有"靖康之耻"；也有人说，正是因为王安石的改革动摇了大宋根本，加速了北宋灭亡。不过，王安石变法尽管争功冒进了些，但从实际效果看，青苗法、免役法、方田均税法等都为百姓带来了好处，也使国库稍为充实，军力日益强盛；而司马光的连根拔除，则将宋朝廷很快推向了内困外忧的境况。

尤其是在对待西夏的态度上，保守的司马光以妥协政策为上，把已收复的安疆、葭芦、浮图、米脂四寨割让给西夏，偷安一时。这是最让有志之士不满的。

司马光的动机是想以此停歇战火，然而这一主动示弱之举却只会让西夏更加轻视大宋，益发频繁地侵扰宋境。朝廷在"专务安静，罢制置府"的宗旨下，减兵撤防，握兵将帅相继罢去，"弱宋"的形象也由此而定。

元祐之前，无论"庆历新政"也好，"熙宁变法"也好，主政者的初衷都是为了富民强国。宋朝廷与士大夫治天下的祖宗家法，使儒生们从骨子里有一种"士以天下为己任"的使命感。

诚如范仲淹所言："夫不能利泽生民，非大丈夫平生之志。""不为良相，必为良医。"所以，读书人想当宰相，不是急功近利，而恰恰是公而忘私。他们无须遮遮掩掩，完全可以大大方方地把"我想当宰相"的壮志高声喊出来。既是朝堂之争，亦是君子之争。

这就是张方平明明与欧阳修政见不同，却仍可以写信给他引荐"三苏"的原因和底气。因为君子之争，为的是公义，而非私心。

从司马光尽废新法，贬放新党这一刻开始，朝争的味道就变了。士大夫们撕下了温文尔雅的伪装，打破了大宋朝的君子政治，将政策之争彻底推向了党派之争，你死我活，斩尽杀绝，无所不用其极。更不幸的是，这场斗争旷日持久，在以后的数十年中，风向几度变幻，轮到谁占了上风，谁就会对对手进行清算，然后占据话语权，将历史任意涂抹，将对方黑成小人。

在这场漫长的变法运动或者说党争中，苏轼的立场和出发点从头至尾都很简单，既非坚定的维新者，也不是顽固的保守派，他只想做个公正客观的人，却不幸遇上了两位"拗相公"，冤枉地成了他们斗法的牺牲品，也酿成了他一生的不幸。

（四）

还记得那个掀动了"乌台诗案"的"蝴蝶"李定吗？他在新旧党更替的大清洗中亦被罢黜，"落龙图阁直学士，守本官分司南京，许于扬州居住者"。

苏轼经历了一场牢狱之灾，九死一生，又在黄州吃了五年苦，哪肯这样轻轻放过宿敌？于是再次翻出李定不孝的罪名，指斥其"伤败风教，为害不浅"，累上奏折，终于将其改为贬谪滁州。

关于此举是否出于苏轼的报复，热爱苏轼的人自是不肯信，说苏轼一贯宣扬孝道，并非针对李定。但是李定母丧已久，而且早已解释多次，如今苏轼重翻旧账来追责，说不是报复也没人信。

我倒是觉得，即使是报复也没什么，毕竟贬谪滁州也不算什么重惩，欧阳修还贬过滁州呢，不然如何写得出"环滁皆山也"？相比于李定在诗案中将苏轼往死里整，苏轼这小小的报复根本算不了什么。

倒是前宰相蔡确的下场实在惨烈。

蔡确（1037—1093），字持正，泉州郡城人，王安石变法的主要推动者。

司马光上位后，先将他罢为观文殿学士，知陈州；次年又转任安州，也就是今天的湖北安陆。如果苏轼还留在黄州没走的话，两人倒是可以做回邻居。

宦海沉浮寻常事，身为前宰相，蔡确倒也有这个觉悟，他并未太过郁闷，还有闲情游山玩水，借湖光山色浇胸中块垒。他在安州游览车盖亭时，写下《夏日登车盖亭》十首，最后一首云：

> 矫矫名臣郝甑山，忠言直节上元间。
> 钓台芜没知何处，叹息思公俯碧湾。

郝甑山为安州人，蔡确游安州而思古，本是合理联想，诗人常用手法。但是保守党捕风捉影，非说诗作"讥讪尤甚，上及君亲"，理由是唐高宗曾想让位皇后武则天，郝甑山上奏反对。蔡确写这首诗，意在将高太后比作武则天，讥其有夺政之意。

说到底，这些招数和新党罗织诗狱案、构陷苏东坡谋反，是一样的。新党也好，旧党也好，一旦落入党争的窠臼，使用的都是差不多的三板斧。

然而招数虽旧，却百试百灵。高太后本有心病，自是震怒，遂下令将蔡确贬到岭南新州，也就是今天的广东新兴。

广东在古时是让人闻之色变的死亡之地。朝廷中人贬到岭南，多半有去无回，九死一生。当时保守派官员中有些正直之臣认为处罚过重，并以蔡母年高、岭南路远为由，主张将蔡确改迁他处，高太后却说："山可移，此州不可移。"

苏轼闻知，亦曾密奏："朝廷若薄确之罪，则于皇帝孝治为不足；若深罪确，则于太皇太后仁政为小累。谓宜皇帝敕置狱逮治，太皇太后出手诏赦之，则于仁孝两得矣。"意思是您象征性惩罚一下，然后再下恩旨宽赦，如此两得，岂不彰显仁慈？

宣仁太后非常欣赏苏轼的观点，却"心善轼言而不能用"，坚持将蔡确流贬岭南。论起这位老太后的执拗，绝对和司马光不相上下，也难怪相投。

范纯仁叹息说："岭南之路自乾兴以来，荆棘遍地已经七八十年矣，今日重开，日后我等难免有此下场。"

高太后重办蔡确之罪，理由是"此人于社稷不利"。旧党中人看出太后不满，趁机借题发挥，牵连攀扯，将保守派干将司马光、范纯仁、韩维誉为"三贤"，而将改革派蔡确、章惇、韩缜斥为"三奸"，并将王安石和蔡确亲党名单张榜公布，对已经贬出朝廷的章惇、韩缜等人一贬再贬。

"车盖亭诗案"是继"乌台诗案"后的又一起大型文字狱，其规模之大、牵连之广、惩罚之重，都远远超过了"乌台诗案"；同时，"奸人榜"堪称"元祐党人碑"的预演，同样的流程，在新党重新掌权后再次上演，并且报复得更加激烈。

蔡确就这样成了宋朝开国一百二十年来第一个被发配岭南的官员。被贬新州时，只有爱妾琵琶与一只鹦鹉陪伴。此前，每当蔡确呼唤琵琶时，只要敲一下小钟，鹦鹉就会呼唤琵琶的名字。但是来到岭南不久，琵琶便死于瘴疫，从此蔡确再没敲过小钟。一天，蔡确不小心敲响小钟，鹦鹉听到了，又本能地呼唤："琵琶！琵琶！"蔡确触景生情，心中大恸，赋诗一首：

鹦鹉声犹在，琵琶事已非。
堪伤江汉水，同去不同归。

不久，蔡确积郁成疾，死于贬所。

岭南之路，果然如范纯仁所料，从此重开，成为两党争斗失败者的归宿。待到风云再起，新党再次翻身，第一个被贬去岭南的，正是苏轼。

苏轼从再次腾飞到跌落深渊，只风光了八年。

红得发紫，忙得发昏

（一）

苏轼很红，也很忙。红得发紫，忙得发昏。

翰林学士、经筵侍讲、参政事、知贡举，苏轼的风头一时无两。

户部尚书曾布与他同科，曾经请他写一篇《塔记》，苏轼答应了，却一拖再拖，不得已写信求谅解："非敢慢，盖供职数日，职事如麻，归即为词头所迫，卒以夜半乃息，五更复起，实未有余暇。"

这真是不可思议。在黄州的东坡可是自称"作文章，意之所到，则笔力曲折，无不尽意"的，如今竟也有力所不逮的时候，岂非怪哉？

诚然，一个人成天淹没在政事公文中，夜深方睡，黎明即起，别说没时间，就是有时间，又哪会有心情、有灵感呢？

什么是"为词头所迫"呢？这里要介绍一下宋朝官制。

宋代设中书、枢密、三司，分掌政、军、财。所谓"权归人主，政出中书"，皇帝颁旨，首先要经过廷臣合议，由政事堂与枢密院将意见拟成札子进呈；皇帝御允了，再授意中书舍人草诏，称为"制词"。皇帝的旨意，就叫作"词头"；如果中书舍人觉得这词头不合法度，可以拒绝草诏，谓之"封还词头"。

中书舍人拟好诏书，便可以重新进呈皇帝，签署"御画"后再抄录于黄纸，交由中书舍人签字后"宣行"。所以宋朝的皇旨开头不会有什么"奉天承运"，什么"皇帝诏曰"，而是"门下"二字，以示谦逊。

如果宣行的舍人与草诏的舍人意见不统一，有权拒绝签字，那么诏书就还是不能颁发，需驳回重议。所以皇帝要想让自己的旨意顺利颁行，需要绞尽脑汁"贿赂"内阁。

　　苏轼的工作，就是没完没了地制词拟诏，满脑子官样文章，挤得诗心灵性都没地儿搁了。他有一首题目极长的诗，就是抱怨这种忙得发昏的状态：《卧病逾月，请郡不许，复直玉堂。十一月一日锁院。是日苦寒，诏赐官烛法酒，书呈同院》。

　　这题目就像一篇短文，说的是苏轼因为生病而请辞还乡，未得获允，仍在禁殿值班，而且是担负重任。"锁院"，指的是宋代翰林院处理如起草诏书等重大事机时，需锁闭院门，断绝往来，以防泄密。另外，科举试中，官员一经任命为知贡举，也就是主考官，立即锁宿，整个考试阅卷期间，锁宿院中不得出，亦不准见亲友或与院外臣僚交往，免得受人请托，直到放榜之日，方得自由。

　　苏轼是做过考官的，但是写这首诗的时间在十一月一日，并非春闱秋试时间，所以应是忙于拟诏。是日苦寒，皇上体贴下情，特地御赐蜡烛和酒水，苏轼不敢独吞，特地写个帖子"晒圈"：

> 微霰疏疏点玉堂，词头夜下揽衣忙。
> 分光御烛星辰烂，拜赐宫壶雨露香。
> 醉眼有花书字大，老人无睡漏声长。
> 何时却逐桑榆暖，社酒寒灯乐未央。

　　这首律诗的首联交代时间、地点、事件，乃是雪夜、宫中、为"词头"而忙。

　　颔联铺排御赐之物：御烛如星光之灿烂，御酒如雨露之甘醇。

　　颈联写自己的痛苦：老眼昏花，不得入眠，熬夜真惨啊。

　　最后尾联写愿望：我什么时候能回家啊？

　　这个回家，不是城西的新宅，而是四川的故乡。"桑榆"，代指故里；"社酒"，则指故乡风情。

　　唐时白居易诗名远扬，"胡儿能唱琵琶篇"，为苏轼所景仰。如今他的声名也相堪仿佛，其诗文在辽国、西夏、高丽等国广为流传。辽使来贺时，举杯高声诵读苏轼的名句："痛饮从今有几日，西轩月色夜来新。"说罢躬身敬酒，令苏轼又惊又喜又得意："虏亦喜吾诗，可怪也。"

苏轼仍然时时在心里与偶像相比较，想来想去，还是羡慕白居易中隐隐于朝的洒脱，而自己身陷政治旋涡中心，到底不如意，遂又写了一首诗声称：

> 微生偶脱风波地，晚岁犹存铁石心。
> 定似香山老居士，世缘终浅道根深。

诗后，有一段自注表白心迹："乐天自江州司马除忠州刺史，旋以主客郎中知制诰，遂拜中书舍人。轼虽不敢自比，然谪居黄州，起知文登，召为仪曹，遂忝侍从，出处老少大略相似，庶几复享此翁晚节闲适之乐焉。"

这是典型的凡尔赛文学，简单说就是：当年乐天贬为江州司马，但是起复后不久就起来了，转主客郎中、知制诰，拜为中书舍人；我不敢跟他比，但是从贬谪黄州团练转而起复，连升十级，成为御前重臣，也就跟他差不多了。如果再能得到他老人家晚年闲居洛阳白拿工资的待遇，那就完美了。

这首诗的题目叫作《轼以去岁春夏侍立迩英而秋冬之交子由相继入》，说的是苏辙相继回京，也得到了火箭般提升，与自己同侍迩英殿。

兄弟俩同朝为官，时时相见，这大概是苏轼最开心的事了。当年写有《和子由除夜元日省宿致斋三首》，写的便是哥俩同侍天恩的得意人生：

其一
江淮流落岂关天，禁省相望亦偶然。
等是新年未相见，此身应坐不归田。

其二
白发苍颜五十三，家人强遣试春衫。
朝回两袖天香满，头上银幡笑阿咸。

其三
当年踏月走东风，坐看春闱锁醉翁。
白发门生几人在，却将新句调儿童。

苏辙的性情较哥哥要稳重得多，也更适合官场。他一路从右司谏历任起居郎、中书舍人、户部侍郎、翰林学士知制诰、御史中丞，官儿做得比哥哥还大，直至元祐六年官拜尚书右丞，元祐七年再迁为门下侍郎，位居副相。

兄弟两家俱在城西购置庭院，毗邻而居。每每下朝，苏辙总是先到哥哥家中小坐一会儿，讨论一下朝局时事，或品茗论书，或看子侄们习字背诗，颇为洽睦。

同年底，苏迈也调回京城了，任命酸枣县尉。酸枣县位于京城西北方九十里，回家很是方便。因此有人赋诗赞羡：

翩翩苏公子，一官不远游。
侍养两得意，人生复何求。

另外，次子苏迨也已成年，苏轼亲自为他求娶老师欧阳修的孙女，因师友之谊而成通家之好。

这真是苏轼一家人最得意的时光。

（二）

苏轼曾在诗中颇为自得地写道："子还可责同元亮，妻却差贤胜敬通。"

此时苏迈、苏迨俱已成婚，苏轼身边只留下小儿子苏过，由他亲自教导读书，自觉过得比陶渊明、冯衍还要逍遥。

苏门宾客如云，应酬频仍，苏轼便又重新蓄养起家妓来。每有客来访，"则盛列妓女，奏丝竹之声，聒两耳，至有终席不交一谈者"。

显然，他令家妓歌舞娱宾，只是为了应酬，以酒色动人来遮掩话不投机。而若是真心投契的朋友上门，则屏去歌舞，只以好茶好酒相待，诗词赋和。

比如"苏门四学士"前来时便是如此，每每要出动苏轼最珍爱的御赐好茶"密云龙"。苏门文士经常相聚宴饮，其中最著名的一次称为"西园雅集"，其轰动程度堪与晋朝的"金谷园会""曲水流觞"相媲美。之所以会如此，乃因被画师李公麟留著丹青，并由米芾撰写《西园雅集图记》，遂得流芳后世。

苏门人士尽精英

（一）

苏东坡急公好义，乐于扶助新人，曾经不止一次与人夸耀自己的眼光独到："如黄庭坚鲁直、晁补之无咎、秦观太虚、张耒文潜之流，皆世未之知，而轼独先知。"故而，后世将黄庭坚、晁补之、秦观、张耒并称为"苏门四学士"。

秦观（1049—1100），字少游，又字太虚，江苏高邮人，世称淮海居士。

正如我们更习惯于将苏轼称作苏东坡一样，对他的得意弟子秦观，也总是习惯于称作秦少游。

各种传说故事里，将两人写成好友兼郎舅，说是秦观娶了苏轼的妹子苏小妹。而关于苏轼与苏小妹的互相戏谑，以及苏小妹洞房三难秦少游的故事，就更是五花八门，脍炙人口。不过，苏轼没有妹妹，倒是有过一位青春早逝的姐姐苏八娘，而且秦观的夫人芳名徐文美，所以传说都只是后人附会。

秦观是在苏轼知徐州时与之结识的，他通过岳丈的引荐向苏轼投入门帖，帖中题诗说："我独不愿万户侯，惟愿一识苏徐州。"这分明是套的李白当年谒韩朝宗诗："生不用封万户侯，但愿一识韩荆州。"秦少游大约觉得珠玉在前，抄作业抄得十分坦荡，而苏轼也很受用，适值黄楼落成，便邀他相见。

秦观欣然前来，并作《黄楼赋》致贺。苏轼拍案赞叹，"雄辞杂今古，中有屈宋姿"，赞他才比屈原、宋玉，并鼓励他读书备考。可惜的是秦观时运不济，两度应考都名落孙山。苏轼写诗劝勉："回看世上无伯乐，却道盐车胜月题。"

苏东坡并非偏爱或夸张，因为秦观确有才情，文风强健，博览群书，涉猎极广，曾著有讲述农桑的《蚕书》，全面介绍了养蚕技艺与工具避忌，文字高古简约，朴实无华，唯务有用于民生，具有高度的科学性。对保留我国古代养蚕资料，普及养蚕技术，起到了重要的作用。

他精研《孙子兵法》而不囿于《孙子》，著有系列谈兵之作：《将帅》《奇兵》《辩士》《谋主》《兵法》《边防上中下》《李陵论》《王朴论》等。他论兵重"谋主""辩士"，视之为"胜败之枢机"，用兵讲究"奇兵"，且在《将帅》一文中呼吁朝廷选用"天下之将"，赋以重权，"便宜从事，不烦庙堂之论"。

此时正值两宋之交，战事吃紧，宋朝廷扬文抑武，将帅无为，是为兵家大忌。倘若秦观种种论述真入得了帝王之眼，依此行事，靖康之难或许不致发生。然而予将帅以重权，这恰恰是一味加强中央集权的宋朝廷所不愿意做的事，所以秦观虽然雄才大略，却始终未得重用。

直到元丰八年（1085 年），秦观方中进士，初为定海主簿、蔡州教授。后来随着苏轼的擢拔而风生水起，迁国史院编修，与黄、晁、张同时供职史馆，并称"苏门四学士"。后来，小班底中又加入了陈师道与李廌（zhì），并称"苏门六君子"；再后来，又有了"苏门后四学士"，包括李格非（李清照之父）、廖正一、李禧、董荣。

苏轼对秦观要求很严格，有一次，看到秦观新作《水龙吟》开篇说："小楼连苑横空，下窥绣毂雕鞍骤。"文字铺排，极尽铺陈之能事，毫不客气地批评："十三个字，只说得一个人骑马楼前过。"秦观顿时满面通红。

又有一次，因见秦观有词《满庭芳》传遍街巷，讥道："不意别后，公却学柳七。"秦观不服，说自己的词和柳永的根本不相似。然而抗辩无效，苏东坡已经自顾自地给他下结论了："露花垂影柳屯田，山抹微云秦学士。"

秦观一生在词上的造诣着实不低，连东坡有了新作也往往问弟子晁补之（字无咎）："何如少游？"

无咎答："少游诗似小词，先生小词似诗。"

209

细论起来，这句评价实在称不上赞扬，因为后来李清照作《词论》，便批评苏东坡词作"皆句读不葺之诗尔"，可见"小词似诗"实为弊病。

东坡一生词中，咏佳节最著名的是咏中秋，而秦观最负盛名的则是咏七夕：

鹊桥仙

纤云弄巧，飞星传恨，银汉迢迢暗度。金风玉露一相逢，便胜却人间无数。

柔情似水，佳期如梦，忍顾鹊桥归路。两情若是久长时，又岂在朝朝暮暮。

这写的是七夕夜，牵牛、织女二星相会的故事，原是前人写滥了的题材，而秦观偏能写出新意。

开篇"纤云弄巧"，以景写情，直接把画面定格在了九天云上，且展示织女身份。

《古诗十九首》有云："河汉清且浅，相去复几许？盈盈一水间，脉脉不得语。"是写银河的最佳图绘，更连牵牛、织女二星隔着银河，相思相望不相亲的神情语态都描摹得清晰。秦观这句"银汉迢迢暗度"反用原意，写出两人渡河相逢之乐，且自然引出了下句"金风玉露一相逢"的特殊日子。

每年七月初七，是牵牛和织女一年一度的相会之期。自古以来人们都为了二位有情人的相思之苦一掬同情泪，而秦观偏偏说有情人但得相逢，"便胜却人间无数"，又何必计较相聚的长短呢？

"柔情似水"，是牵牛和织女相会的情意，且照应了"银汉迢迢"，即景设喻，十分自然；"佳期如梦"，写相逢苦短，如梦如幻，不舍分离，故曰"忍顾鹊桥归路"。方才踏着鹊桥而来是欢喜的，转瞬又要踏上鹊桥归去，与相爱的人再隔经年，却是如何忍得？

这句话写尽了情人分别时的依依不舍，频频回顾，凄楚之至。然而词人却又于此陡翻高潮，点出千古名句："两情若是久长时，又岂在朝朝暮暮。"

但得相知，何惧分离。两个人的心在一起，纵不能朝夕相守，也自是地久天长。这真是有关爱情的至上理论，因此传唱千古，经久不衰。

（二）

江西诗派素有"一祖三宗"之说，祖法杜甫，而以黄庭坚、陈师道、陈与义为宗。

黄庭坚，位列"苏门四学士"之一；陈师道，则排在苏门二班的"六君子"之一；而陈与义，便是陈希亮的孙子，陈季常的侄子，与苏轼堪称三代之交。

陈师道（1053—1101），字履常，一字无己，号后山居士，有《后山词》传世。他的名句是"书当快意读易尽，客有可人期不来"，作诗苛求"无一字无来历"。

相传陈师道作诗有个习惯：每每灵感来临，便要奔至榻上，以被蒙头，一丝声音也不得闻，谓之"吟榻"。

每当陈师道吟榻打腹稿时，陈妻就要赶紧抱着孩子躲去邻家暂避，且命下人把好门窗，别说猫儿狗儿，就连只苍蝇也不敢放进去，生怕惊走了陈公的诗兴。直到陈师道诗作完了，一家人才敢恢复正常生活。

黄庭坚因此相谑："闭门觅句陈无己，对客挥毫秦少游。"

陈师道也是在苏轼知徐州时与他相识。苏轼因为欣赏其才情，想收他为弟子，这样天上掉馅饼的大好事，陈师道却拒绝了，理由是："向来一瓣香，敬为曾南丰。"意思是说我平生只有一位老师，就是曾巩，苏先生的好意，唯有敬谢。

如今二人于京师重逢，曾巩已逝，陈师道这才拜入门下。

陈师道对自己的词作十分自信，虽不敢同苏轼比，却自称"余它文未能及人，独于词自谓不减秦七、黄九。"

黄九罢了，黄庭坚以诗闻名，词作不过尔尔；但是"不减秦七"？我却有点怀疑。曾写下"两情若是久长时，又岂在朝朝暮暮"的秦少游，被后世尊为婉约派一代词宗，陈师道无论从名望还是影响上，都远不能与之相比。

比如同样写七夕，陈师道有一首《菩萨蛮》，相比于秦观的"纤云弄巧，飞星传恨"，实不可同日而语：

行云过尽星河烂。炉烟未断蛛丝满。想得两眉颦。停针忆远人。

河桥知有路。不解留郎住。天上隔年期。人间长别离。

陈师道家贫，早年娶郭概之女为妻，迫于生计，妻女皆在岳父家就食。但他与连襟赵挺之关系极为恶劣，赵挺之是新党骨干，担任监察御史时曾数次弹劾苏轼，又对黄庭坚构陷打击，与苏门文士势不两立。

1101 年冬，陈师道奉命往皇祠守灵，因为没有御寒的皮衣，妻子便回娘家向妹妹借了一件——借的自然是妹夫赵挺之的皮裘。

陈师道听说了，深感屈辱，责备妻子说："汝岂不知我不着渠家衣耶！"意思是你太不了解我了，我怎么可能穿这个人的衣裳？于是只着单衣前往郊外祭祀，到底得了伤寒，不治而亡。

秦观、苏轼、陈师道三人的过世时间紧紧相连，相差不到半年。

《春渚纪闻》载，陈师道过世当夜，登封县令楼异世做了一梦，梦见陈师道前来告别，行色匆匆。楼异世问他："无己这是要去哪里啊？"陈师道答："正往杏园去，东坡、少游他们都已在那里等我了。"

楼异世醒来，便听到人报："陈无己逝矣。"

倘若这一切是真的，那么他们师生泉台重聚，吟游杏园，倒也是极美的异壤风景了。

（三）

苏东坡的诗文中虽然经常提到茶或酒，不过他品茶是位行家，酒量却不大行，自称"予饮酒终日，不过五合"。五合就是半升，也就是一斤都不到。

倒是他的学生张耒和晁补之的酒量要好得多，两人每次见面拼酒，至少要喝到一斗，也还只是微醺，堪称有品有量的酒中豪客了。

苏门人士中，最穷也最籍籍无名的是李廌。

李廌（1059—1109），字方叔，号济南先生、太华逸民，今陕西华县人。他的不幸是天生的，本来就家境贫寒，六岁时又父母双亡，半生贫苦，自学成才，却屡试不第，人生唯一的亮点就是遇到了苏轼。

李廌和米芾一样，都是在苏轼最落魄的时候特地前往黄州拜谒结识的，相识于微时，情感自是不同。苏轼对其文章极为称赞，认为李廌是罕见的人才，"子之才，万人敌也。抗之以高节，莫之能御也"。

然而李廌屡考不中，好容易熬到苏轼回京，亲任主考官，以为机会来了，谁知张榜之日，又是名落孙山。就连服侍李廌的忠仆奶母都哭了：如果苏大学士做考官你都搭不上便车的话，以后还有什么机会呢？

后来苏轼外放杭州，朝廷赏赐了许多礼物，苏轼便将一匹御马送给了李廌。知道他一定会拿去卖掉，还特地写了张字据，称"东南例乘肩舆，得一马足矣。而李方叔未有马，故以赠之。又恐方叔别获嘉马，不免卖此，故出公据"。

体贴之意，溢然纸上，令人动容。

苏轼被贬后，李廌绝意仕途，定居长社（今河南长葛市）。苏轼去世的噩耗传来，李廌痛哭失声，作祭文曰："皇天后土，鉴一生忠义之心；名山大川，还万古英灵之气。"

李廌此后再未离开长社，生活清苦，直至过世，卒年五十一岁。

（四）

苏东坡一生的"笔友"中，要数与王巩的信件往来最多。此前"乌台诗案"，王巩便是因为与东坡的通信被搜出而流贬宾州。

王巩，字定国，今山东莘县人，宰相王旦之孙。他能诗善画，颇通音律，自号清虚先生，生卒年月不详，约与苏轼年龄相仿。苏轼知徐州时，王巩前往拜访，两人一见如故，游山玩水，携酒吟诗，常常聊至深夜，披星戴月而归。

"乌台诗案"事发时，王巩任秘书省正字，因与苏轼私通消息而被牵连，御史舒亶给的罪名是："（轼）与王巩往还，漏泄禁中语，阴同货赂，密与宴游。"简单说，就是泄露国家机密。

王巩因此成为二十多位受"乌台诗案"牵连的贬臣中责罚最重、贬谪最远的一个，比"首犯"苏轼罚得还惨，被朝廷一脚踢去了广西宾州监督盐酒税。定罪之后，王家奴婢纷纷散去，唯有歌女柔奴坚决不肯去，自愿随王巩往广西受苦。

在宾州，王巩的两个儿子相继夭折，他自己也几次得病，九死一生。苏东坡后来在为王巩诗集所作的序言中说："今定国以余故得罪，贬海上三年，一子死贬所，一子死于家，定国亦病几死。余意其怨我甚，不敢以书相闻。"

明明是苏东坡惹的祸，反而连累老朋友，获罪比自己更重，这让他既哀且愧；好在如今旧党起复，王巩亦召还京都，久别重逢之际，东坡心中惙惙，以为老朋友在岭南饱经风霜之苦，不知沧桑衰老成什么样子，更不知会怎么抱怨自己呢。

孰料一见之下，却见王巩携柔奴前来，容颜焕发，非但不见憔悴悲苦之色，竟似更胜往昔，更对苏轼温厚如昔，无一言相责。

苏轼感佩交加，因问："岭南风土应是不好？"

柔奴嫣然一笑，温言答："此心安处，便是吾乡。"

苏轼大惊，恨不得作礼离席，当下索笔挥毫，写成一阕新词：

定风波·南海归赠王定国侍人寓娘

常羡人间琢玉郎，天应乞与点酥娘。尽道清歌传皓齿，风起，雪飞炎海变清凉。

万里归来颜愈少，微笑，笑时犹带岭梅香。试问岭南应不好，却道，此心安处是吾乡。

"琢玉郎"说的是王巩，"点酥娘"指的是柔奴。一个是有匪君子，如切如磋，如琢如磨；一个是有美一人，颜如舜英，若飞若扬。但得知己相伴，琴瑟相和，天涯海角何惧远，风寒雪冷温柔乡。

如此红尘潇洒，万里归来，又怎么会苦厌风霜？看这两人相视一笑间，俱是温存，俱是清凉，仿佛还带着岭南梅花的香气，满满的睥睨烟尘，笑对沉浮，世间扰扰，与我何干？心安即归处，风定梅花香。

此曲传开，"点酥娘"柔奴与王巩的宾州之恋顿成一代传奇。而苏东坡这句"此心安处是吾乡"更成千古警句。

后来，苏轼被流放岭南时，陪在他身边的，亦是一位传奇歌女——朝云，她同样以自己的歌声与温柔陪伴苏轼。

没完没了的党争

（一）

千年科举史上最闪耀的一榜——著名的北宋嘉祐二年（1057年）科举试中，同时有三对著名兄弟一起参加考试，分别是苏轼、苏辙，曾巩、曾布，还有程颢、程颐。

前五人全部取中进士，只有程颐落榜了。这本来也没什么，下次再考就是，但是程颐却气性大得很，从此再也没有参加过科举考试，只潜心治学，誓要凭著书立说打出一片天地来。

程颢入仕后，因为反对王安石变法而不受重用，遂也回到洛阳，与程颐一同开创"洛学"。先后在嵩阳、扶沟等地设学堂，名闻河洛，门人众多，还留下了一个"程门立雪"的经典故事。

这故事说的是有学生来拜见时，正遇上程颐在闭目养神，两学生侍立不敢惊扰，亦不肯离去，就那样站在门外等待程颐醒来。程颐睁开眼时才发现，"门外雪深 尺矣"。从此，"程门立雪"这个故事就用来代指尊敬师长，求学心切。

当时天下官学使用的统一教材，是由王安石编修的三经新义。而程颢却在嵩山书院独辟洛学与之分庭抗礼，从学术上继续对抗变法，王安石也不曾打压。

由此，充分体现了北宋中期学术氛围的浓郁和宽和。也正因为这样，才会在同一时期涌现出各家学说。

二程"洛学"的根本是"理"，认为"万物皆只是一个天理""万事皆出于理""有理则有气"。

由此可见，"洛学"与其说是对孔子儒学的深入阐发，不如说是对孟子学说的进一步演绎，并提出"性即理也"，认为人性善恶是由于气禀不同而来，浊气和恶性，其实都是人欲。人欲蒙蔽了本心，便会损害天理。推理到了极致，便是"存天理、灭人欲"。

那什么是天理，什么是人欲呢？

程门的隔世弟子朱熹曾经做出解释："饮食者，天理也；要求美味，人欲也。"

就是说，人们要用吃饭来维系生命，这是天理；但如果贪恋美食，那就是人欲，应该予以节制。所以禁欲是修行的重要法门。

程颐理论中最响亮也最不合情理的一句口号就是："饿死事小，失节事大。"一句话，不知把多少无辜女子逼成冤魂。

孔子以仁为本，然而程颐只强调一个"理"字，却忘了仁心，更不理会中庸之道。只一味偏激执拗，视人命如草芥，岂不是失去了儒家的本来面目？

1086 年，王安石变法失败，保守党上台。因为程颢已经过世，于是司马光推举程颐出仕，入京为皇帝讲师，指望从思想上早早将年幼的宋哲宗赵煦控制在自己这一派。但事与愿违的是，程颐太刻意也太冒进了。他以布衣受诏，却借着给皇帝讲书的机会，经常借题发挥，议论时政。而且要求赵煦在上课时使用古礼，还建议皇上身边使唤的宫女应该物色四十岁以上的厚道小心的人，日常器具也都应该朴素简要。

有一次，赵煦折了枝柳条玩耍，程颐看到了，就板起脸来教训："现在春和景明，万物生长，你怎么能随便摧折？"弄得赵煦对他又怕又厌，岂肯亲近。如此矫枉过正，也难怪赵煦亲政后迫不及待地要将程颐一党都外放了。

相传有一次程颐与"苏门四学士"之一的大词人秦观偶遇，寒暄毕便率先发问："听说你写过一句词'天还知道，和天也瘦'是吗？"

秦观见程夫子这般熟悉自己的名句，忙恭谨答道："正是不才之作。"孰料程颐立刻板起面孔说："上穹如此尊严，怎么可以这样轻言侮辱？"

把秦观噎得半天无语。

其实秦观这句词虽然轻灵巧妙，亦非出新，唐朝大诗人李贺早有名句"天若有情天亦老"，岂不更加直白有力？

司马光于元祐元年九月去世，其丧事正是由自己一手提拔的程颐主办。那天正值太庙大典，典礼完毕，朝中大臣准备换服去吊祭司马光，程颐阻止说："《论语》云：'子于是日哭，则不歌。'"意思是大家刚刚在太庙庆贺礼乐，怎么能够在同一天吊丧哭泣呢？

苏轼反驳说："夫子说'哭则不歌'，没说'歌则不哭'。我们先参加了太庙的国礼，再前往丞相府行私唁，有何不可？"

于是众人不顾程颐反对，还是坚持去吊祭司马光。可是到了丞相府，却不见司马光的儿子出来迎接。原来，这时的程颐正在人生得意之时，哪里容人挑战自己的帝师尊严。于是竟不顾大局，趁苏轼等人换朝服时派人提前一步到了司马家，阻止孝子出迎宾客，且说按照古礼，真正的孝子就应当悲伤得无法见人才是。

程颐是丧事负责人，司马家的人也不好违逆，只得将一干朝臣晾在了门外。这弄得众臣十分尴尬，不禁抱怨说，这算是什么古礼？苏轼知道程颐是为了强争一时之胜，遂嘲笑说："伊川可谓糟糠鄙俚叔孙通。"

叔孙通，是春秋时儒人，曾被秦二世封为博士。秦之将亡，叔孙通投奔楚王，侍奉项羽。后来刘邦攻取彭城，叔孙通又转投汉军，并于刘邦称帝后，自荐为汉王制定朝仪。由于刘邦不喜欢儒家，所以以叔孙通所制定的宗庙礼法及其他多种礼法，都是在古礼中掺杂了秦礼而自创的变通之礼，故被后世儒人所不以为然。

苏东坡将程颐与叔孙通相提并论，说他整天拿着古礼说话，其实不过是随心所欲地自创礼法罢了。再往严重里说，就是暗指程颐的学问根本不是真正的孔孟之道。

这是一次偶然事件，却也是洛蜀两学门派之争的必然发酵。程颐的弟子认为苏轼伤害了老师，自然要为老师出气，于是出言痛诋："子瞻，温公门下士也，闻其捐馆，不见有惨切之容，悼惜之语，而轻浮谑笑，无异平时。"意思是苏轼作为司马光门生，在恩师过世时非但没有哀悼痛哭，还要耍贫嘴开玩笑，有失轻佻。自此，苏轼和程颐或者说苏门与程门的隔阁就更深了，进而发展为"蜀党"与"洛党"的党派之争。

尤其元祐二年八月，苏轼在原有官职基础上又兼任了经筵侍读，成为帝师，而程颐则被罢去崇政殿说书之职，回到洛阳讲学。这就更让洛党一派对苏轼切齿痛恨了，于是罗织罪名百般攻击，这也是苏轼后来辞去京官的主要原因。

苏轼在给哲宗的奏状中说："臣素疾程颐之奸，未尝假以色词，故颐之党人无不侧目。"

将道学领袖程颐视作奸臣或许有些过分，但是程颐的行为到底能不能算得上一个表里如一的大儒，确实值得思考。

（二）

虚飘飘

黄庭坚

虚飘飘，花飞不到地，虹起漫成桥。入梦云千叠，游空绦万条。蜃楼百尺耸沧海，雁字一行书绛霄。虚飘飘，比人身世犹坚牢。

虚飘飘

苏轼

虚飘飘，画檐蛛结网，银汉鹊成桥。尘渍雨桐叶，霜飞风柳条。露凝残点见红日，星曳余光横碧霄。虚飘飘，比浮名利犹坚牢。

虚飘飘

秦观

虚飘飘，风寒吹絮浪，春暖履冰桥。势缓霜垂霰，声乾叶下条。雨中沤点没流水，风里彩云铺远霄。虚飘飘，比时光影犹坚牢。

这是苏门师生唱和之作，黄庭坚原创，苏东坡与秦少游步韵赋和，借用世间种种不牢靠的事物，反衬出名利富贵的更加不坚牢。

步韵限题之作，通常第一个人总是容易些的，因为可以随心所欲写出所想表达的意思，可选择素材广泛得多。黄庭坚接连罗列了飞花、虹桥、梦景、游丝、蜃楼、雁字，这些都是转瞬无痕之物。即便如此，也比人生的身世浮沉来得可靠。

东坡心有戚戚焉，便也步韵一首，写到蛛网、鹊桥、雨后的梧桐、风中的柳叶、晨露、流星，并且命秦少游也作一首。

且说这三首诗的创作时间为元祐三年（1088年）秋天，虽是文字游戏，却充分表达了苏轼的心声。彼时的苏轼虽处于鲜花着锦、烈火烹油一般的威势，却也同时陷入水深火热的党争之中。

党争一直是宋朝皇帝最头疼的问题。

北宋的第一次朋党之争，始于仁宗朝范仲淹与吕夷简的对立。1035年，范仲淹向仁宗献《百官图》，弹劾宰相吕夷简选拔干部多出私门，并指出近臣必须由皇帝亲任，不能委宰相行事。

吕夷简哪里肯认，反过来指责范仲淹"离间陛下群臣"，且说他与欧阳修、余靖、尹洙等人结为朋党，并将四人一同贬官。

后来范仲淹发起庆历新政，再次遭到对手以"朋党"之罪攻击，导致他与盟友韩琦、富弼、杜衍、欧阳修、滕子京、苏舜钦等人相继被排斥出朝廷。欧阳修且写了篇《朋党论》力辩，疾呼"大凡君子与君子以同道为朋，小人与小人以同利为朋，此自然之理也。然臣谓小人无朋，惟君子则有之。"

文章是好文章，但是朋党之争原是天子心魔，才不理会你是小人还是君子，只要怀疑你已成朋党之势，便即贬谪。从此，"朋党"就成了敌对方互相攻击的撒手锏。什么时候祭出，什么时候好使，简直百发百中，哪怕射不死人，也足以恶心人。

比如此番苏东坡还朝，一年内连升十级，着绯换紫，嫉妒者哪里忍得下，攻击之时，便对其冠以"蜀党"党魁的名号进行攻击。

其实，苏轼与程颐都由司马光一手提拔，此前又并肩作战对抗王安石新党，如今却同门反目，你死我活，士大夫的标签撕了一地，实在算不得君子之争。

程颐以布衣而成帝师，因他敢于在君主面前"议论褒贬，无所顾避"，一方面名声越来越大；另一方面也引起了一些朝臣对他的不满，认为他沽名钓誉，行为不当。

如今苏轼率众将程颐排挤出京，只会更加激起程颐门人的反扑。这样的钩心斗角尔虞我诈，让苏轼打心眼里感到厌倦，也早早预感到一切繁华未必长久，便如镜花水月，蜃楼梦景，到头来终究是一场"虚飘飘"。因此他一再上书请辞，并直言自己一天不走，党争就一天不会停止。

"臣二年之中，四遭口语，发策草麻，皆谓之诽谤……臣若不早去，必致倾危。"

"欲陛下知臣危言危行，独立不回，以犯众怒者，所从来远矣。"

"岂敢以衰病之余，复犯其锋。虽自知无罪可言，而今之言者，岂问是非曲直……今余年无几，不免有远祸全身之意。再三辞逊，实非矫饰。"

这样的一再恳辞下，苏轼终于如愿外放，再次来到他心心念念的杭州。

（三）

元祐四年（1089年）三月，苏轼出知杭州。此时距离他首次通判杭州，已经过去了十五年。

因此，当他再次雨中饮于西湖之上的时候，看着雨珠在湖面跳跃的熟悉情景，无比感慨地写下了十五年离思：

与莫同年雨中饮湖上
到处相逢是偶然，梦中相对各华颠。
还来一醉西湖雨，不见跳珠十五年。

也就在这次知杭州期间，他浚通西湖，建造苏堤，为杭州留下了百年功业：

轼在颍州，与赵德麟同治西湖，未成，改扬州。三月十六日湖成，德麟有诗见怀，次其韵。
我来钱塘拓湖渌，大堤士女争昌丰。
六桥横绝天汉上，北山始与南屏通。

苏轼是喜欢晒圈的人，但对自己重返杭州的功绩并未做太多渲染，多年后才淡淡提及："我凿西湖还旧观，一眼已尽西南碧。"想来是担心诗作被对手扭曲造谣。

事实上，元祐六年（1091年），东坡自杭州还朝，重任翰林学士知制诰时，对手们果然并没有放过他，罗织罪名，弹劾不休，就连苏轼此前写过的《归宜兴，留题竹西寺三首》，亦被翻出来说是恶意谤上，指斥苏轼听闻神宗驾崩而暗自庆贺。

此生已觉都无事，今岁仍逢大有年。
山寺归来闻好语，野花啼鸟亦欣然。

这首诗乃是苏轼题壁组诗之一，写于归田宜兴最开心之际，一日上山归来，沿途欣赏花香鸟语，满目欣然，有感而作。

神宗三月驾崩，苏轼五月作诗，中间隔了两月之久，哪里扯得上关系？只因一句"闻好语"，便非说是苏轼听到神宗驾崩而欢喜，当真令人无语。

苏轼是差点死在乌台狱中的人，深知以言获罪之险，不能不惊惧疲惫，连上《辩谤札子》，组织苏门中人进行口水大战。

虽然，这一战的结果是蜀党获胜，洛党败出，但这并不能停止旧党的内斗。同年苏辙被任命执政时，甚至被说成是"又用一安石也"。说到底，但凡朝政触及了党争，又哪里有什么是非对错，不过都是为了名位二字而已。

苏轼深觉自己留在京城太危险，一个不留心还会连累了弟弟子由，于是再次请求外放，遂又有了颍州、扬州之行。

此时朝中势力大致可分三派：司马光门下的守旧派朝臣"朔党"，坚持保守路线，遵循祖宗家法；程颐门下的"洛党"，主张恢复古礼来进行改制；以苏轼为代表的"蜀党"，提倡弹性政策和管理手段。

这三派原先明明是一派，都是因为反对王安石新法而上位的，现在终于把新党中人全部清除了，却又壁垒分明地内斗起来。而且这种斗争，一直持续到北宋灭亡。

旧党内斗的导火索是苏东坡与程颐的纠葛，先是两派门人的敌对和讽嘲，渐渐发展为"蜀党"与"洛党"的互相攻击，从学术观点到人品德行，从政治主张到过往踪迹，搜剔攀扯，札子乱飞，水火不容，乌烟瘴气。

在这场混战中，朔党先是助力蜀党，将程颐一派打压了下去，然后又回过头来转攻苏轼。甚至，直到这些人都已作了古，且不说旧党之争，新旧两党的斗争也未肯消停。程门弟子杨时继续对王安石口诛笔伐，上书钦宗皇帝请求以朝廷力量革除新学影响，为理学争地盘。

再后来，杨时的理想被其弟子朱熹与门人发扬光大，于南宋时终于将王安石踢出孔庙配祀，换成了朱熹的牌位。"程朱理学"由此取得了学术的大一统胜利，并在宋元明清的思想领域中，长期占据了统治地位。

扬州，欢不足而适有余

（一）

扬州，是欧阳修与苏轼都曾做过太守的地方。

这师徒俩有个相同爱好，就是都喜游历。欧阳修曾于1036年自汴京赴夷陵路上写下行纪《于役志》，就此开创了旅行日记的新文体，引起世人的纷纷仿效。南宋陆游的《入蜀记》、范成大的《吴船录》，都受此影响。

喜欢旅游的人必然是喜爱山水楼阁的，欧阳修在滁州做太守时，经常盘桓于琅琊醉翁亭。三年后他迁任扬州太守，没了亭子，干脆在城北大明寺蜀岗峰上建了一座平山堂，规模还挺大："壮丽为淮南第一。上据蜀冈，下临江南数百里。""临堂远眺，江南诸山皆拱揖槛前，山与堂平，故名。"

每到夏天，欧阳修都会邀集客人来到平山堂，命仆从采来新荷，饮酒传花。每传一人，便摘掉一片花瓣，摘到最后一片时，就饮酒一杯或填词为兴。"往往侵夜，载月而归。"

欧阳修曾在平山堂亲种柳树，谓之"欧公柳"。多年后，他早已离开扬州，好友刘原甫被任命为扬州太守。欧阳修在饯行宴上作《朝中措》相赠，词中有"手种堂前垂柳，别来几度春风"之句，一来是回忆平山堂旧事，二来也是暗喻自己在扬州的政绩，自诩"文章太守"，颇为得意。

朝中措·送刘仲原甫出守维扬

平山阑槛倚晴空，山色有无中。手种堂前垂柳，别来几度春风。

文章太守，挥毫万字，一饮千钟。行乐直须年少，尊前看取衰翁。

后来，苏轼经过扬州时，曾来到平山堂，望着恩师留下的堂前杨柳，壁上题诗，感慨万千，挥泪写下《西江月》：

西江月·平山堂

三过平山堂下，半生弹指声中。十年不见老仙翁，壁上龙蛇飞动。
欲吊文章太守，仍歌杨柳春风。休言万事转头空，未转头时皆梦。

词中说"十年不见老仙翁"，似当作于欧阳修死后十年也就是1082年前后，然而彼时，他应该正在黄州劳改，又哪里有机会路过扬州呢？且词中又道"三过平山堂下"，或者指的是距离上一次来平山堂整整十年，也就是约在他起复后二次辞去京官、出知杭州的时候。关于本词的创作时间，尚未有定论。

苏轼想到老师一生毁誉参半，自己的半世沉浮，只觉时光荏苒，弹指而过，祸福悲喜，转头成空。唯有平山堂山壁上老师的墨迹犹在，依然笑对春风。

"欲吊文章太守，仍歌杨柳春风"一句直接引用老师旧作，尊一声"文章太守"。全篇字字句句，都暗合着欧阳公旧词，宛如隔世赋和，真个如梦还空。

（二）

据说苏东坡一生来过扬州数十次，多半都是路过，比如第一次任杭州通判时，由杭州知密州时，由徐州知湖州时，由湖州至汴州时等。古时扬州是重要的水上交通枢纽，漕运集散中心，宋代官员只要往东南调动，总要经过那么几次。

苏东坡在扬州真正的停留，则是在元祐七年（1092年）他出任扬州太守的时候。

扬州市景繁华，人物风流，又是个美食王国，真是太适合苏东坡了。尤其苏门四学士中的张耒是淮安人，秦观是高邮人，都对扬州风物极其熟悉，这也让苏轼觉得宾至如归，还曾寄诗与秦观好一番讨论扬州土产。从鱼鲊到糟蟹，从莼菜到姜芽乃至咸鸭蛋，都津津乐道。

苏太守走到哪里都是要为民排忧的。苏东坡在扬州时，曾经上书朝廷，为民呼吁，请求宽免扬州百姓一年积欠；又为漕船员工请命，希望朝廷允许漕工在完成政府漕运任务的同时可以私自代购，提高收入，将"走私"合法化。这些都是利民利国的好事。

大约是苏东坡的大胆直言，扬州民间盛传着一则关于东坡梦虎的小故事，并被冯梦龙记录于《智囊全集》中。说的是苏东坡知扬州，一夕梦于山林间见虎，欲噬人。东坡正惊惧间，看到一人紫袍黄冠，厉声呵叱，将老虎逐去。

第二天早晨，有位道士前来拜访，问他："昨晚有发生什么可怕的事吗？"

东坡心知此人贼喊捉贼，故弄玄虚，叱道："鼠辈大胆，我哪里不知昨晚是你耍弄邪术，正想抓你打一顿脊杖呢！"吓得道士转身便跑。

东坡究竟有没有在扬州梦到老虎不知道，但是的确时常醉梦，他在《和陶饮酒二十首并叙》的序文中写道：

> 吾饮酒至少，常以把盏为乐。往往颓然坐睡，人见其醉，而吾中了然，盖莫能名其为醉为醒也。在扬州时，饮酒过午，辄罢。客去，解衣盘礴，终日欢不足而适有余。因和渊明《饮酒》二十首，庶以仿佛其不可名者，示舍弟子由，晁无咎学士。

《和陶诗》作为东坡后半生最重要的文学作品的组成部分，正是在扬州这座慵懒清静的小城中开始动笔的。

"终日欢不足而适有余"，一句话透露了东坡太多的未尽之言。扬州生活舒适，却并不平静，因为朝廷形势的波谲云诡，并不是躲在扬州就可以假装看不见的。东坡表面上看起来很悠闲，内心却并不安乐。

如何能得到真正的心安呢？除非归去。于是，东坡在这段时间里几度想到归隐，却终究不舍。

这促使他重新拾起了与陶渊明冥冥之中的联系，并开始写作《和陶诗》。东坡一生和陶124首，从扬州一直写到儋州，却始终身不由己，未能真正实现他的归隐梦。

苏东坡的一盏茶

（一）

何须魏帝一丸药，且尽卢仝七碗茶。

苏东坡题于孤山的这句名联，已经成为千年来茶界的最佳广告词。若有好茶可饮，且比做神仙更快活哩！

焚香、挂画、插花、点茶，为宋代文士四大雅事。

喝茶人人都会，点茶却不是人人都精，如果不能行云流水地点好一盏茶，就不算是一个优雅有品位的宋朝文士。司马光、苏东坡、陆游、李清照等大词人，都是个中高手。

宋代每年清明且有斗茶会。"斗茶"，亦称"茗战"，指的是清明新茶初采，茶道爱好者聚在一起，各选上品好茶，轮流烹煮，相互品评，包括斗茶品、斗茶令与茶百戏三种竞技方式。

斗茶时往往行茶令以助兴，所举诗词歌赋都必须与茶有关。"斗茶令"就如同喝酒行酒令一样。宋代斗茶之风鼎盛，文人名士多有撰述，如蔡襄的《茶录》、黄儒的《品茶要录》、周绛的《补茶经》等，就连皇帝宋徽宗都写有一部《大观茶论》，还曾手绘《文会图轴》，描绘文人学士在庭院中品茶雅集的情景。

蔡襄与苏东坡、黄庭坚、米芾在书法上并称"苏黄米蔡"，他所著的《茶录》中记载了一段他与苏东坡斗茶的故事。

书中说，蔡襄根据陆羽《茶经》所载名水，特意取来著名的惠山泉煮茶，想着苏东坡不可能找到更好的泉水了；没想到，苏东坡竟然另辟蹊径，专赴天台山收集竹梢上滴下来的露水点茶。

最后的结果，自然是蔡襄输给了苏东坡。

据说，拗脾气的司马光也和苏东坡斗过茶，两人茶品茶技不相上下，但因苏东坡取用隔年雪水烹茶，占了上风。司马光不服气，想到苏东坡同时喜欢收集名墨，便故意抬杠："茶欲白，墨欲黑；茶欲重，墨欲轻；茶欲新，墨欲陈。君何以同爱二物？"

苏东坡淡定回答："奇茶妙墨具香，是其德同也；皆坚，是其操同也；譬如贤人君子，黔晳美恶之不同，其德操一也。公以为然否？"这便是传为一段佳话的"茶墨之辩"。

（二）

点茶所需茶器甚多，除了风炉需要好炭好火外，还需要汤瓶、茶碾、茶磨、茶罗、茶匙、茶筅、茶盏。虽然到明清时已经改为泡茶，但是对于茶具火候的讲究却是一般无二的。

苏东坡非但精于鉴茶，还精于鉴水，曾经发圈为杭州径山龙井水"做广告"："龙井水洗病眼有效。"他对于取水之处和贮水之瓶，也都有要求，"活水还须活火烹，自临钓石取深清。"一句成为茶人守则。

汲江煎茶

活水还须活火烹，自临钓石取深清。
大瓢贮月归春瓮，小杓分江入夜瓶。
雪乳已翻煎处脚，松风忽作泻时声。
枯肠未易禁三碗，坐听荒城长短更。

春天月夜，独行江上，取远离尘器之水，以大瓢舀入手瓮，再以小勺分流银瓶。以之烹茶，何其美哉！有了好水好火，还要讲究烹茶的水温，以"蟹眼已过鱼眼生，飕飕欲作松风鸣"为度，过则水就"老"了。

试院煎茶

蟹眼已过鱼眼生，飕飕欲作松风鸣。

蒙茸出磨细珠落，眩转绕瓯飞雪轻。

银瓶泻汤夸第二，未识古人煎水意。

君不见，昔时李生好客手自煎，贵从活火发新泉。

又不见，今时潞公煎茶学西蜀，定州花瓷琢红玉。

我今贫病长苦饥，分无玉碗捧蛾眉。

且学公家作茗饮，砖炉石铫行相随。

不用撑肠拄腹文字五千卷，但愿一瓯常及睡足日高时。

试院，就是考试的场所。这首诗写于熙宁五年他在杭州望海楼监考时。

陆羽《茶经》中说，水有三沸：其沸，如鱼目，微有声，为一沸；缘边如涌泉连珠，为二沸；腾波鼓浪，为三沸。

唐代诗人皮日休有《茶中杂咏·煮茶》，在"鱼目"外又发明了"蟹目"：

香泉一合乳，煎作连珠沸。

时看蟹目溅，乍见鱼鳞起。

声疑松带雨，饽恐生烟翠。

尚把沥中山，必无千日醉。

苏东坡实在不客气，将两人的形容词合二为一，不但用了"蟹眼"和"鱼眼"，捎带着将"松带雨"也借了来，换成了"松风鸣"，形容水沸声。

这是写煮水，接下来"细珠""飞雪"，则说的是碾茶和点茶。磨茶时粉末纷落，茶汤在碗中旋转，漂着白色的沫饽。

东坡的茶器很讲究，汤瓶是银制的，估计很烫手，因为不如金瓶贵重，故称第二。

鱼眼也好，松风也好，都是暗用唐人典故。从"未识古人煎水意"开始，是正面回忆唐典。温庭筠《采茶录》载，有士人李约性能辨茶，常曰："茶须缓火炙，活火煎。"

活火，就是捡拾松枝柴草生的火，有火焰的火。而东坡在"活火"之上，更加以"活水"也就是"新泉"的要求，再次强调"活水还须活火烹"。

两首诗并看，都是以"松风"代水声，以"雪乳"代沫饽，以"枯肠"暗指唐人卢仝之典："三碗搜枯肠，惟有文字五千卷。"东坡正典反用，说自己又何须满腹学问，只要砖炉石铫，随身相伴，一瓯好茶，自得其乐就够了。

苏轼曾说："铜腥铁涩石宜泉。"意思是铜器有腥味，铁器有涩味，唯有石铫最宜煮泉。看来，这只石铫是他至爱茶器之一，连进试院监考，都要随身携带，免得被公家的简陋茶器败了舌头。

诗中唯一有歧义的，是关于潞公的例子。潞公指文彦博，他向蜀人学习煎茶，以定州窑瓷盛饮，传为佳话。

苏轼是羡慕吗？未必。他在《东坡志林》中提及唐人煎茶喜欢加盐、姜等调料，颇不以为然，每每听到今人仿效，"辄大笑之"。诗中虽不置可否，但是两相参照，显然不是为了夸赞潞公。

彼时苏东坡正因反对王安石的科考改革而满腹牢骚，提到当权派文彦博自是有点酸溜溜的。高官们在京城潇洒，自己却在地方上贫病苦饥，哪有资格像潞公那样玉碗捧蛾眉，红袖为添香呢？

"定州花瓷琢红玉"的品位，亦非东坡所喜，他爱的乃是石铫建盏之类厚重朴拙的茶器，对于这种雕镂艳丽喧宾夺主的花瓷，是绝不会称道的。

后来，苏轼还曾去定州做过半年知州，倒不知道有没有买过一两只定州花瓷把玩。

我说苏东坡不以潞公品位为然，并不是要故意与诸家释本唱反调，亦不仅仅与《东坡志林》对看，还因为苏辙的和赋。

苏轼写了好诗，总是要寄与弟弟同赏的，这首《试院煎茶》也一样。苏辙读诗后，深明哥哥未尽之意，会心一笑，便也作了首《和子瞻煎茶》，径自将不屑今人煎茶佐料之意挑明开来：

> 年来病懒百不堪，未废饮食求芳甘。
> 煎茶旧法出西蜀，水声火候犹能谙。
> 相传煎茶只煎水，茶性仍存偏有味。
> 君不见，闽中茶品天下高，倾身事茶不知劳。

又不见，北方俚人茗饮无不有，盐酪椒姜夸满口。

我今倦游思故乡，不学南方与北方。

铜铛得火蚯蚓叫，匙脚旋转秋萤光。

何时茅檐归去炙背读文字，遣儿折取枯竹女煎汤。

"相传煎茶只煎水，茶性仍存偏有味"说得还不明白吗？"俚人茗饮无不有，盐酪椒姜夸满口"更是直白辛辣，诚为"潞公煎茶学西蜀"之正解。

煎茶重在煎水，这后来便成了茶人通行的考量标准，候汤把握得好，茶味才最好，故而说点茶六步，"候汤最难"，煎水时最须仔细静候水的消息，过则谓老。苏东坡是声称"从来佳茗似佳人"的，红颜不可老，茶水自然也不可老。

（三）

东坡自称喝遍天下好茶："我官于南今几时，尝尽溪茶与山茗。"

这些茶中，包括了——

杭州的白云茶："白云峰下两枪新，腻绿长鲜谷雨春。"

福建的建溪新饼："未办报君青玉案，建溪新饼截云腴。"

湖州的"顾渚紫笋"和绍兴的"日铸雪芽"："千金买断顾渚春，似与越人降日注。"

大庾岭下的雨前焦坑："浮石已干霜后水，焦坑闲试雨前茶。"

朋友给他寄了婺源的试焙新芽，他也特地回赠一首"广告诗"：

仙山灵草湿行云，洗遍香肌粉未匀。

明月来投玉川子，清风吹破武林春。

要知玉雪心肠好，不是膏油首面新。

戏作小诗君一笑，从来佳茗似佳人。

其中苏东坡最爱的，要属龙凤团茶。

古代茶叶大都做成饼状，饮时掰下一块碾成粉末，然后烧水煎煮，或是沸水冲成茶汤，饮用时连茶粉带茶水一起喝下。

建溪岁贡的龙凤团茶是宋代最好的御茶之一。

宋代龙凤团茶的制作开始于宋太宗时期，起初是八饼为一斤的大龙凤团茶，采用鲜嫩茶芽经过蒸青、压榨、研磨、造型、干燥、压印等工序精制而成。

到了仁宗庆历年间，著名书法家蔡襄任福建转运使时，亲自监制北苑贡茶，改大龙团为小龙团，做工与用料都更加精致，改为二十饼一斤的小龙团，每饼只有半两重，却价值二两金子。欧阳修犹称："然金可有而茶不可得，每因南郊致斋，中书、枢密院各赐一饼，四人分之。宫人往往镂金花于其上，盖其贵重如此。"

苏轼则称："君不见斗茶公子不忍斗小团，上有双衔绶带双飞鸾。"

"小团"，便是蔡襄改良的小龙团；"双飞鸾"，便指茶面上镂印的凤图。

再后来，宋神宗元丰年间，又下旨建州造"密云龙"，质量更是上乘；哲宗年间，则进一步精化为"瑞云翔龙"。

北宋末年，宋徽宗犹在《大观茶论》中写道："本朝之兴，岁修建溪之贡，龙团凤饼，名冠天下，而壑源之品亦自此而盛。"又道"盏以青绿为贵，兔毫为上"。突破了单纯的饮的界限，而为品茶、斗茶确立了最高表现形式。更创制出号称"新龙团胜雪"的团茶，极尽精致奢华，市场价达到一片四十贯铜钱，相当于四片黄金。

苏东坡虽然在海南时得蒙徽宗召还，但是没来得及见到徽宗，却也喜欢以兔毫盏饮龙团茶。"响松风于蟹眼，浮雪花于兔毫。先生一笑而起，渺海阔而天高。"这是东坡饮茶的最高境界。

密云龙太珍贵，因此东坡每次喝时，都恨不得写一首诗致敬，仿佛这样才能将茶香永留。

行香子·茶词

绮席才终，欢意犹浓，酒阑时、高兴无穷。共夸君赐，初拆臣封。看分香饼，黄金镂，密云龙。

斗赢一水，功敌千钟，觉凉生、两腋清风。暂留红袖，少却纱笼。放笙歌散，庭馆静，略从容。

词中意思很清楚，这饼"密云龙"是"君赐"之茶，而且是"初拆"。只是不知道，拆封后，"看分香饼"，指的是苏东坡与中书省同僚四人共分一饼呢，还是东坡独得一饼，特意当着密友的面拆封试饮。

王巩《随手杂录》中记录了一件小事，苏轼二次知杭州时，有官员往杭州监司，临行辞别太后与官家。哲宗却引他到一柜子旁，取角袋与监司，细细叮嘱："赐与苏轼，不得令人知。"后来苏轼开启，方知是茶一斤，封题皆御笔。苏轼感激天恩，特具札子附中谢恩。

如此珍贵的龙团茶，苏轼自是不肯轻易拿来待客的，只有苏门四学士来时才舍得分享。一日吩咐家人"取密云龙"，侍儿出来，却不见熟悉的"四学士"，颇为诧异，后来才知道来客大名寥正一，后来位列"苏门后四学士"。

后来苏东坡前往海南时，身无长物，家徒四壁，却仍然存有珍贵的"龙焙"，在写给儋人赵梦得的信中道："旧藏龙焙，请来共尝。盖饮非其人，茶有语；闭门独啜，心有愧。"这算是"烂船还有三千钉"么？

（四）

东坡喝茶几乎是从早到晚，无时或离的。

创作诗文要喝茶："皓色生瓯面，堪称雪见羞。东坡调诗腹，今夜睡应休。"

约朋友看画要喝茶："唤人扫壁开吴画，留客临轩试越茶。"

出门走累了要喝茶："酒困路长惟欲睡，日高人渴漫思茶。敲门试问野人家。"

熬夜工作也要喝茶："簿书鞭扑昼填委，煮茗烧栗宜宵征。"

睡前要喝茶："沐罢巾冠快晚凉，睡余齿颊带茶香。"

睡醒了更要喝茶："春浓睡足午窗明，想见新茶如泼乳。"

苏东坡人生中写过的最长诗篇《寄周安孺茶》，便是一首咏茶之作，长达一百二十句，细述了宋以前的茶文化历史，继而赞叹茶水给人的感受，并悲叹名茶之辱没。其中，"乳瓯十分满，人世真局促"一句令人唏嘘。人生过于追求圆满，必然庸碌匆忙，仓促窘迫。所以有句话叫作"从来茶道七分满，留下三分是人情"，苏东坡的这盏茶，已是煮得太沸，斟得太满了。

可叹的是，苏轼并非不知"月满则亏，水满则溢"的道理，面对眼前的一切繁荣，他曾比作"寻声捕影，系风趁梦"，不可久恃，也早早预感到水满则溢，茶沸则苦，一切繁华未必久长。因此一再上书请辞，直言自己一天不走，党争一天就不会停止。

高太后也意识到了这种弊习难解，只得答应了东坡的请求。于是，苏东坡在事业如日中天时急流勇退，尽量地将自己抽出政治旋涡的中心，而再次来到了心心念念的杭州。

有个"东坡梦泉"的故事，说他贬谪黄州时，曾梦见参寥携《饮茶诗》相见，中间有两句："寒食清明都过了，石泉槐火一时新。"

苏东坡在梦中发问："火固新矣，泉何故新？"参寥答："俗以清明淘井。"意思是清明节前要淘洗井壁，如此，井水不就是新的了吗？

等到苏东坡再知杭州时，于寒食前往参寥卜居孤山的智果精舍。见到舍下石间旧泉旁又凿新泉，泉水更加清冽。参寥撷新茶，取新水，正和九年前东坡在梦中见到的情形一模一样。这神奇的巧合让东坡瞠目结舌，因此作《参寥泉铭》为记：

真即是梦，梦即是真，石泉槐火，九年而信。

苏东坡沉浮不定的人生，又何尝不是如真如梦，真即是梦呢？

定州，人生如逆旅

（一）

临江仙·送钱穆父

一别都门三改火，天涯踏尽红尘。依然一笑作春温。无波真古井，有节是秋筠。

惆怅孤帆连夜发，送行淡月微云。尊前不用翠眉颦。人生如逆旅，我亦是行人。

这是苏东坡在送别朋友钱穆父的饯行宴上作的一首词，充分体现了他对于宦海无定的厌倦与无奈。

钱穆父，本名勰，穆父是字，又称钱四，元祐六年春赴任途中经杭州，苏轼作此词以送。改火，古代钻木取火，四季换用不同木材，"三改火"，即三年。

苏轼说，自从我们在京都汴城相别，各自天涯漂泊，如今已经三年未见了。然而相见之时，莞尔一笑，如沐春风。

内心平静如古井，无波无动；志节坚贞如竹节，不改初心。

这句对仗工整漂亮，似乎更适于律诗。事实上，它也的确化自白乐天的"无波古井水，有节秋竹竿"。下阕说我们乍聚又分，连夜送你上船，淡月微云，把酒言欢，倒也不必忧伤。反正人生来来去去，聚聚分分，有如异乡客，行行复行行，你和我都是旅人。

"人生如逆旅，我亦是行人"是这首词的点题之语。

佛家说，人的身躯有如客栈，灵魂则是漂泊的旅人，不过暂宿于此，终将离去。

东坡此句，有如佛偈，而更能引人共鸣。人生太苦，何等奔波？

连续四年，苏轼频繁地辗转于京城与各守地间。先知杭州，浚西湖，防疫救患，还自捐黄金五十两，又从政府财政拨两千贯。在众安桥设置"安乐坊"，选派僧人施医布药，并自费修合从巢元修那儿学来的药剂圣散子，救人无数。之后，他被召回京城为吏部尚书。但是一则因为不堪党争，二则避兄弟同朝之嫌，再请外放。遂于元祐七年知颍州，同年八月便又奉诏移知扬州。

杭州、颍州、扬州，各有一座西湖，三处都是好地方，若能在任何一处长久停留下来，与西湖共老，"览几席之溪湖，杂簿书于鱼鸟"，东坡都是愿意的。

秦少游最知其心意，曾经赠诗云：

> 十里荷花菡萏初，我公所至有西湖。
> 欲将公事湖中了，见说官闲事亦无。

东坡真的好想停下来，无奈命如飞蓬，身不由己，一次次地织梦，又一次次被打破梦想，叹息上路。

实在是高太后太惦记他了，隔三岔五将他召还。先授以兵部尚书兼侍读，后又改为礼部尚书，还曾陪同哲宗祭礼南郊，任卤簿使。

时为元祐七年十一月，苏东坡重回东京，皇帝御赐官衣一套，金腰带一条，以及金镀银鞍佩马一匹，他作为卤簿使引导圣驾前往景灵宫祭拜赵家始祖轩辕黄帝。这次大典，苏轼夫人王闰之也得以命妇身份陪同太皇太后祭拜皇陵，按品大妆，享极尊荣。在这次大典后不久，王闰之病重，次年春逝于京师。其丧礼极其隆重，苏轼请求画家李龙眠画了释迦牟尼及十大弟子像，在和尚为她诵经超度时亲祭于灵前，并亲自撰写《祭亡妻同安郡君文》，赞美她勤谨贤淑，"妇职既修，母仪甚敦。三子如一，爱出于天"，且许诺"惟有同穴，尚蹈此言"。

王闰之跟随苏轼十六年，历经杭州、密州、徐州、湖州官任，陪着他走过"乌台诗案"与黄州贬谪，之后再从州郡回到京城，大起大落，祸福与共，受尽苦难，也享尽尊荣，撒手于苏轼最风光的时候，只安静地等待他最终归来，与她同穴。

她终究是幸运的，只是，我替王弗难过，她与苏轼结缡十年，是他的原配发妻，死后竟然不得与之同穴。那眉州的千里孤坟，只能年年岁岁地固守凄凉，"明月夜，短松冈"，他始终没有回来。

她的一缕孤魂，又该向何处依托呢？

世上没有如果，但是我们翻阅历史坐看风云之时，总是忍不住去想一下那个"如果"。如果苏东坡能在王闰之过世时，抓住这个理由告病辞官，乞骨还乡，带着王闰之的灵柩回眉州，那么后面的一连串迫害就都不会发生。但他只是将妻子的灵柩停厝于京西寺院中，等自己百年之后，再与其合葬。显然，他还打算大干一番，认为前面犹有无限的可能性在等着自己大展拳脚，要继续搅动风云。

高太后病危之时特地召集亲信大臣范纯仁、吕大防、苏辙等叮嘱说："我死以后，皇上是不会再重用你们的了。你们早些退避，免得遭祸。"

所谓人之将死，其言也善。他们都是聪明人，都清楚自己从前种下的因，会在将来得出怎样的果。他们早已预见前途的艰险，却仍然不肯放手。

仁宗朝的太后刘娥，到死那一天才舍得脱下皇帝冕服，换上太后大装去陪先皇；如今的太皇太后高滔滔，亦是将垂帘听政进行到死前的一瞬，才撒手归去。

这样的专权擅势，怎么可能不使幼主衔恨，对垂帘者毫无感恩之心，而是巴不得她早死呢。到那时，太后亲信的下场，必是可以想见的。

繁华不可久恃，功名本是浮云，明知道一切原是虚飘飘不坚牢，何不早早挣脱樊笼，回归故里？

苏东坡也不是没有想过，即使最风光的时候，他也仍然保持着清醒的头脑，知道自己管不住口舌锋锐调侃谐谑的毛病，早晚有一天还会祸从口出。因此，他一直想要早早脱身，学偶像白居易找个安生地方养老，可惜几度请旨还乡，始终不能获允。

元祐六年五月，苏东坡杭州任满，上了一道长长的表章请求续任一期。这是非常具有自传性质的一道奏表，历述了往日遭遇的口舌是非，诚恳地说："欲陛下知臣危言危行，独立不回，以犯众怒者，所从来远矣。"声称敌对力量的诋毁将"聚蚊成雷，积羽沉舟，寡不胜众也""臣岂敢以衰病之余，复犯其锋。虽自知无罪可言，而今之言者，岂问是非曲直"。

可惜的是，这封情意殷殷的奏章到底未获允准，苏东坡注定还要在京城的是非旋涡里打滚，直至翻船。

说到底，还是不够决绝。苏东坡是最杰出的文人，却永远不可能成为优秀的政客。

（二）

元祐八年九月，东坡出知定州，统领河北西部，并指挥该地区的步兵骑兵。

之前，他是希望能回常州久居的，然而两次上奏请求，都被拒绝了，无奈地写下了一首《东府雨中别子由》：

> 庭下梧桐树，三年三见汝。
> 前年适汝阴，见汝鸣秋雨。
> 去年秋雨时，我自广陵归。
> 今年中山去，白首归无期。
> 客去莫叹息，主人亦是客。
> 对床定悠悠，夜雨空萧瑟。
> 起折梧桐枝，赠汝千里行。
> 重来知健否，莫忘此时情。

此时苏辙在东府办公，相当于副相。苏东坡三年来三次离京外放，每年前来拜会一次苏辙府中的梧桐树。前年初见是个雨天，去年从扬州归来，重见又是雨天，今年辞别梧桐前往广东，不知何日再见。

接着，他再次提起了与弟弟的"雨夜对床"之约，心中万般不舍，唯道一声珍重。

东坡虽不想去定州，然而当真赴任后，却一心扑在了军治上，颇有大干一番的豪情。

宋人重文轻武，军职最高将领由文官担任，而武将只能为副手。从前韩琦知定州时，与名将狄青狭路相逢，因为狄青桀骜，欲杀其部将焦用立威，狄青喊冤："焦用可是战功累累的好男儿！"韩琦却轻蔑地一笑："东华门外戴花游街的（指状元）才是好男儿呢！"到底当着狄青这只"猴"，杀了焦用这只"鸡"。

韩琦与范仲淹同朔西南，屯兵三年，高垒深沟，号令严明，扭转了宋军一直被动挨打的局面，反守为攻，终于逼得西夏主动议和。

当时民间流传一句歌谣："军中有一韩，西夏闻之心骨寒；军中有一范，西贼闻之惊破胆。"而范仲淹也正是在此期间写下《渔家傲·秋思》这首脍炙人口的边塞绝唱：

渔家傲·秋思

塞下秋来风景异，衡阳雁去无留意。四面边声连角起，千嶂里，长烟落日孤城闭。

浊酒一杯家万里，燕然未勒归无计。羌管悠悠霜满地，人不寐，将军白发征夫泪。

唐代多边塞诗，但宋代边塞词的豪放之风却是由范仲淹的《渔家傲·秋思》首开先声，凡曾经兵事者无不成诵。

苏东坡一直心向往之，早在密州时，就借着行猎大做兵旅梦，写下"西北望，射天狼"的远大志向。如今来到军中，自觉离圆梦又近了一步，真是摩拳擦掌，兴头满满。

临行前，他还特地邀请了李之仪为定州签判，作为自己的助手共守边陲。李之仪欣然应允，"乃从苏轼于定州幕府"。

李之仪，字端叔，自号姑溪居士、姑溪老农。早年师从于范纯仁，二十二岁进士及第，才华横溢，琴棋书画无所不能。

苏轼早闻李之仪文名，只无缘相识，待到贬放黄州时，众人避之唯恐不及，李之仪却主动攀交，数度写信致意。后来苏轼还京，李之仪正在京中枢密院任编修，遂成为苏门常客，相交于微时，往来于盛时，交情自是与众不同。

"苏门四学士"之一的张耒回忆："元祐八年，苏先生守定武，士愿从者半朝廷，然皆不敢有请于先生。而苏先生一日言于朝廷，请以端叔佐幕府。"可见苏轼对李之仪的看重。

苏轼邀请李之仪相伴定州，一则是因为李之仪从前有过入幕经验，二则苏轼曾盛赞李之仪文笔词风"入刀笔三昧"，并将他比作东汉著名的军事家马援和班超："若人如马亦如班，笑履壶头出玉关。"倚若肱骨。

定州，成了苏轼人生逆旅中的新一站。

（三）

定州城距宋辽边界不远，可谓军防重地，却完全看不到紧张戒备的气氛，军政废弛，军纪散漫，令人忧心。苏轼顶着双学士的头衔来到军中，在视察了当地军队的情况后，给皇帝上了一道《乞降度牒修定州禁军营房状》，对于军中诸弊——分析，并指出有些军人盗卖军备物资用于赌博，"禁军日有逃亡，聚为盗贼，民不安居"。

他针对军备废弛，各卫戍士兵骄横懒惰，缺乏训练等时弊，采取了一系列措施，修缮营房，整顿军纪，惩治贪腐，一振颓风，定州人都说："自从韩琦走后，久不见这礼制了。"

这真是令东坡闻之心悦。他当过两个月兵部尚书，十个月礼部尚书，对礼制十分在意，特地身穿戎装举行阅兵，让将校副官按等级站立。有老将自觉驻军多年，借故不参加校阅的，苏东坡严令申饬，命其必须整装出席。

这些细节看了真令人莞尔。文人带兵，到底是更注重形式的。年近花甲的苏东坡，依然是三十八岁时那个津津乐道于"锦帽貂裘，千骑卷平冈"的密州太守。二十年过去，他依然是那么嘚瑟，那么张狂，那么豪气凌云。只不过，现在才真真可以称得上是"老夫"了。

苏东坡是喜欢做实事的人，不管到哪里为官，都想着为民请命，造福百姓。他在定州统领军部，亦不忘关注民生，明令禁止征收苛捐杂税，两奏朝廷实行"粮米减价"和"开仓贷米",让定州五万饥民度过了荒年。

关于东坡在定州的政绩,苏辙在其墓志铭中写道:"八年,以二学士知定州。定久不治,军政尤弛,武卫卒骄惰不教,军校蚕食其廪赐,故不敢何问。公取其贪污甚者,配隶远恶,然后缮修营房,禁止饮博,军中衣食稍足,乃部勒以战法,众皆畏服。"

明明政绩突出,然而刚过半年,苏轼却再次遭到贬谪,而且是一贬再贬。这一切,与他的政绩能力全然无关,纯粹是因为政治风向变了。

此前,高太后把持朝政八年,军国大事完全掌握在自己手里,临朝时对坐在一旁的赵煦完全视若无睹。朝堂之上,大臣们都是向着太后奏事,背对赵煦,连走过场询问一下陛下的旨意都省了。因此赵煦亲政后曾经抱怨,他坐朝时永远只能看到太后和朝中官员的屁股。

高太后在新皇继位后,并未依例晋封赵煦生母朱氏为太后,而是将皇后向氏尊为皇太后,朱氏只封为太妃。直到赵煦亲政后,才下诏令母亲的待遇与向皇太后相同。

哲宗对其积怨已深,难怪亲政后要清算对自己不敬的元祐大臣们了。

哲宗十八岁亲政,改年号绍述。一登基便展开了翻天覆地的政改行动,简单来说,就是高太后支持的,赵煦就要反对;高太后反对的,赵煦就要发扬。甚至就连他的皇后孟氏,因为是高太后替他选的,也要和旧党一起废掉,出居瑶华宫,成了一名女道士。

于是,神宗时代最得力的干将章惇被召还,重登相位,全面恢复王安石新法。新旧两党之间再次展开清盘大战,苏轼及其门人悉遭贬谪。

其实,这一切都不难预料。尤其苏东坡早已深陷党争之中,清楚地知道自己只要一天身在官场,这种争斗就不会停止,而太皇太后是他唯一的保护伞。但他大约觉得自己曾任哲宗侍讲,与幼主有师生之谊,即使朝廷变天,自己头上也依然会是晴空万里吧?因此他只是请旨外放,天真地以为只要自己不在京城,就可以远离斗争旋涡,保得平安。

诚如他从前所说:"眼前见天下无一不好人。"他终究是高估了人性,低估了风险。

（四）

绍圣元年（1094年）四月，苏轼刚到定州半年，种种宏图伟业还没有来得及展开，就以"掌制词语涉讥讪"的欲加之罪被撤销端明殿学士和翰林侍读学士的职位，以左朝奉郎出知英州（今广东英德），从三品大员直降为六品小官。

因言获罪，对苏轼来说已经是老调常弹了。于是，一家人收拾行囊，仓皇上路。谁知，还在半路上，就又接到一道圣旨："责授建昌军司马，惠州安置，不得签书公事"。

一道大庾岭，将中州疆土分隔为内陆文明与岭南炎荒。宋朝不杀士大夫，最严重的刑罚，就是贬往岭南。当年高太后不听范纯仁劝谏，意志孤绝，流放蔡确，令岭南之路重开，谁能想到首先吞咽这枚苦果的，便是彼时受其恩隆深重的苏轼。

东坡实是太冤枉了，无缘无故成了罪臣不说，六品官、两学士及相应俸禄一夜之间化为乌有，还被远放岭南。此时回顾往昔，想想从黄州归来后连升十级的风光荣耀，真个是恍如一梦啊。

与此同时，苏辙与"苏门四学士"等苏轼亲信也都一同被贬。李之仪亦调任原州通判。而所有这些政令，都出自章惇之手。可是，苏轼到底犯了什么弥天大罪，章惇又为什么一定要置他于死地呢？

没有答案。

在详说苏轼与章惇友谊翻船始末之前，我们先来聊聊美好的情义，说一下李之仪的妻子胡淑修，一位真正贤德的奇女子。

胡淑修（1047—1105），字文柔，天资聪慧，出生于书香门第，自幼工诗善文，遍读六经，十八岁嫁与李之仪为妻，夫妻琴瑟相和，感情极好。

李之仪如此夸耀妻子的才学，"上自六经，司马氏史，及诸纂修，多所综织。于修学则终一大藏。作小歌词禅讼，皆有师法，而尤精于算数"。

就连发明了悬式指南针的北宋著名科学家沈括都曾向胡淑修请教算术之道，且感慨："得为男子，吾益友也。"

胡淑修久闻苏轼大名，陪李之仪任苏轼幕僚期间，多次对丈夫说："苏子瞻名倾一时，读他的书，让人有杀身成仁之志，你应该多同他交往。"

一日，苏轼至李之仪家中拜访。胡淑修亦学王弗的"屏后听声"，躲在屏后偷偷观察苏大胡子谈笑，事后感叹："我尝谓苏子瞻未能脱书生谈士空文游说之敝，今见其所临事不苟，信为一代豪杰也！"

苏轼亦很敬佩胡淑修的文采德行，曾数次"命其子妇尊事之"，并称呼胡淑修为"法喜上人"。

苏轼被贬离定州时，胡淑修亲自缝制棉衣送别，且说："身为女子，得以结识苏大学士这样的英豪，此生无憾。"

后来，胡淑修在常州听说苏轼一贬再贬，常州有许多人因为受到苏轼牵连被披枷挂牌示众。胡淑修激于义愤，竟然抛头露面，自愿加入挂牌示众者的队伍，以苏轼的"骨灰粉"自居，大声鸣冤。

在千年前礼法森严的大宋，有这样一位旷世豪杰，和这样一个巾帼奇女子，相知相敬，惺惺相惜，其知己之情真让人肃然起敬。忍不住想起"风尘三侠"的故事，苏轼、李之仪、胡淑修，比之虬髯客、李靖、红拂，实则更为豪迈风流也。

胡淑修最有侠女风范的行为还在于"盗书救夫"一事。

1101 年，范纯仁病重，临终前口授遗言，令李之仪整理成遗表奏与皇帝。

然而原为新党中人、后来却借着替司马光废除新法而上位、在哲宗朝又以新党中坚自居的小人蔡京，发挥鸡蛋里挑骨头的恶习，在遗表里找了几句反对新法的话，诬陷李之仪杜撰遗表，借先师之表，抒个人之愤，辱骂新党，攻击变法，并将李之仪逮捕入狱，欲置之死地而后快。

胡淑修此时正在常州家中，闻知消息，当即典当衣物首饰，星夜兼程赶往汴京，动用所有的关系四处打点，却因为蔡京权重，无人敢相助，就连胡氏的娘家也害怕受到牵连，闭门不见。

功夫不负有心人。胡淑修到底打听到丈夫原本有一份遗表的记录手稿，保存在一位官员家中，若拿出手稿，必能证明这确为范氏遗表，为丈夫洗脱罪名。只是，这位官员怕受牵累，死活不肯拿出手稿。

于是胡淑修花巨资买通了官员的家仆，弄清楚手稿藏匿位置，竟然亲自做了一回蒙面大盗，只身前往，穿堂入室，从官员家中盗出了手稿，并拜请祖母相陪，入宫求助光献皇太后曹氏，为夫申冤。

胡淑修侠女般的行为震动朝野，太后深为感动，并亲自出面安抚，盛赞其"有学能文"，且赐凤冠霞帔。蔡京见此，只好免了李之仪的死罪，却仍然将他除名，编管太平州。

太平州在现在的安徽当涂，乃是传说中李白捞月飞升之地，偏僻苦远。胡淑修本可以不随同丈夫前往贬地，但她执意相随，坚持带着儿女陪丈夫一起前往偏远的太平州吃苦。结果儿子女儿相继过世，胡淑修亦不堪打击，于1105年撒手尘寰，终年五十八岁。

十二年后，李之仪亦病逝当涂，与胡淑修合葬。

李之仪后半生的凄苦颠沛，很大一部分原因是受苏轼牵累。即便如此，李之仪也终生以苏门自居，且以赋和苏诗为乐。师徒二人，自定州别离后便再也没有见过面，却始终书信不断。

赵鼎在《竹隐畸士集》中言："东坡生既谪，昔日门下之人惟恐人知之。如端叔之徒，始终不负公者，盖不过三人。"盛赞李之仪对东坡的衷心始终如一。

李之仪生平最著名的词作，是一首《卜算子》：

我住长江头，君住长江尾。日日思君不见君，共饮长江水。
此水几时休，此恨何时已。只愿君心似我心，定不负相思意。

词以女子口吻自道，明白如话，复叠回环，深得民歌风致。

全词以长江水为线索，以相思意为主干，双方相隔千里，却灵犀相通，唯以江水做证，共饮此水，永寄长情。其最深切处，在于发出了"只愿君心似我心，定不负相思意"的深沉呐喊，像极汉乐府民歌"上邪，我欲与君相知，长命无绝衰"以及五代词"换我心，为你心，始知相忆深"。

李之仪主张"语尽而意不尽，意尽而情不尽"，这首词堪称这一标准的典范作品。哪怕只有这一首词，李之仪也可跻身北宋一流词人。

苏轼与章惇，友谊的小船为何翻

（一）

苏轼与章惇友谊的小船说翻就翻，其原因实为东坡一生交友中最大谜案。

章惇（1035—1105），字子厚，福建南平人。章惇是王安石亲信，变法的中坚力量，也就是说从表面上看和苏轼是属于对立党。苏轼得到重用的时候，章惇被打压；而章惇上台的时候，则是苏轼倒霉。这好像没什么可疑的。可问题是，两党的斗争多半都是把对立党赶出朝廷政治中心就算胜利，没有必要打倒在地还踏上一只脚。章惇却将苏轼一贬再贬，他为什么要这样不死不休呢？

查遍典籍也没发现他究竟与苏轼有什么深仇大恨。相反的，通过两人的诗文往来以及《高斋漫录》等许多野史记载，可以证明两人从前还是亲密好友。

章子厚比苏子瞻大两岁，性格豪爽，相貌俊美，才学出众，对自己的书法相当自负，自谓"墨禅"；又曾经修炼道家法门，服气辟谷，风骨洒然。能和苏轼惺惺相惜成为朋友，是非常合理的事情。

苏轼曾评价他："子厚奇伟绝世，自是一代异人，至于功名将相，乃其余事。"简直觉得这位朋友无所不能。

宰相张商英则如此评价："安得奇男子如相公者，一快吾平生哉！"可见旁人眼中，章惇也是英武好男儿。

章惇也参加了嘉祐二年试，本应是苏轼同科。可是因为名次在自己侄子后面，引以为耻，竟然拒不受敕。隔了两年又来参加考试，名列第一甲第五名，开封府试第一名，这才高高兴兴地接旨上任。这份狠心决断，绝非一般人所能够拥有。

后来，苏轼初仕凤翔，章惇其时任职商洛令，两人同在陕西，还曾一同担任解试的监考官，被一起关在考场好几天，生生关出了深厚的友情。其后，两人时常相约小聚，把臂共游。一次共饮山寺，听人说这里有老虎。两人骑马前往，忽闻虎啸，马吓得不敢前进，苏轼劝章惇返回，章惇却拿出一面铜锣狂敲，惊得老虎闻声远逃。又一次，两人同游终南山，攀登仙游潭。潭下绝壁万仞，横着一座独木桥，极为险峭。章子厚推苏子瞻过桥去对面山壁写下两人的名字，苏轼不敢过。章惇却带着笔墨"平步而过，用索系树，蹑之上下，神色不动"，在壁上龙飞凤舞地题字："章惇、苏轼来游"。

苏轼感叹："子厚兄他日必能杀人。"

章惇问："为什么这么说？"

苏轼答："能对自己这么狠的人，一定对别人下手更狠。"章子厚大笑。

那一刻，两人都绝对不会想到，后来章惇一心要杀的人，竟然就是身边的好友苏轼。

熙宁变法中，章惇深受王安石重用，赞其"有机略，才极高"，遂崭露头角。元丰二年，苏轼沦陷"乌台诗案"，众人避之唯恐不及，而章惇不但冒着得罪宰相王珪的风险为苏轼说话，且在他被贬黄州后去信抚慰，在朝廷中屡为之周旋。苏轼回信说"平时惟子厚与子由极口见戒"，竟将章惇与弟弟苏辙并论，可见亲厚。

之后，两人也一直保持书信往来，内容极为琐细。苏轼就连家里牛生病了都会向章惇报告一声：

仆居东坡，作陂种稻。有田五十亩，身耕妻蚕，聊以卒岁。昨日一牛病几死，牛医不识其状，而老妻识之，曰："此牛发豆斑疮也，法当以青蒿粥啖之。"用其言而效。勿谓仆谪居之后，一向便作村舍翁，老妻犹解接黑牡丹也。言此，发公千里一笑。

这封《与章子厚书》轻松跳脱，饶有生活意趣，甚至还成了中学语文古文阅读分析题，以此彰显通信人的交情亲密。

直到苏轼从黄州移至汝州时，中途选定阳羡打算买田长居，还特地写信给章惇说明，章惇亦有诗《寄苏子瞻》：

> 君方阳羡卜新居，我亦吴门葺旧庐。
> 身外浮云轻土苴，眼前陈迹付籧篨。
> 涧声山色苍云上，花影溪光砚画馀。
> 他日扁舟约来往，共将诗酒狎樵渔。

这句"他日扁舟约来往，共将诗酒狎樵渔"足以与苏家兄弟的"雨夜对床"之约相媲美，诗酒渔樵，竟是做起组团养老的打算了。

出人意表的是苏轼并没有就此隐居，反而平地飞升、峰回路转、飞黄腾达了。而两人的诗文奉和，也突然中断。也就是说，直到元祐之前，两人都是朋友。那么问题只可能发生在"元祐更化"时期了。在这期间，苏轼被重新起用，而章惇则被贬岭南。乞贬章惇的札子中，有一则来自苏辙，题为《乞罢章惇知枢密院状》，力言"使惇用心一一如此，岂不深误国计。故臣乞陛下，早赐裁断，特行罢免，无使惇得行巧智，以害国事"。五天后，章惇贬知汝州。这时期，弹劾章惇的札子如雪片般，而在此之际，苏轼保持了沉默。

（二）

如果从头细看章惇在"熙宁变法"中的种种作为，包括在"元祐更化"初期的上奏札子，会发现他虽然勇于直言，偶尔偏激，但总的来说还是个有作为有才能的人。

比如司马光要割地给西夏，得到包括苏辙在内的旧党的支持。章惇上奏说"议者可斩"，斥责司马光是村夫子，无能为、无见识的不逞之徒，出语虽然刻薄，但勇气可嘉，忠心可表。

再如司马光五日内尽废免役法，章惇激烈反驳，洋洋洒洒写了篇《驳司马光劄子奏》，内容有理有节，条分缕析，摆事实，讲道理，就事论事，既肯定了司马光对免役法弊病的指摘，亦辩驳了司马光因对现实情况不了解而做出的错误指控，更预测了急促废法会引发的惨烈后果，并给出合理建议：役法不是不能改，但请求朝廷务必要"曲尽人情，使纤悉备具，则推行之后，各有条理，更无骚扰"，可以先在京东、西两路试点，派官员巡访州县，体问民情，切实摸查哪种户适合纳钱免役，哪种户适合出役，然后再根据实际情况制定施行条例。

这是非常合理的建议，也是非常公允的札奏。

事实上，之前苏轼、苏辙兄弟也是反对司马光废除免役法的提议的。可是碍于恩情，在越来越针锋相对的争议中，苏辙却渐渐违背初衷盲目支持司马光，强词夺理地指摘章惇，给他扣了一顶接一顶"帽子"，简单说就是老师说的就是对的，你反对老师就是错的。

苏轼虽然没有明着指摘，却也在私下劝说章惇不要对司马光不敬，理由是"司马君实时望甚重……若不加礼，必以贱贤为累"。意思是司马光名气很大，不可慢待。如果你对他无礼，世人会认为你不敬贤人。

苏家兄弟深受司马光提携之恩，苏辙身为谏官，近乎无条件地站在司马光的立场上指哪打哪。苏轼虽不像苏辙那样旗帜鲜明，却也是在维护恩师面子的前提下保持中立。见章惇让恩师不高兴了，便来劝朋友放尊重些。

《宋史·苏轼传》说："惇以为然，光赖以少安。"

如果我是章惇，说不定会回敬一句：如果我是畏权媚上之徒，当初你被抓进乌台狱的时候，我就不会顶撞王珪替你说话，而应该随波逐流上札子请奏将你斩立决了。

最难堪的是，四月六日，王安石卒。五月十九日，苏辙上《乞诛窜吕惠卿状》，指摘王安石"山野之人，强狠傲诞，其于吏事，冥无所知。惠卿指摘教导，以济其恶"，这就有点昧良心了。

苏轼虽然没有跟着指摘对他有恩的王安石，却也附议了一折《吕惠卿责授建宁军节度副使本州安置不得签书公事》。兄弟俩一唱一和，站在旧党立场上与新党打擂，虽然没有针对章惇，但是章惇看了这些札子，也不能不感到心寒。

何况，此前苏轼就曾有过一篇读《战国策》感言，认为商鞅变法有利民之处，所以曾位极人臣，宰执天下，"足以报其帝秦之功矣"，但亦有害国之弊，所以死于车裂之祸，"理势自然，无足怪者"。他甚至在文章中说，后来那些喊着变法的君子，"有商君之罪而无其功、享商君之福而未受其祸者，吾为之惧矣"。这是恨不得将新党中人全都送去车裂吗？

道不同不相为谋，至此章惇与苏轼已经完全站在了对立面。

章惇贬官汝州后过得颇不如意，干脆申请"提举洞霄宫"，投闲置散。苏轼给他写了封站着说话不腰疼的问候信："归安丘园，早岁共有此意，公独先获其渐，岂胜企羡。但恐世缘已深，未知果脱否耳？"

意思是说，咱们一直说要归隐来着，现在您抢先一步圆梦了，我真羡慕啊。其实我也不想这么威风荣耀的，就是官做得太大了，头衔也太多，一时走不开，也不知道什么时候才能脱身？

这时候的章惇虽是闲职，却不得自便，根本算不得"归安丘园"。直到元祐三年四月，在范纯仁的周旋之下，朝廷才同意他可以回苏州沧浪亭安居。只可惜"及诏下，而父已卒"，赶上守制了。如此，提前了三年祝福他归隐的苏轼，就显得有点不尴不尬了。

整个元祐时期，可谓是苏轼人生最风光的时期。但整整八年间，身居高位的他，除了党争就没干过一件正经事。

先是新旧两党对峙，他由司马光一手提拔，自然是壁垒分明的旧党，也因此站到了章惇、蔡确、吕惠卿等人的对立面。等到终于把新党清除后，旧党又三分天下，开始了内斗：司马光门下的老派官僚"朔党"，苏东坡为代表的"蜀党"，以及程颐门下的"洛党"。

苏轼深陷党争旋涡中，每天不是想着如何驳斥别人弹劾自己的札子，就是想着如何搜罗对方的罪证，不是你死，就是我活。所谓"世缘已深"，实是冤孽万重。

苏轼对此也是深感厌倦的，他并不喜欢这样的生活，于"飞升"第二年就开始不断请旨外放，这是为了脱离内斗，也是为了保全苏辙。他六次请旨，求了四年才得放杭州，后知颍州，再改扬州。但每次时间都不长，隔不久便被高太后召还，直到太后薨逝，才如愿去了定州。然而，只有半年就被贬了，而且追贬到了岭南；同时，苏辙也是接连贬降，先是外放汝州，后被发配筠州，再后来又改贬雷州。所有这些政令，都出自章惇之手。

（三）

宋哲宗亲政，章惇重新拜相，开始全面恢复新法，大力清算元祐党人。大小官僚，无一幸免，他甚至请求将司马光掘墓鞭尸。幸亏宋哲宗还没昏庸到那个程度，不肯答应。

我起初猜测章惇如此狠辣决绝，想来是在谪放期间吃了不少苦，如今满怀复仇之心回到朝廷，誓要对旧党痛下杀招，绝不手软。但是再一想，他的提举洞霄宫比起苏轼的黄州团练副使来说，根本就是小菜一碟，至于性情大变到偏激吗？

之前他在神宗朝任副相时，一次神宗因为陕西用兵失利而欲杀转运使，宰相蔡确劝阻："祖宗以来，未尝杀士人，臣等不欲自陛下始。"神宗沉吟良久后改判："可与刺面，发配远恶处。"章惇却又不干了："士可杀，不可辱。那还不如杀了呢。"

神宗不高兴了，左也拦右也拦，你们咋不替我当皇上呢，便甩脸子说："快意事更做不得一件！"不想章惇比他脸更沉，厉声说："如此快意事，不做得也好！"弄得神宗没了脾气，这转运使也就逃了一死。

章惇几经沉浮，再回到相位时，对元祐党人起了杀心，"将尽杀流人"。这回却是哲宗不同意了："朕遵祖宗遗制，未尝杀戮大臣，其释勿治。"

苏轼，亦在章惇口中的"流人"之列。

虽说以章惇的铁腕与狠辣，贬黜苏轼及其门人也在情理之中。但是他曾与苏轼唱和同游，就算不念旧情网开一面，也没必要搞针对将之一贬再贬吧？用得着这样赶尽杀绝吗？真有这么大仇恨吗？

兴许是因为朋友的背叛，比敌人的陷害更加可恨，在苏轼得势、章惇落难时，苏轼没有帮他说过话，看着他跌落深渊却袖手旁观，这对章惇来说和亲手推他下井的人并无区别。因此章惇才如此怨恨苏轼，巴不得将他踩在脚底，让他仰望乞怜。

然而苏轼去到岭南后，再也没有给他去过信，更不曾哀恳求恕，这就让章惇更难接受，于是进一步迫害，将苏轼贬去了海南。

说到底，章惇的报复是有些变态的，不但全面打压旧党，甚至设置诉理局，对一切对先朝言语不敬的人施以酷刑。仅元符元年（1098年）一年被惩处的元祐旧党就达八百三十家之多。这必然给朝局造成恐慌，诚如史书所评："党籍祸兴，君子尽斥，而宋政益敝。"

数十年间，新旧法反复更替，不问实际情况地一切切，而且来来回回地切，让法制已经完全失去了改革的意义。但这不是新法的错，而是执法者的错。后世将这一时期的政局之乱归罪于王安石，这是不公平的。同时，章惇为人刚硬，很难用是与非简单评价。《宋史》将他归入奸臣传，主要是由于后世修史者站在王安石的对立面，凡是变法的中坚力量，悉数被打上"奸佞"烙印。

变态也不等于一无是处。决绝的共性是孤勇，章惇也有很勇的时候——或者说，他在自己认为对的事情上一直都挺"勇"的。比如宋哲宗驾崩后，因为身后无子，新君只能从他的弟弟中寻找。章惇奏议立嫡为先，应立与哲宗同母的简王赵似即位。但是向太后不同意，态度强硬地说："老身无子，所有的皇子都是庶出，如果简王是嫡子，那本宫置于何地？"

"老身"发威了，章惇不由得满头大汗，忙改口说，那么按照无嫡立长的原则，当立申王赵佖为帝。向太后仍然不同意，理由是申王一目有疾，为帝有失国体，并推出端王赵佶为帝。

章惇急了，大声抗议："端王轻佻，不可以君天下。"

这句话后来给他惹来了弥天大祸。

向太后反驳说："先帝曾说过：端王有福寿，且仁孝，当立。"忽然搬出先帝口谕来，并威严地询问众臣意见。

这显然是句谎话，先帝若早有遗旨的话，又怎么会到这时候才搬出来？显然先帝口谕云云，不过是向太后为了与章惇作对，随口扯的弥天大谎。

然而谁又敢当面质问太后呢？于是，败家子赵佶登基成了宋徽宗。他大权在握的第一件事，就是罢免说自己轻佻的宰相章惇，接着下诏求贤，广开言路，还为遭到新党迫害的人一一平反，甚至没忘了远在海南的苏轼。

后来的史实证明，赵佶既无福也无寿，不但自己倒霉，还给大宋带来了灭顶之灾。

宋徽宗登基之初或许是想过要当个好皇帝的。当时新旧两党斗争日趋白热化，有官员提出停止党争，消除偏见，调和矛盾，不应当再以新旧党之名倾覆朝政。宋徽宗也觉得有道理，于是改元"建中靖国"，以示"中和立政"。但是不到一年，宋徽宗又改了主意，任用蔡京为相，明确宣布放弃调和政策，将次年年号改为崇宁，重新推行熙宁变法。此时的变法，在翻云覆雨的党派斗争中早已彻底失去改革意义，党派争夺的完全是一己私利了。

宋徽宗对蔡京言听计从，穷奢极欲，挥霍无度，大兴土木，弄得民不聊生，战火四起。到宋徽宗终于嗅到危险气息的时候，亡国之势已是覆水难收。于是徽宗急急地把皇位传给了儿子钦宗，自己做太上皇逍遥去了。

1126年，钦宗登基，不急着改良国策，挽救危局，却忙着追责重罪，清算新党，将所有宿弊都推归于王安石变法，再次恢复旧法，将北宋国情进一步推向恶化。次年，金国侵入汴京，北宋灭亡。

南宋建朝后，赵构更是将亡国之过完全推在王安石头上，"我宋元气皆为熙宁变法所坏，所以有靖康之祸"，此论调为后世所继承。加之程颐门徒朱熹的极言诋毁，说王安石"汲汲以财利兵革为先务，引用凶邪，排摈忠直，躁迫强戾，使天下之人，嚣然丧其乐生之心……"

这样，王安石作为北宋亡国元凶遂成封建时代官方定论，王安石及其推行的新法，就这样被理学后人打入万劫不复的深渊。

回顾历史，不难发现，从王安石变法到靖康之难，新旧党大战六个回合，变法早已失去本来面目。短短四十年间，朝廷六易法度，朝令夕改，时局安得不乱，国家安得不亡？

抛开法度不谈，不论是新党掌舵还是旧党承权，上位后首先忙的都是党争而非治世，大印在手，大敌当前，排除异己才是首务，至于为民请命什么的都要等到权力稳固之后再徐徐图之。可是四十年里六变天，时局一直都未能稳定。不要说蔡京之类的小人了，就连苏轼这样的实干家，在自己当权的八年里都毫无作为，朝廷又怎么会好呢？

王安石变法的初衷是强国，司马光最初的反对也是出于本心，但是自从"元祐更化"司马光重新掌权后，政改的意味就变了。司马光所行种种，单纯是为了彻底废除新法而无关民众利益，此后新旧党轮换登台，党同伐异，各逞一己之快，不顾民生社稷，视政法为儿戏，但求如我愿者则心安，哪里还顾得上国库空虚、民心涣散？

当官不思治世，为民不信朝廷，这样的国家，怎么可能不亡？

然而后世史臣不敢非议国主，遂将王安石推出来祭坛，实为欲加之罪。忍不住要替王安石说一句：这个锅，我不背！

（四）

宋徽宗登基后，贬章惇为雷州司户参军，而将苏轼、苏辙召还京城。

苏辙写下《和子瞻和陶渊明杂诗十一首〈时有赦书北还〉》，中云："幸无薪炭役，岂念冰雪冷。平生笑子厚，山水记柳永。"

这里的"子厚"可以指柳宗元柳子厚，亦可说是指章惇章子厚。毕竟，苏家兄弟"赦书北还"之时，正是章子厚南放之日。此时苏辙正在贬地雷州待还，而章惇却跟他调了个过儿，苏辙不禁有点幸灾乐祸，心中充满善恶到头终有报的爽感。

苏轼回到常州后，收到很多故朋新友的慰问，其中有一封特别的长信，来自章惇的儿子章援。

论起来，这章援是在苏轼知贡举时候及第的，算是苏轼的门生，然而在苏轼落难时不见发声，这会儿看到苏轼起用，生怕他回京后报复章家，这才长篇累牍，叙起师生之谊来了，说到底是为父亲求情。苏东坡不念旧恶，情意殷殷地回信说："轼与丞相定交四十年，虽中间出处稍异，交情固无所增损也。闻其年高寄迹海隅……"叮嘱了半天养生之道，后面还附了一张治瘴毒的方子。

这是苏轼与章惇的最后一次交集。

林语堂盛赞此信是伟大的人道主义文献，其中的宽容大度和仁爱精神，为古今罕见。只是不知道，章子厚看了这封信，是何反应？

崇宁四年（1105年），章惇在贬所逝世，享年七十一岁。后追封魏国公。但是到了南宋，高宗又下诏追贬章惇为昭化军节度副使，命其子孙永远不能在朝廷出仕。

想想真是让人感慨，彼时大宋只剩下半壁江山，偏安江南，皇上被金军追着打，日子过得有今日没明朝，竟然还有闲心跟一个死了几十年的人较劲，追贬问责。看来，宋朝皇廷只要还有一口气在，最关心的仍然是内斗啊！

惠州，惟有朝云能识我

（一）

绍圣元年（1094 年）十月，五十七岁的苏东坡在毫无过错的情形下被贬到了岭南惠州。

岭南到底有多恐怖呢？举个例子：贞观二年时，唐太宗李世民派官员卢祖尚去岭南交州做都督，卢祖尚先是答应了，转念一想又后悔了，三番五次装病推托，还振振有词道："岭南瘴疠，皆日饮酒，臣不便酒，去无还理。"这番出尔反尔还强词夺理的做派可把李世民气坏了，你不想去可以，可是不能接了旨又抗旨不遵啊，这不是耍我吗？于是一怒之下就把卢祖尚斩了。

换言之，古时的贬谪岭南，也就跟死刑差不多了。

唐宋贬臣中有很多去过岭南，没有一个不抱怨的，宋之问写过"处处山川同瘴疠，自怜能得几人归"，沈佺期写过"昔传瘴江路，今到鬼门关。土地无人老，流移几客还"，韩愈一听说要去岭南，连遗书都写好了："知汝远来应有意，好收吾骨瘴江边"。

千年之中，大概唯有大词人苏东坡被贬岭南的时候，还能保持他要命的乐观主义精神，写出"不辞长作岭南人"的赞歌来：

> 罗浮山下四时春，卢橘黄梅次第新。
> 日啖荔枝三百颗，不辞长作岭南人。

苏东坡的潇洒无畏，真是让人佩服。其实他也并非不知道岭南的艰险，在接到诏书的时候，就做好了有去无回的打算，因此将身边的侍儿姬妾尽行遣散，令各自离去，只带了朝云及幼子苏过南下。长子苏迈则从苏辙那里借了七千俸禄，带领全家前往宜兴，靠着当年买下的那点田产过活。

对此，东坡深为感叹，曾作《朝云诗》纪之，诗前有序："予家有数妾，四五年间相继辞去，独朝云者随予南迁，因读乐天诗，戏作此。"

一句"家有数妾"，让我们明确地知道苏轼不止纳过王朝云一个姬妾，不过史上留下名字且诞下儿女的只有朝云罢了。"四五年间相继辞去"有疑义，往前四五年间，还是他得意之时，为什么这些人会相继离去呢？所以我猜测这些姬妾大多是在苏轼起复还京后买入或收房的，但从苏轼四五年前不停外放开始便逐渐遣散了。毕竟，不能每次远行都带着大队姬妾相随。尤其镇守定州军时，更不适合带着数妾前往。

此时，苏轼身边最后的红颜只有王朝云，这个从十二岁起便一直跟随着他的美丽而温柔的女子，至今已有二十年相伴：

朝云诗

不似杨枝别乐天，恰如通德伴伶玄。
阿奴络秀不同老，天女维摩总解禅。
经卷药炉新活计，舞衫歌扇旧因缘。
丹成逐我三山去，不作巫阳云雨仙。

我们早已知道东坡居士是白乐天的铁杆粉丝，不但学人筑苏堤，还效仿偶像自号东坡，时时事事拿自己与偶像相比。可是，贬官逐妾又关白居易什么事呢，为什么要说"不似杨枝别乐天"？

原来，白居易姬妾众多，其中最出名的两位叫作樊素和小蛮，他曾经为他们作诗："樱桃樊素口，杨柳小蛮腰。"樊素擅歌，最喜唱《杨柳枝》。但乐天在老年中风后，将众歌妓侍妾遣散，连樊素也一同发嫁，并写下"病与乐天相伴住，春随樊子一时归"的诗句，极为惆怅。

朝云和樊素一样是歌妓出身，但是人生选择却不同，她坚持要学晋人刘伶元的小妾范通德，誓要陪伴夫君双修共老。

苏轼处处以白乐天为榜样，从前曾有诗"我甚似乐天，但无素与蛮"，对于自家姬妾的才艺颇感不足；如今却觉得反超一局，朝云的誓死相随，更胜蛮素。

颔联中的络秀和阿奴，仍然是取用晋人典故，他们是母子，阿奴性情淡泊，侍母至孝。但是朝云生下的孩子却夭折了，故说"不同老"，这是替朝云倾诉一生最大恨事。唯一可以安慰的是，朝云心向佛教，如天女维摩，初通佛义，自有慧根。

颈联实写朝云今昔，从前舞袖歌衫，如今经卷药炉，实在辛苦了她。惠州的生活很苦，所谓"门生馈薪米，救我厨无烟"。因而王朝云一双弹琴拨弦的小手如今满是茧子，开园耕种，缝补浆洗，任劳任怨。苏轼能在惠州艰苦的环境中挺过来，与王朝云的照顾体贴是分不开的。

最后苏轼自宽自慰说，我俩结伴参禅，他日丹有所成，合当一同飞仙，不复为红尘情爱羁绊，而共行于蓬莱、方丈、瀛洲之间。

王闰之病逝后，苏轼再也没有正式娶妻，亦没有将朝云扶正。这是因为宋朝旧制，官员不可娶平民为妻，自然更不能扶姬妾为正妻。宋时男人死了正妻，即使姬妾满堂，亦算鳏夫，可另寻良家女子为配。但是苏轼后半生再未续弦，只与朝云相伴，虽没给过她"妻"的名分，却以妻礼相待。比如在定州时，苏轼去李之仪家中拜访，便是带着朝云前往的。王朝云与胡淑修均喜诵读佛经，关系相处得很是融洽。可见，苏轼虽然碍于朝云身份不能正式迎娶，但相待方式与正妻无异。

惠州毕竟是瘴病之地，绍圣三年（1096 年）七月，朝云得了烈性传染病，不幸身亡，年仅三十四岁。苏轼为之亲撰《墓志铭》：

东坡先生侍妾曰朝云，字子霞，姓王氏，钱塘人。敏而好义，事先生二十有三年，忠敬若一。绍圣三年七月壬辰卒于惠州，年三十四。八月庚申，葬之丰湖之上，栖禅山寺之东南。生子遁，未期而夭。盖常从比丘尼义冲学佛法，亦粗识大意。且死，诵《金刚经》四句偈以绝。铭曰：浮屠是瞻，伽蓝是依。如汝宿心，惟佛止归。

（二）

朝云之死，大概是苏轼在岭南遭受的最大打击了。

因此，苏轼为之亲撰挽联，以"六不"和"六如"寄托了深深的哀思：

不增不减不生不灭不垢不净
如梦如幻如泡如影如露如电

上联出自《心经》，下联出自《金刚经》。

朝云在金陵丧子后，心碎难当，恨不得追随而去，后来随着苏轼一路漂流到泗上，拜入比丘尼义冲座下，开始学习《金刚经》；此后一心向佛，到惠州后又拜了当地名僧成为俗家弟子。临终前，她不愿苏轼为自己伤心，含泪握着他的手，反反复复念着《金刚经》的"六如偈"来开解他："一切有为法，如梦幻泡影，如露亦如电，应作如是观。"

可她到底也抑制不住一个母亲的本能，含泪说：我一生唯一憾事，是没有看顾好干儿，母子缘分恁浅。

人生如幻如影，世情如露如电，是非成败转头空，不过梨花一梦。朝云笃信佛法，打破顽愚，然而大限来时，纵是百般看淡，万念俱灰，仍手执一缕，抱憾而逝。

朝云不是正妻，所以既没有资格归葬眉州祖坟，亦不能待苏轼百年之后与他合葬，不过是萍踪柳絮，随处抛歇罢了。但是苏轼深爱她，还是非常用心地为她选择了埋骨之地，就在惠州西湖畔孤山南麓栖禅寺大圣塔下的松林之中。虽然此西湖非彼西湖，却也可聊解朝云的思乡之情了。

且苏轼特地在墓上筑六如亭以纪念，亭柱上镌有楹联：

不合时宜，惟有朝云能识我
独弹古调，每逢暮雨倍思卿

上联说的是苏东坡在京中任高官时，门下客如云来，每日应酬不绝，身体也渐渐发了福。一日下朝回府，他拍着肚皮同家人开玩笑说：猜猜我这里面是什么？

有那喜欢开玩笑的便打趣说：五谷杂粮，心肝脾肺。

有知书者则引用卢仝七碗茶的典故说：三碗搜枯肠，惟有文字五千卷。

朝云却淡淡地说：有什么？一肚子不合时宜罢了。

苏轼哈哈大笑，说：知我者，朝云也。

这"不合时宜"既是朝云对苏轼的戏谑，也是苏轼对自己一生的概括；而"独弹古调"，是因为朝云善歌，最能与苏轼弦歌相和。

琴是上古之乐，在唐朝"燕乐"兴起之后，渐少人弹，故称"古调"。刘长卿有诗："古调虽自爱，今人多不弹。"

此后花朝月夕，苏东坡每每弹琴，就不由忆起朝云歌舞的样子，怎能不伤心落泪？因此"每逢暮雨倍思卿"。

朝云一生为东坡唱过无数次曲子，到惠州的第二年秋，一日她置酒抚琴，唱起东坡的一首旧词《蝶恋花·春景》：

蝶恋花·春景

花褪残红青杏小，燕子飞时，绿水人家绕。枝上柳绵吹又少，天涯何处无芳草。

墙里秋千墙外道，墙外行人，墙里佳人笑。笑渐不闻声渐悄，多情却被无情恼。

唱到一半，朝云忽然泪流满面，曲不成调。东坡询问好久，朝云才哽咽道，"枝上柳绵吹又少"之句让她联想起东坡放逐的人生如浮萍无定，因此感伤难言。

东坡却毫不悲戚，放声大笑说："是吾悲秋，而汝又伤春矣。"

然而彼时笑得多畅快，后来再抚琴思昔时便有多痛心。那多情善感的美丽女子，再也不能向他展颜而笑，再也不能为他怜惜落泪了。

朝云葬后三日，夜间忽有大风雨，更是在栖禅寺东南发现五个巨人脚印。于是苏轼又特地在寺中设道场追祭，并写下《惠州荐朝云疏》，深情无限，细述前缘："轼以罪责，迁于炎荒。有侍妾朝云，一生辛勤，万里随从。遭时之疫，邁病而亡。念其忍死之言，欲托栖禅之下……伏愿山中一草一木，皆被佛光；今夜少香少花，遍周法界。湖山安吉，坟墓永坚。接引亡魂，早生净土……"

朝云一生向佛，死后得苏轼如此相待，也算得其所哉。在之后的多年里，苏轼追忆朝云，写下多篇诗文来悼念这位红颜知己。苏轼一生娶过两个妻子，姬妾不知数，但为之题诗的，属朝云为最。其中有一首著名的《西江月·梅花》，以梅花喻朝云，虽不如写给王弗的《江城子》著名，却也传唱千古：

玉骨那愁瘴雾，冰姿自有仙风。海仙时遣探芳丛。倒挂绿毛幺凤。
素面翻嫌粉涴，洗妆不褪唇红。高情已逐晓云空。不与梨花同梦。

"丹成逐我三山去"的愿望到底还是不能实现，只落得"高情已逐晓云空"，玉骨仙风终究敌不过惠州瘴雾，往日恩情也终成梨花一梦。

"伤心一念偿前债，弹指三生断后缘。"

苏东坡之酒徒养成记

（一）

苏东坡曾经说过："吾少年望见酒盏而醉，今亦能三蕉叶矣。"

蕉叶是一种浅底酒杯，为各种款制的酒杯中最小的一只。东坡看一眼酒盏就要醉，可见他好酒但不善饮，自言"予饮酒终日，不过五合。天下之不能饮，无在予下者。"

他又喜欢每天来那么一盅，更喜欢看别人喝酒，图个热闹。所以他实在不能称为"酒仙"，甚至也不能叫作"酒鬼"，最多也就是个"酒徒"吧。

酒徒不是一天养成的。

苏东坡在少年时，其实并不好此杯中物。从看一眼蕉叶酒盏就头晕，到能够浅浅地喝三小杯，经历了许多年。这期间，他每每赴宴坐席，都只是拿着酒杯笑而不饮，"吾饮酒至少，常以把杯为乐""偶得酒中趣，空杯亦常持"。

后来参加的局多了，苏东坡酒量见长，已经能连喝四五杯了。黄庭坚说他："东坡居士性喜酒，然不能四五龠已烂醉，不辞谢而就卧，鼻鼾如雷。"龠（yuè），古代的容量单位，一龠等于半合（gě），也就是一两。换言之，苏东坡喝不到半斤酒，就能在席上酩酊大醉，睡着了还要打呼，也真是挺窘的。所以老苏真个不敢多饮，不然难以终席，反不尽兴。这就难怪他要一直把玩酒杯，抿七八次才饮一小口了。但这一点也不妨碍苏东坡对酒的热爱，简直无酒不欢。

闲居未尝一日无客，客至未尝不置酒。

醉饱高眠真事业，此生有味在三余。

天下之好饮，亦无在予上者。

他在诗中提到"酒"的次数无法计算，各地展馆征求苏东坡雕塑造型图时，千篇一律的"把酒问青天"，俨然酒仙再世。

"持杯月下花前醉""倾盖相逢拚一醉"，他简直无一日不醉。更放狠话说"醉笑陪公三万场"，酒量不好没关系，咱有酒兴，更有酒胆哪。而且一旦"酒酣胸胆尚开张"，就不定会干出什么事儿来，武则"会挽雕弓如满月"，驱狼射虎；文则"乘兴作数十字，觉酒气拂拂从指间出也"。不但能作大草，亦能作小楷，且写得比往时还好，"醒后自以为不及"。

天下没有什么烦恼是一杯酒解决不了的，如果不行，那就两杯!

使我有名全是酒，从他作病却忘忧。

尊酒相逢。乐事回头一笑空。

身后名轻，但觉一杯重。

暂借垂莲十分盏，一浇空腹五车书。

念君官舍冰雪冷，新诗美酒聊相温。

既凿浑沌氏，遂远华胥境。操戈逐儒生，举觞还酩酊。

……

（二）

东坡的酒量与酒兴，是他在任杭州通判时培养出来的，这实在是因为杭州的酒席太多了。东坡原本以健康理由推拒，后来便渐渐从了。半推半就间，东坡起初还是"我饮不尽器，半酣尤味长"，不久便是"朝曦迎客艳重冈，晚雨留人入醉乡"了。

杭州花会上，苏轼发簪牡丹，酒上两颊，笑呵呵念着："醉归扶路人应笑，十里珠帘半上钩。"

望湖楼醉书，更是连写五首。从那时起，他便体会到了醺然的美好滋味，一边抱怨着杭州就是"酒肉地狱"，一边念念不忘酒暖花香。离开杭州往密州的路上，他给子由寄信说："用舍由时，行藏在我，袖手何妨闲处看。身长健，但优游卒岁，且斗尊前。"已经将余生与酒樽杯盏紧密捆绑了。

然而他到了密州才发现，这里蝗虫遍地，兵厨空空，真是穷得可以："绿蚁沾唇无百斛，蝗虫扑面已三回。"

苏东坡简直要哭了。直到没有酒也没有局的时候，他才发现自己早已泥足深陷，爱上地狱的酒香，再也难以忍受无歌无酒的日子。

于是，苏酒徒干脆筑了座超然台，没事就拉着同事们哺糟啜醨，但求一醉。写于密州的多少好词，都是诞生在高台酒后。"休对故人思故国，且将新火试新茶。诗酒趁年华。"

人人只觉得情怀潇洒，却不曾细想这话反过来如何理解：若无诗无酒，岂非便是年华虚度？就这样，东坡一天天在酒徒的路上越走越远，而且为自己嗜酒找到了非常高大上的理由：

虞美人

持杯遥劝天边月，愿月圆无缺。持杯更复劝花枝，且愿花枝长在、莫离披。

持杯月下花前醉，休问荣枯事。此欢能有几人知，对酒逢花不饮、待何时。

尤其贬谪黄州后，因为寂寞沙洲冷，东坡居士比从前更加依赖酒精了，竟是不可一日无此君。他说："酒贱常愁客少，月明多被云妨。""饮中真味老更浓，醉里狂言醒可怕。"喝下去的哪里是酒呢，而是人生的苦辣酸甜。

一夜春深，他往蕲水行游，路过酒家，一杯醉倒。踏着月色来至溪上，解鞍卧倒，曲肱枕臂而眠。醒来已是天明，但见乱山攒拥，流水锵然，不知今夕何夕，疑非尘世，我系何人，此系何地，遂题一阕书于桥柱：

西江月·照野弥弥浅浪

照野弥弥浅浪，横空暖暖微霄。障泥未解玉骢骄。我欲醉眠芳草。

可惜一溪明月，莫教踏破琼瑶。解鞍敧枕绿杨桥。杜宇一声春晓。

这种喝醉后找不到北、回不了家的事，东坡后来还干过很多次：

入城都不记，归路醉眼中。

酒醒还醉醉还醒，一笑人间今古。

夜饮东坡醒复醉，归来仿佛三更。家童鼻息已雷鸣。敲门都不应，倚杖听江声。

黄州少酒，东坡索性自己酿，当然也是为了给自己找点乐子，人一旦忙起来就会忘记荣枯事了。他还给自己的酒写了首广告诗：

蜜酒赞

西蜀道士杨世昌，善作蜜酒，绝醇酽。余既得其方，作此歌遗之。

真珠为浆玉为醴，六月田夫汗流泚。

不如春瓮自生香，蜂为耕耘花作米。

一日小沸鱼吐沫，二日眩转清光活。

三日开瓮香满城，快泻银瓶不须拨。

百钱一斗浓无声，甘露微浊醍醐清。

君不见南园采花蜂似雨，天教酿酒醉先生。

先生年来穷到骨，问人乞米何曾得。

世间万事真悠悠，蜜蜂大胜监河侯。

诗序里写得清楚，这蜜酒的酒方来自蜀道人杨世昌，倒也简单：蜂蜜四斤，炼熟，入热汤搅成一斗，加好面曲二两，南方白酒饼仔米曲一两半，捣细，生绢袋盛之，与蜜水一同封入瓮中，发酵三五天后即可饮。长喝有延年益寿之效。但是你要是真信可就惨了。因为有人喝过那酒，不但没有"甘露微浊醍醐清"，还拉肚子拉到腿软，因为蜜水腐败变质，弄得"饮者辄暴下"，东坡也有点悻悻然，"尝一试之，后不复作"。

（三）

虽然在黄州酿酒失败，但是丝毫没有打击东坡的信心，反而愈战愈勇。后来东坡去了定州，在当地巡察时，听说用黑龙泉的水泡松节可医百病，于是突发奇想，用松针、松果熬水，然后按秘方投料配酒，自谓有奇效，还作了篇《中山松醪赋》：

曾日饮之几何，觉天刑之可逃。投挂杖而起行，罢儿童之抑搔。望西山之咫尺，欲褰裳以游遨。跨超峰之奔鹿，接挂壁之飞猱。遂从此而入海，渺翻天之云涛。使夫嵇、阮之伦，与八仙之群豪。

如今到了惠州，东坡又重操旧业，向当地人学酿糯米黄酒，还取了个很好听的名字"罗浮春"，写了很多赞诗：

三山咫尺不归去，一杯付与罗浮春。
一杯罗浮春，远饷采薇客。遥知独酌罢，醉卧松石下。
玉粉轻黄千岁药，雪花浮动万家春。醉归江路野桥新。

他甚至还写了部《东坡酒经》，纸上谈酒。说得蛮像那么回事儿，因此很多人都误会天下第一好酒客苏东坡是位酿酒大师。显然他自己也这么认为，不但酿酒，还特地将酒方刻石，珍而重之地藏在罗浮铁桥下，以待后世有缘者发现，又作《桂酒颂》《新醉桂酒》诗自吹："烂煮葵羹斟桂醑，风流可惜在蛮村。"

后来有好事者询问喝过此酒的苏迈、苏过，桂酒滋味如何，哥俩相视一笑，老老实实答："唉，就跟屠苏酒气味差不多。"换言之，也就是有酒味而已，实在算不得好喝。但是苏东坡已经很得意了，至少喝不坏肚子啊。

东坡爱酒，更爱与朋友喝酒。

我有一瓢酒，独饮良不仁。

但喜宾客来，置酒花满堂。

醉呼妙舞留连夜，闲作清诗断送秋。

见客举杯徐引，则余胸中为之浩浩焉，落落焉，酣适之味，乃过于客。

你喝酒，我比你还高兴，东坡真是位好客的主人。

一夜，邓道士带着位异人不期而至，"衣桄榔叶，手携斗酒，丰神英发如吕洞宾"，开口便问："子尝真一酒乎？"

东坡大喜，开门延客。其实，那异人未必真如他形容的那般丰神俊逸，只是他在看到人家携酒而来时，已是喜得头皮发麻了，就算来的是铁拐李，在他眼中亦成了吕洞宾。他们分宾主坐定，各饮数杯，击节高歌。或许，唱的便是《薄薄酒》吧：

薄薄酒，饮两钟；粗粗布，著两重；

美恶虽异醉暖同，丑妻恶妾寿乃公。

隐居求志义之从，本不计较东华尘土北窗风。

百年虽长要有终，富死未必输生穷。

但恐珠玉留君容，千载不朽遭樊崇。

文章自足欺盲聋，谁使一朝富贵面发红。

达人自达酒何功，世间是非忧乐本来空。

歌声直上云霄。

那一夜，海岛的月亮，特别澄明。

岭南的风

（一）

苏轼南下时，原本只带了朝云与幼子苏过。朝云病逝后，身边便只剩下苏过，所有起居饮食，"独过侍之，凡生理、昼夜、寒暑所须者，一身百为，不知其难"。

这让老大苏迈非常不放心，为了就近照顾父亲，他主动申请到岭南做官，得了韶州仁化县令一职，于是带着全家老小也来了惠州，打算陪苏轼在此终老。

宋人重孝，苏迈这样做，自是德行品厚之为。但同时也可以看出，苏轼已经在惠州这个蛮荒之地创出一片天地，给了大家一种错觉：既然苏轼已经决定"不辞长作岭南人"了，苏迈当然也可以在此安居。

苏轼不是口头说说而已，他是真打算在此长住，还在白鹤峰选址盖房，自己设计图纸，建造新居。这正是苏轼性格中最让人钦佩的闪光点：乐观，积极，生性洒脱，随遇而安。即便到了惠州，也不会怨天尤人。

他曾经写下《贾谊论》，对贾谊因为一时得不到汉文帝重用便抑郁而死深表惋惜且不以为然，"夫谋之一不见用，则安知终不复用也？不知默默以待其变，而自残至此。"

一方面，他觉得岭南艰险，有去难回，故而遣散姬妾；另一方面，他又怎么都不相信哲宗会厌弃自己，认为皇上念着"八年经筵之旧"，一定会很快下诏宽恩。他坚信自己"信于久屈之中，而用于至足之后，流于既溢之余，而发于持满之末"，很快就能卷土重来。

天真烂漫了一辈子的苏轼，到老了也是如此。但是哲宗对于给自己授业八年的老师，也着实是薄情了点。

苏轼来到惠州不久，坏消息不断传来，元祐诸臣纷纷遭贬，谪往岭南各地者达三十余人，就连九十一岁的老好人文彦博都遭贬放，苏轼终于心死，感到北归无望了。

"岭南万户皆春色，会有幽人客寓公。"纵然瘴疠横行，亦有别样江河。苏东坡的眼中，永远能看到不一样的美："仰观江摇山，俯见月在衣。步从父老语，有约吾敢违。"

这样的好性情，这样的好心态，让他走到哪里都不缺朋友。而且，他那双水利专家的慧眼，又盯上了惠州西丰湖。于是，又干上了疏浚西湖的老本行。不在其位，想谋政也没权没钱。有钱才能干事，他索性捐出自己的御赐犀带，而后发起募捐，联合僧道来修桥通湖。施工时，他以花甲之龄混迹于民工中，亲力亲为，监督工程进展，可谓最好的水利工程师。

竣工之日，惠州村民欢欣庆祝，"父老喜庆集，箪壶无空携。三日饮不散，杀尽西村鸡"，仿佛回到了他在徐州修黄楼时的情形。

他不是太守，胜似太守，行走民间，与农夫们分享自己的躬耕经验，教授粗疏的惠州人改革农具，将武昌的插秧机械"秧马"引进惠州，还写了首《秧马歌》劝农。

他又设法利用自己的影响力建造军营，解决军民混居的乱象；又因为惠州郊野多曝露的枯骨，他特地作了《葬枯骨铭》，建议太守收葬无主尸骸。所以，尽管在惠州不得签公事，他处理的公事可真是不少。

说起来，似乎东坡只有在地方为官才能做些实事，哪怕是遭贬谪不得志时，亦能竭尽一己之力为民疾呼。不管他自己的处境如何艰难，也仍然关心着那些比他更困苦的人。然而一旦回到了实权高位上，却反而为琐务所累，做不得什么正事，甚至还因为他的名头而导致不必要的"洛蜀党争"，将朝廷的浑水搅得更加污浊混乱。

只有身在民间的苏东坡才更像苏东坡，诗风词境也才更洒脱清爽。在惠州，他继续创作"和陶诗"，如《和陶归园田居六首》《和陶咏三良》《和陶时运四首》《和陶读山海经》等等，生生将瘴霭重重的岭南，视作采菊东篱的南山。

和陶归园田居之一

环州多白水，际海皆苍山。

以彼无尽景，寓我有限年。

东家著孔丘，西家著颜渊。

市为不二价，农为不争田。

周公与管蔡，恨不茅三间。

我饱一饭足，薇蕨补食前。

门生馈薪米，救我厨无烟。

斗酒与只鸡，酣歌饯华颠。

禽鱼岂知道，我适物自闲。

悠悠未必尔，聊乐我所然。

古往今来的所有文人中，我最敬佩的有两位，一是陶渊明，二是苏东坡。

爱陶渊明，是因为他真正放得下；爱苏东坡，是因为他真正拿得起。在惠州的苏东坡，竟与陶渊明重合了。

（二）

苏轼贬到惠州后，朋友们纷纷写信来安慰他。他却回信说，自己在惠州住得很好，吃得也很好，《答陈季常书》中说："到惠州将半年，风土食物不恶，吏民相待甚厚。"

《与参寥子书》中则细说自己住在一个小村院中，虽然糙米瓦灶，但也寻常度日，"便过一生也得。其余，瘴疠病人，北方何尝不病？是病，皆死得人，何必瘴气？但苦无医药。"

如此豁达放旷，世上万难也是难不倒他的。

苏轼人缘好，名气大，远近朋友都来拜访。尤其苏迈曾与朋友说起对老父的担心，又说岭南音讯不通，十分挂念，苏州定慧院净人卓契顺听了这话，豪迈地说："何必忧愁？惠州又不在天上，只要脚走得到的地方，我必可以去到，替你送家书探访令尊便是。"

说走便走，契顺真的拿出行脚僧转山的劲头，徒步从苏州出发，跋山涉水地来到了惠州。

东坡玩笑说：你千里而来，带了什么礼物？

契顺摊开双手，一无所有。

东坡叹息：可惜数千里空手来。

契顺不语，却做了个挑担子的动作信步而行。

僧家辩经参禅，有时会不以语言而只以动作表达，契顺这个"作荷担势信步而去"的动作到底含着怎样的禅意呢？

有人猜是手上无担，心中有担；有人猜是空手而来，亦将空手而去。

我则猜契顺想说的是：空不空手，有没有礼物，来不来，去不去，都只是一个动作一个空象罢了。

契顺如此谐趣洒脱，自是与东坡脾气相投，因此在惠州一住就是半月。临走之际，东坡问他想要点什么，契顺摇头："我因无所求而来惠州，如有所求，该去京城繁华地才是。"

东坡说："那就想想要点什么惠州有而京城没有的吧。"

契顺又想了想，这才说："我能讨您一幅字吗？"

于是，他拥有了一幅苏轼亲书的陶渊明的《归去来兮辞》。方外之人的红尘之交，竟是如此洁净可喜。

清代顾沅《苏亭小志》载，契顺返苏州时，途经江西彭泽陶渊明故居，觉得这墨宝留在那里更合适，便大方地舍了去。契顺回苏州后将此事告知定慧寺长老守钦，并记录了此事。

后来，明代苏州知州况钟重修定慧寺，看到这则记载，到底不甘，特地命僧人往江西欲将书法讨还。可惜的是，彼时原作早已不见，幸有石碑留存；僧人遂将碑文拓回。况钟遂将其刻碑，嵌于定慧寺壁上，还在虎丘天王殿建楼纪念，题名"仰苏楼"。

且说契顺此行，不但带来了苏迈的家书，还带了佛印的信函。

这是史上有载的佛印与苏轼最后一次书信往来，写得气吞山河，大气磅礴。

子瞻中大科，登金门，上玉堂，远放寂寞之滨，权臣忌子瞻为宰相耳。人生一世间，如白驹之过隙，二三十年功名富贵，转盼成空。何不一笔勾断，寻取自家本来面目。万劫常住，永无堕落。纵未得到如来地，亦可以骖驾鸾鹤，翱翔三岛，为不死人，何乃胶柱守株，待人恶趣？

昔有问师：佛法在甚么处？师云：在行住坐卧处，着衣吃饭处，屙屎撒尿处，没理没会处，死活不得处。子瞻胸中有万卷书，笔下无一点尘，到这地位，不知性命所存，一生聪明，要做甚么？

三世诸佛，只是一个有血性的汉子。子瞻若能脚下承当，把一二十年富贵功名，贱如泥土，努力向前，珍重！珍重！

这短短文字中，有佛经公案，有《庄子》典故，言辞恳切，文采斐然，其中"权臣忌子瞻为宰相耳""子瞻胸中有万卷书，笔下无一点尘"等语，更是振聋发聩，敢想敢说。冲此一文，佛印不愧为东坡知己。

次年，佛印坐化。

（三）

苏轼除了不戒酒肉外，自己的生活很像一个僧侣，还在新居开了园子种植药草，包括枸杞、甘艾、苽、地黄等，都是些老人常用的保健药物以及抗瘴疠偏方。种成之后，苏轼亲自合方施药，救济百姓。

他刚到惠州不久，便不断向亲友写信求药，在《与王敏仲书》中提到："治瘴止用姜、葱、豉三物，浓煮呷，无不效者。而土人不作豉，又此州无黑豆，闻五羊（广州）颇有，乞为致三石，得作豉散饮疾者。"

合药居然一次性需黑豆三石，可见绝不只是给自己吃的。

除了种药合药，苏轼还自己酿酒。虽然算不得好喝，但他自己得意得很。"无病而多蓄药，不饮而多酿酒"，为的是有病患求之则与人，有朋友上门则饮客，"劳己以为人"，视为至乐。

他曾说："病者得药，吾为之体轻；饮者困于酒，吾为之酣适。盖专以自为也。"意思是，看见生病的人吃了我的药，我自己便觉得身体康健；好酒的人喝了我的酒，我便跟着酣畅淋漓。

这样的东坡，人缘怎能不好？

白鹤峰新居落成，依山傍水，推窗见江，苔生石阶，树荫屋宇，门前两株柑橘树，院内几树古荔，竹篱环绕，花木清幽，书房题额"思无邪斋"，放现在绝对是中国最美山居民宿。

绍圣四年二月十四日，苏轼从嘉祐寺迁入新居，自是遍请好友，以及帮忙建屋的邻里。之后，又巴巴地通知各位远方亲朋："我视此邦，如洙如沂。邦人劝我，老矣安归。自我幽独，倚门或挥。岂无亲友，云散莫追。"意思是你们都担心我老无所归，但是惠州山好水好，岭南可以终老，何必担心呢？

且附了一首《纵笔》：

> 白头萧散满霜风，小阁藤床寄病容。
> 报道先生春睡美，道人轻打五更钟。

诗意闲淡自适，如春风拂面，寥寥几笔勾勒出一位白发老人逍遥天涯的形象，十分写意。

可叹的是，这缕风吹得真远，一直吹到了汴京朝廷。也不知道又刺激了章惇哪根神经，竟然暴跳如雷说："苏轼怎么还没死？"

或许，他是想到了自己在岭南的苦楚，那些苦恨恼怒抱怨不休的日子，如今看到苏轼身受同样折磨竟然甘之如饴，相形之下更衬得自己的卑微不如。于是无名火起，怒不可遏，建议朝廷派人去岭南访察，将流放的人全部杀死，哲宗不允。

章惇一计不成，又上奏说，苏东坡作诗讽刺朝政，扰乱人心，应当贬往海南。于是贬谪令再发，将花甲之年的苏东坡贬到了荒僻异常的儋州。

此时，苏轼已在惠州居住两年零七个月，而白鹤峰新居刚刚落成两个月，苏迈与苏过更是带着两房家眷刚刚抵达。宋朝廷对苏轼，真的是太残忍了。

儋州，想去天涯海角陪东坡

（一）

东坡先生人生的最后几年，一直是贬官，贬官，再贬官。而儋州，是他被贬放最远的一次。在朝廷风起云涌的改革中，元祐老臣被贬黜的不止百数，但是被贬谪儋州的，却只有苏东坡一人。

宋朝廷不杀士大夫，如果说贬谪岭南仅比杀头好一点的话，那么贬去儋州（海南），则堪比满门抄斩了，几乎是朝廷能对士大夫做出的最高判决。

颠沛流离的苏东坡，如今所有资产大概就是白鹤峰那栋新房了。他有点舍不得那房子，却又不能不走。

一家人开了个会，决定让苏迈带着长房和苏过的家小十余口人留在惠州，只让小儿子苏过陪他前往，远赴海南。

与此同时，在筠州的苏辙也再次接到诏令，贬到了雷州。据说，这又是出自章惇的恶趣味：苏轼字子瞻，"瞻"字去掉目旁改单人旁选了个"儋"州；苏辙字子由，"由"字上面下个雨谪往"雷州"。

这一年，东坡六十二岁，子由六十岁。一生本就坎坷，临老又逢大祸，也当真是"人无眼""天有雨"了！

兄弟俩各自起程，相约在梧州会合，这是两人的最后一次见面。

正值午时，兄弟俩在路边摊上买了面条充当午餐，粗得难以下咽。苏轼却是三两下吃光，向弟弟笑道："这般食物，难道你还要细嚼慢咽吗？"

反正都是吃苦，早吃掉早轻松；又或者，有得吃就赶紧吃，还不知道后面是什么呢？

两人先一路同行到了苏辙贬地雷州，五百里地走了二十多天，真是能多慢有多慢，为的是多聚一天是一天。

苏家兄弟相差两岁，自小一同读书，一同科举，一同为官，一同被贬，祸福与共，生死相依。他们心里都清楚，此番别后，只怕今生难再相见了，又怎能不珍惜这最后的相聚时光？

雷州是大郡，郡守热情接待了苏家兄弟，甚至设筵欢迎，完全不像对待逐臣。苏轼深感其恩，但又怕连累无辜，不敢久留，只在雷州住了四天便又启程了。

即使如此，这郡守后来还是受了处分。而苏轼在海南的遭遇，也是一样。

（二）

绍圣四年（1097 年）六月，苏轼抵达海南。

海南，又称琼崖，宋为广南西路，置琼州、崖州、儋州、万安四州，分据岛之四隅。岛中心有黎母山，中峰为五指山，黎族人民环山而居，山高洞深，外人罕至，实为化外之地。若说官员们谈起岭南来是闻之色变，视为九死一生之地的话，那么说到海南，则是一脸茫然，语焉不详。

东坡此番前往，亦是早已做好了葬身海岛的准备，完全不指望有机会生还。他在给友人的信中写道："某垂老投荒，无复生还之望。春与长子迈诀，已处置后事矣。今到海南，首当做棺，次便做墓。乃留手疏与诸子，死即葬海外，生不契棺，死不扶柩，此亦乃东坡之家风也。"

这等于是遗书了。

他的对手也确实没打算让他活，与贬谪令同时下达的还有三道禁令：不得食官粮、不得住官舍、不得签书公事。换言之，不给实权就算了，还不让吃不让住，那和直接处死有什么区别？

但是苏东坡人缘太好，名气太大，而且海南天高皇帝远，当地民众也不怎么拿圣旨当回事，因此苏东坡一到儋州，就受到了昌化军使张中的热情款待。张中冒着罢官的危险，将苏东坡接到官舍居住，好菜好酒招待。这让苏东坡在危难中感到了一丝温暖。只是好景不长，苏轼政敌闻知此事，上书朝廷，不但罢免了张中官职，还将苏轼父子逐出官舍。为了生存，苏轼只得变卖酒器家当，只留下一只制工精美的荷叶杯聊作纪念，还可以勉强看出翰林大学士的旧日光景。

当时苏轼的行程是自雷州徐闻县渡海，在当时的琼州府治也就是现在的海口登岸，先往澄迈稍作停留，再自澄迈而至儋州，行程二百多里，一路山行。

初到海南的东坡是绝望的，人们对于未知的世界总是充满惶恐，更何况还是一个满身病痛的白发老人。他因为长途跋涉与水土不服，一抵埠就病倒，在给朋友的信中说："此间海气郁蒸不可言，引领素秋，以日为岁""久逃空谷，日就灰槁而已"。

简直度日如年，活着也就是等死。

其实，我曾在暑假八月最热的时候，于海南澄迈开办过一期西周私塾，深知海南四季温热，夏日阳光反而不及内地酷烈，而且植被丰富，火山灰资源更有利于健康，故而海南长寿村极多。

只是，今天的人大多走南闯北，适应力与抵抗力都远较古人强；而从前的中原人，对于海南的溽湿难以忍受，加上住处简陋，又无医无药，东坡的日子就特别艰难。

尤其雨季到来后，官舍年久失修，常常漏雨，弄得东坡要大半夜爬起来把床移来移去。他本来就有严重的痔疮，如今暑热溽湿，简直如坐针毡。所以，与其说是自然的磋磨，不如说是心理的煎熬。

事实上，后来苏轼终于离开海南去真州时，夜宿舟中无法入眠，便在给米芾的信中抱怨说："海外久无此热，殆不堪怀。"说自己长住海南，早就不习惯江南这种湿热难耐的气候了。

然而，这还不是海南给东坡的最重一击——即使是这样简陋的一个住处，竟然也不可久住。章惇爪牙的再次发难，让父子二人被逐出官舍，只得露宿城南，徘徊于桄榔林下，不免生出天地何大，竟无处容身之叹。

六旬老人，三品大员，一代文豪，竟然沦落到露宿丛林的悲惨境地，真是天无眼乎？

困顿一至于斯，东坡反而无所谓了，仰头望着桄榔树，淡笑说："尚有此身，付与造物，听其运转，流行坎止，无不可者。"

要有多么坚强的意志，多么乐观的心态，才能在这无依无靠的天涯海角存活下来！

可苏东坡，不仅仅是坚强，甚至不仅仅是乐观，他不只在海南活了下来，而且生活的质量还不低。这高质量不是指物质条件，而是他的人生价值。

他在乡人的帮助下于城南桄榔林中盖了数间草房，称为"桄榔庵"，摘叶书铭，以记其处，生活得怡然自乐，激情如故。

他向黎族人学会了挖牡蛎，吃得眉开眼笑，还给儿子写信说，这美事可不能让众大臣知道，不然他们还不得争着往海南来跟我抢吃的？

他还在苏过的帮助下整理杂记文稿，汇成《东坡志林》，并完成了对《尚书》的注解。

他一如既往地到一处爱一处，和当地人交上了朋友，还应一位馓子店老板娘邀请，为小食写了首广告诗：

戏咏馓子赠邻妪

纤手搓来玉色匀，碧油煎出嫩黄深。
夜来春睡知轻重，压扁佳人缠臂金。

看来，苏东坡必是常去这家馓子店的，吃得高兴了，才有好诗。首句说面粉本色如玉，次句说入锅后煎成嫩黄。这嫩黄色像什么呢？苏东坡是惯以美人喻美景的，对美食也不例外，遂形容成压扁了的美人臂缠金钏。

一个真正洒脱的人，才是一个真正慈悲的人。

（三）

元符元年（1098年），苏轼在桄榔庵的生活略微平稳后，便与新结识的朋友们计议，要建一座公众讲堂，一为方便大家雅聚，二为收几名弟子授课。众筹之后，一座重檐歇山顶的厅堂便盖起来了，苏轼取《汉书·扬雄传》"载酒肴，从游学"之典，取名"载酒堂"。

《琼台纪事录》载："宋苏文公之谪儋耳，讲学明道，教化日兴，琼州人文之盛，实自公启之。"

海南乃化外之地，在苏东坡来海南之前，海南没有出过一个真正的读书人。是东坡出资出力，办学教书，自编讲义，培养了海南第一位举人姜唐佐，第一位进士符确。

姜唐佐，字君弼。自元符二年（1099年）九月始从学于东坡。苏东坡"甚重其才"，赞扬他的文章"文气雄伟磊落，倏忽变化"，言行"气和而言道，有中州人士之风"。

1100年3月，东坡遇赦北还，离开海南前，曾经赠给姜唐佐一句诗："沧海何曾断地脉，白袍端合破天荒。"

"破天荒"的典故源自唐朝，说的是荆南地区建唐百多年间没出过一个举子，人们戏称为"天荒"。直到唐宣宗大中四年（850年），才终于有一位叫刘蜕的考生金榜题名，打破了荆南无人及第的状况，遂称"破天荒"。

苏东坡借此典故，说海南并非没有地气人才，叮嘱姜唐佐报考科举，白衣登第，并对他说："等你金榜题名，我再为你把后两句续上。"

不久，姜唐佐游学广州，登乡荐中举人，成为海南见之史载的第一位举人。其后，他又经殿试被赐进士。而此时东坡已然作古。

直到两年后，姜唐佐在汝阳遇见苏辙，说起恩师赠诗，苏辙感伤之余，提笔为姜唐佐补足："锦衣今日千人看，始信东坡眼力长。"

之前在海口苏公祠里曾看到苏东坡塑像，两旁分别立着苏过与姜唐佐，这是东坡在海南时与他最亲近的两个人。如今再来到儋州书院，想着这就是他们父子师徒朝夕相处的地方，想着这首诗以及诗背后的故事，眼泪忍不住要流下来。

一个手无寸铁的贬官，九死一生来到了海南，不抱怨，不认输，不放弃，却凭一己之力，呼吁奔走，身体力行，打出了海南第一口井，设计了第一架插秧机，建起了第一座书院，第一家医馆，教出了第一位举人、进士，这是何等的功业！

劝农与劝学，无限风光来海上

（一）

在适应了海南生活之后，苏东坡就着手一点点改变黎人"不麦不稷""朝射夜逐"的生活方式。他在海南生活了三年多，为当地人做的事数不胜数，其中最大的成就，莫过于劝农与劝学。

黎人性情懒散，惯于靠天吃饭，生活主要来源一是割香，二是打猎，完全不像耕田播种那样辛苦。因此山野间尽是荒地，而粮食严重不足。米、面等全靠海运，供应不上就吃薯芋杂粮、山味海鲜，甚至吃蝙蝠、蜈蚣、老鼠，吃得东坡直吐。于是，苏东坡一边自己垦荒种地，一边苦口婆心地劝说黎人重视农耕，并亲自教导民众改良农具，开荒种植，发展水稻生产，简直身兼后稷、周公二圣之任，要在海南建立一个小西周。

古人有"春祭鞭牛"的传统。立春之日，盛德在木。在西周时，天子要亲率三公、九卿、诸侯、大夫于东郊迎春、祈谷，并亲载耒耜，行"藉田"之礼。

后来，这种"劝农"礼就一直流传了下来。立春之日，官员们手执五色丝线缠成的彩杖，对着一头泥塑的牛屁股抽上三鞭，有点今天开张剪彩的意味。礼成后，牛就开始干活了，民众也就跟着忙碌起来，准备春耕，祈祷丰收。

如今苏东坡流放海南，便也将这种中原文化带给了黎族同胞，曾于《和陶劝农六首》《减字木兰花》等诗中记录了这一祭祀场景。

减字木兰花

春牛春杖，无限风光来海上。使丐春工，染得桃红似肉红。

春幡春胜，一阵春风吹酒醒。不似天涯，卷起杨花似雪花。

春祭鞭牛是中原传统，却被东坡给移风易俗了，故称"无限风光来海上"。可见，但有一颗审美的心，便是身在天涯，亦不觉遥远。春风送暖，春光无限，春社喜人，春花娇艳，这样清新欢快的一首词，竟然出自蛮荒贬官之手，苏东坡的乐天精神，真正让人叹为观止！

（二）

海南无医无药，生病了就请巫祭礼，杀牛祈祷，富户甚至一次杀数十头牛。如果有人吃药，巫就会发怒，说："神怒，病不可复治。"亲戚邻里也会排斥他。

东坡对这种"以巫为医，以牛为药"的现象颇为无奈，行文说："地产沉水香，香必以牛易之黎。黎人得牛，皆以祭鬼，无脱者。中国人以沉水香供佛，燎帝求福，此皆烧牛肉也，何福之能得？哀哉！"

宋人重调香，海南多香树，本地特产"沉水香"，当地人多以香料来换牛，换了牛不是用来耕地，而是杀牛祭祷。如此，供佛的沉水香与祭祷的牛就画了等号。故而东坡说，烧香祈福，岂非等于烧牛肉么？

苏轼在海南闲来无事，也曾尝试合香，制出了一种"印香"，还准备了制作印香的银篆盘、檀香木雕刻的观音像，送给苏辙作寿礼，并作《沉香山子赋》论海南沉香："方根尘之起灭，常颠倒其天君。每求似于仿佛，或鼻劳而妄闻。独沉水为近正，可以配蓍卜而并云。矧儋崖之异产，实超然而不群。既金坚而玉润，亦鹤骨而龙筋。惟膏液之内足，故把握而兼斤。"

范成大的《桂海虞衡志·志香》则云："沈水香，上品出海南黎洞……大抵海南香气皆清淑如莲花、梅英、鹅梨、蜜脾之类，焚香一博投许，氛翳弥室，翻之四面悉香，至煤烬气不焦，此海南之辨也。……中州人士但用广州船上、占城、真腊等香，近年又贵丁流眉来者，余试之乃不及海南中下品。"海南沉香中最下品的香料都比时下最流行的高端，可见沉水香之贵重。

沉水香这么雅的事情，硬是和烧牛肉捆绑起来，毕竟煞风景。因此东坡希望能改变此风俗，遂手书柳宗元《牛赋》赠与琼州僧人，希望代为传播，救一头牛是一头。

把牛保下了，病还是要治的。于是，苏东坡一边为儋州百姓开方治病，一边细心观察、再三分析，发现当地人发病的主要病源是咸滩积水和塘水。于是带领乡民挖井取水，极大地降低了当地人的发病率。后来人们为了纪念他，便把那口井命名为"东坡井"。

"东坡处处筑苏堤"，苏东坡之前在凤翔、杭州、徐州、颍州、惠州，都曾疏浚湖水，修筑堤坝。来到海南之后，他仍然号召兴修水利，修桥铺路，在岛上到处留下工程足迹。真想象不出，一个没有实权又没有多少薪水的贬官，究竟是凭借怎样的精神力量和个人影响力来完成这些大型工程的。

有时候会想，如果苏东坡能一直留在海南就好了。

早在被贬时，苏东坡已经在诗中写下"他年谁作舆地志，海南万里真吾乡"，认定儋州是他埋骨之地，甚至写出"我本儋耳人，寄生西蜀州"的诗句。

然而他实在太强大，竟然再次等到了命运的转折。

（三）

元符三年（1100年）正月初九，宋哲宗病故，年仅二十五岁。身后无子，由神宗皇后向太后做主，立其弟赵佶继位，史称宋徽宗，向太后垂帘听政。

朝政更替，风云再起，元祐老臣获赦，新党再次失势，章惇也被贬雷州，而苏家兄弟则获诏北归。离开儋州之日，黎人成百上千地拥到海边哭送，担着酒水与干粮为苏家父子饯行。苏东坡老泪纵横，他在海南居住三年，写了一百三十多首诗，此时挥笔泼墨，写下在海南的最后一首诗：

六月二十日渡海
参横斗转欲三更，苦雨终风也解晴。
云散月明谁点缀？天容海色本澄清。

285

空余鲁叟乘桴意，粗识轩辕奏乐声。

九死南荒吾不恨，兹游奇绝冠平生。

　　黄州、惠州、儋州，苏东坡一生几度被贬，辗转半个中国，却从容不迫、随遇而安。处处天涯处处家，他到哪里，便把哪里当成自己的家乡。他曾经写过"拣尽寒枝不肯栖"，曾经问过"人生到处知何似"，而最终，他给出的答案是"此心安处是吾乡"。这样的宽容恬淡，这样的慈心豪情，放眼古今，无人能及。

　　来则生根发芽，去则留树成荫。他走过的每一个地方，都政绩斐然，春风惠民，遗泽后人。

　　当年孔子困顿之时，也曾感叹"道不行，乘桴浮于海"，周游列国十四年，而最终自卫返鲁，删诗定礼，"然后乐正，雅颂各得其所"。他会后悔吗？一定不会，因为"君子有所为有所不为"，他要"知其不可为而为之"。

　　苏轼如今的经历，便如同孔子的乘桴于海，教化蛮荒；同时，亦被蛮荒教化。《庄子·天运》中说，黄帝曾在洞庭边演奏《咸池》之乐，而海南岛的涛声，便是那轩辕之乐吧？

　　颈联融儒道于一家，堪称东坡复古志向的最高表达了。

　　君子择善而固执，执中以为本，总会等到斗转星移、云散月明的那一日，苦雨解晴，天海澄清，这才是真正的快意人生。他又怎么会后悔呢？

　　相反的，此番历劫，该是他人生中最引以为豪的一段经历才是。他生平热爱游历山水，然而世间还有什么样的奇山秀水，能如同海南风光这般迷人？

　　"九死南荒吾不恨"，其实他更想说的，应该是"亦余心之所善兮，虽九死其未悔"吧。

　　对于坚持自我却落到九死一生的境遇，苏轼明确地回答：我不悔！

苏东坡的养生方

众所周知，苏东坡自称老饕，最爱口腹之欲，虽然修道坐禅，却始终难以戒荤。所以很多人误会他可能是个胖子，事实恰恰相反，苏轼虽然食不厌精，脍不厌细，对于美食之道颇敢尝试，却不允许自己暴饮暴食，而且长年不让自己吃饱，"已饥方食，未饱先止，散步逍遥，务令腹空"。

无他，东坡生平极重养生，曾经搜集过一百多个养生方子，还写了一本专业药书《苏学士方》。

他在写给恩师张方平的信中说：

某近年颇留意养生，读书延问方士多矣。其法百数，择其简而易行者，间或行之，辄有其验。今此闲放，益究其妙，乃知神仙长生，非虚语尔。其效初不甚觉，但累积百余日，功用不可量。比之服药，其效百倍，久欲献之左右……

也就是说，苏轼养生方的来源有两种，一是书中所得，二是方士所传。他并非照本宣科或是人云亦云，而是先在无数方子中选择"简而易行"的，然后再身体力行地加以检验。

早年在密州做太守时，他在唐人陆龟农的笔记中看到，常食杞菊可延年益寿，于是每天与通判刘廷式没事就沿着城根废园寻觅枸杞和野菊来吃，且是"春食苗，夏食叶，秋食花实而冬食根"。吃了一段时间后，他不但白发变黑了，而且眼疾也神奇地得到了疗愈。于是他写了篇《后杞菊赋》

记录此事，又写了首《小圃五咏》来赞美功效，称其"大将玄吾鬓，小则饷我客……仙人倘许我，借杖扶衰疾"。

苏东坡儒释道兼修，最喜与和尚道士交朋友，深谙打坐禅修之理，对于气功、辟谷什么的都非常了解。他有个很重要的养生原则，即"常节晚食"。虽然常常饮酒至夜，却只为会友，不为贪嘴。而且坚持饿了才能吃，未饱就要停，长期保持"腹中宽虚，气得回转"，方是健康之道。

东坡内修功夫极佳，只要闲来无事，便时时闭目内观，漱炼津液咽之。也就是靠咽唾沫就饱了。后来发展到最高境界时，连唾沫都不吞了，直接吞日光。

海南荒僻，连米面都要从海上运来，"北船不到米如珠"，东坡"食无肉，病无药，居无室"，还会经常断粮，干脆用"龟息法"来抵抗此劫。他指导苏过和自己一起，每天早起盘膝打坐，学龟蛇之法，引首东望，吸取初升之日光咽之，居然也就不饿了。

《淮南子》说："食肉者勇敢而悍，食谷者智慧而巧，食气者神明而寿，不食者不死而神。"

《庄子·逍遥游》也说："藐姑射之山，有神人居焉。肌肤若冰雪，淖约若处子，不食五谷，吸风饮露，乘云气，御飞龙，而游乎四海之外。"

那本是神仙的境界，而东坡食气辟谷，俨然已把道家修炼的三大秘法：胎息、辟谷、漏尽通都涉及了，不负"坡仙"之名。因此东坡也很自得，声称："此法甚易知易行，然天下莫能知，知者莫能行者何？则虚一而静者，世无有也。"逼着一个吃货辟谷挨饥，也真是难为他了。

苏东坡第一次被贬黄州的时候，因为缺衣少食，生活落差大，儿媳妇死在了黄州，但是东坡活得很好；第二次被贬惠州的时候，人人都说岭南是瘴疠之地，九死一生，王朝云也染了疾病悲惨地命殒孤山，东坡却坚持了下来；待到追贬儋州时，他自己也觉得这回必死，恨不得连棺材都备下，尤其落魄时竟要风餐露宿，但到底挺了下来，还建屋打井，撰书办学，做了许多事。

奉诏北还的路上，他带着全家老小几十口人滞留赣州两个多月。恰值瘟疫，苏家有六个仆人病死，年逾花甲的苏东坡也几次患病。一会儿中暑，一会儿痢疾，一会儿头痛，一会儿脾胃不调，足足在路上折腾了一年多，才支撑着回了常州，在满堂儿孙的围护下撒手大归。

这份毅力固然令人钦佩，而苏东坡的体质也着实强悍，不得不归功于养生有道。若不是从海南往常州这一年多奔波，骤热骤寒加上大喜大悲，坡仙再活十几年没问题。

早梳头，午坐睡，晚洗脚，这是苏东坡的养生三法。

关于"坐睡"，东坡有首诗专门描写了这种不同凡响的仙人术。

午窗坐睡

蒲团蟠两膝，竹几阁双肘。

此间道路熟，径到无何有。

身心两不见，息息安且久。

睡蛇本亦无，何用钩与手。

神凝疑夜禅，体适剧卯酒。

我生有定数，禄尽空余寿。

枯杨不飞花，膏泽回衰朽。

谓我此为觉，物至了不受。

谓我今方梦，此心初不垢。

非梦亦非觉，请问希夷叟。

盘膝垂肘，这就是打坐啊。苏东坡就像金庸小说里的武林高手一般，打坐片刻便当成午睡了，神凝体适，径入无何有之乡，非梦非觉，更非我辈可以效仿。

至于"晚洗脚"，苏东坡的独门秘法在于，他是冷水和热水交替使用的："瓦盎深及膝，时复冷暖投。明灯一爪剪，快若鹰辞鞲。"洗完脚再对着灯剪个指甲，就把他快活得不要不要的。

老头还真容易满足。

一七

廉州

廉州，合浦还珠

（一）

元符三年（1100年）春，苏轼最初听说朝局变化的时候，并不指望能有什么大起复，只希望能回到惠州白鹤峰定居就好。毕竟，大儿和三儿的家眷都在那里。尤其三子过儿，为了陪伴自己，已经夫妻分离三年了，如今终于可以与妻儿团圆。因此苏东坡蒙诏离岛，还是非常欢喜的。

与此同时，苏辙与苏门四学士也都纷纷获召，苏辙诏岳州，黄庭坚差鄂州，晁补之签书武宁，张耒通判黄州，这些人都在岭北奔波。唯秦观刚刚编管雷州，与苏轼一海之隔。秦观抵达不久又量移英州，尚未出发，已提前得到了苏轼内迁廉州的消息，立即遣书相告。

元祐党人遭贬之际，苏轼是第一个受罚的，也是贬得最远的一个。然而召还时，却是最后一个收到诏书，以琼州别驾、廉州安置，不得签书公事。等于还是戴罪之身，只是转徙廉州了，仍在岭南。

苏东坡后来有自序道："绍圣四年七月，琼州别驾苏轼，以罪谴于儋，至元符三年五月，有诏徙廉州。"写明接到诏书是在元符三年（1100年）五月。于是，苏轼上谢表，于六月二十日登舟，是夜渡海，先抵徐闻，与秦观相会。同时寄信给二子苏迨，命他携家眷南下，往惠州与兄弟相会，想着自己既然离了海岛，总有机会回到惠州的，实现岭南合家欢。

一夜阴雨连绵，苏轼不免又想起了与子由的"夜雨对床"之约，约好早日归耕故里，今生想是无望了，不禁卧床口占一绝：

夜雨重宿兴廉院

芒鞋不踏名利场，一叶扁舟寄渺茫；

林下对床听夜雨，静无灯火照凄凉。

也不知是不是海南太不愿意放他离开，从雷州到廉州，东坡与苏过这一路走得相当不顺，又是暴雨，又是洪水，桥也坏了，路也堵了，由于风浪相阻，直到七月初四方抵廉州。

东坡在《书合浦舟行》中记述了这趟艰辛路途：

予自海康适合浦，遭连日大雨，桥梁尽坏，水无津涯。自兴廉村净行院下，乘小舟至官寨。闻自此以西皆涨水，无复桥般。或劝乘蜑舟并海即白石。是日，六月晦，无月。碇宿大海中，天水相接，疏星满天。起坐四顾，大息曰："吾何数乘此险也！已济徐闻，复厄于此乎？"稚子过在傍酣睡，呼不应。所撰《易》《书》《论语》皆以自随，世未有别本。抚之而叹曰："天未欲丧是也，吾辈必济！"已而果然。七月四日合浦记。时元符三年也。

孔子游学诸国，曾于匡地被围，濒临绝境，仰天叹曰："文王既没，文不在兹乎？天之将丧斯文也，后死者不得与于斯文也；天之未丧斯文也，匡人其如予何？"

意思是说，周文王虽死，但是礼乐文明还在，就依靠我们来保存和传承了。难道上天要消灭这种文明，让后世不得与闻吗？如果上天决意灭此文明，就不该让我得闻大道；如果上天不想断绝礼乐文明，就必会佑助我们平安，以便传承。天命如此，匡人又能把我怎么样呢？

如今东坡随身携带他批注的《易经》《论语》的手稿，且是独　无二的手稿，若就此葬身大海，那么这些稿件也将不复流传了，难道老天爷会忍心看着这些文字湮没吗？

东坡怀抱书稿，慨然叹曰：如果上天不想消灭文明，那么我们一定会平安渡海！

千年古郡廉州，也就是今天的北海，包含了合浦与钦州。

合浦是南珠的故乡，《后汉书·孟尝传》载，合浦"郡不产谷实，而海出珠宝"，又因毗邻交趾（越南），常通商贩。前任太守贪贿，为求暴利，不顾蚌的生长规律，命人一味采捕，导致北海风水败坏，日渐荒凉。行旅不至，人物无资，路有饿莩，而珠蚌也都纷纷迁移去了交趾境内。

待到孟尝来此做太守，革除前弊，整治风纪，天海澄清。于是，不到一年，去珠复还，百姓还乡，商货流通，政通人和，故而人们都称赞孟尝神明。

这就是"合浦还珠"的来历，后来这个成语渐渐引申为某个重要的东西失而复得，或是某个重要的人去而复还。

如今的苏轼从儋州归来，岂不也是合浦珠还么？

（二）

苏轼七月初四抵廉州，受到了太守张左藏（字仲修）及士人邓拟、刘几仲等人的热情接待，并住进了邓拟的园林清乐轩。后来，人们为了纪念这段历史，便在清乐轩的原址上盖起了一座"东坡亭"。

1100 年的中秋，苏东坡是在合浦度过的。端州太守郭祥正寄诗相贺：

寄子瞻自珠崖量移合浦

君恩浩荡似阳春，海外移来住海滨。

莫向沙边弄明月，夜深无数采珠人。

珠崖指海南，这是好友祝贺东坡奉恩离岛，再迎春天。并且戏谑地说：您可别因为到了北海，就随意跑去沙滩赏月啊，那边即使是深夜，也有无数采珠人在忙碌，并不平静呢。

说起这郭祥正，来头可大了，他乃唐朝大功臣郭子仪的后裔。这也还罢了，更传奇的是，他还被说成是李白的转世。

《宋史》载："郭祥正，字功父，太平州当涂人，母梦李白而生。"

传说当年郭子仪还是个低级军官时，有次犯事判死，游街去刑场的路上被李白遇见了，李白见郭子仪相貌堂堂，赞道："此壮士目光如火照人，不十年当拥节旄。"于是找玄宗走个后门，就把郭子仪救下了。

后来郭子仪考中武状元，屡建奇功，果然成了一代名将，为平安史之乱立下汗马功劳。而这时候李白却因为站错了队，拥护永王李璘造反而按律当斩，郭子仪闻知，立即向肃宗请命，愿以官职为李白乞命。

这故事被记入《隋唐演义》中，虽是小说，却流传颇广，后人写诗赞美郭子仪，有句"一代威名迈光弼，千秋知己属青莲"，便是赞美他与李白动人友情的。而传说李白为了报答郭子仪的再造之恩，转世后便做了郭家的后人，也就是郭祥正了。

李白病死当涂，就葬在当涂大青山。据说郭祥正出生前，他母亲梦见了李白，所以认定这儿子是李太白转世。不管你信不信，反正郭祥正是信的。他甚至把自己的诗稿集定名为《青山集》，与"青莲"相呼应。集中有仿李白韵诗四十一首，显然很认定自己"李白转世"的身份。

他信，梅尧臣也信，还夸他："天才如此，真太白后身也。"

单以这首《寄子瞻》来看，后内句平地陡起，联想巧妙，风情豪迈，的确出手不凡。

东坡收到赠诗后，惯常是喜欢步韵赋和的，但是这首诗的和诗我没有找到，却见到另一首东坡步郭祥正韵写的题画诗，形容当下情形倒也颇为合适了：

> 可怜倦鸟不知时，空羡骑鲸得所归。
> 玉局西南天一角，万人沙苑看孤飞。

如果说唐诗的名片是李白，那么宋词的代言人只能是苏轼。虽然李白和苏轼身处不同时代，但若真是他的转世来到宋朝与东坡相见，也是一段佳话！

通过郭祥正的例子也让我们不禁感慨李白可学而东坡不可学，因为两人的共同点在于性情豪放，才华横溢，都有"仙"的一面；而不同点，则恰恰在于"吏"的一面，李白一生都是浪子，而东坡不仅是诗人，还是能臣。

正如王国维所称，东坡之词旷……无东坡之胸襟而学其词，犹东施之效捧心也。

（三）

就这样，廉州虽是初遇，却如归乡，东坡在此地怡然地安顿下来，人缘还是一如既往的好。当地人知他喜食荔枝，便送了他口味相似的龙眼品尝，东坡赞不绝口，还特地央人带他去果园走访，回来写了《廉州龙眼质味殊绝可敌荔枝》一诗，赞其"蛮荒非汝辱，幸免妃子污"。

意思是说，龙眼啊，你可千万别抱怨自己生长于偏僻的天涯海角，若非如此，杨贵妃怎么会放过你呢？读之令人莞尔。

东坡七月初四抵合浦，八月二十八日离开，停留了不到两个月，然而留下的诗文与痕迹却不少，除了东坡亭与东坡井，还有海角亭的题字"万里瞻天"。

最有趣的是，廉州人难得见到这般大腕儿从天而降，纷纷模仿他的穿戴言行，仿制他戴的竹帽，叫作"东坡笠"；仿制他从北方带来的屐，叫作"东坡屐"；追随他爱喝的天冬酒，叫作"东坡酒"；还学习他熬的杂粮粥，叫作"东坡羹"……

东坡还交了位新朋友，是位高龄八十三岁鹤发童颜的清修老人，不饮酒食肉，两目有神。自称从十二岁起便斋居修行，无妻无子，只有兄弟三人，皆持戒念道。两人谈生论死，老人侃侃而谈，见解不俗，俨然世外高士。阔谈之际，东坡未尝不是在回顾自己一生，对生死沉浮益发看淡。

且说子瞻、子由兄弟各自奉诏谪返，苏辙运气好些，前往岳州途中接到了新的诏命，诰授太中大夫、提举凤翔府上清太平宫，外州军任便居住。也就是空挂名衔，随他爱住哪儿住哪儿。苏辙在许昌原有田产，就索性折返许昌定居了。

苏轼的北还之路却要辛苦得多，紧赶慢赶地来到了廉州合浦。刚安顿下来，却又接诏命，迁舒州团练副使、量移永州。

庚辰八月二十八日，刘几仲于清乐轩为东坡饯行，席间忽闻笙箫之声，杳杳如在云霄间，抑扬往返，若合音节。

待东坡细细观察，才发现"乐器"竟是两个瓶子，瓶中水与瓶下火互相呼应，自然吟啸，足有一顿饭工夫才"奏"完一曲。

座中众客皆赞叹，以为得未曾有，遂请东坡作诗记此盛事。东坡亦不推辞，当席以柏梁体写成八句：

缸笙诗

孤云吟风细泠泠，独茧长缫文娲笙。

陋哉石鼎逢弥明，蚯蚓窍作苍蝇声。

饼中宫商自相赓，昭文无亏亦无成。

东坡醉熟呼不醒，但云作劳吾耳鸣。

次日东坡登舟远行，张左藏和刘几仲等人往南流江畔送别，东坡又写有《留别廉州张左藏》一诗：

编萑以苴猪，瑾涂以涂之。

小饼如嚼月，中有酥与饴。

悬知合浦人，长诵东坡诗。

好在真一酒，为我载宗资。

苏东坡与廉州的两月情缘，就这样短暂而又永久地结束了，然而北海的土地上，迄今流传着东坡的故事，"悬知合浦人，长诵东坡诗"，东坡亭、东坡井一同傲立于天涯海角，喁喁讲着一个个不老的传说……

秦观之死，飞红万点愁如海

（一）

苏轼于元符三年（1100年）六月过海，秦观在徐闻相迎，师徒两人盘桓数日，珍重告别。这也是两人的最后一次见面。

在此期间，秦观拿了自己作的一篇《自挽词》请老师看，毫不忌讳地谈生论死。而苏轼也未觉得这样写不吉利，反而抚其背叹道："我常忧少游未尽此理，今复何言！我也自己写就一篇志墓文，将付从者，不使过子知晓。"不料，这篇文章没多久就用上了。

秦观仕途不畅，一生多舛，好不容易借着恩师苏轼的东风入史馆供职，却又随着老师的被贬同时开始了漫长的贬谪生涯，一路向南。先是被贬杭州通判，不久再贬处州监酒税之职，后又移至郴州，编管横州。而他的词风，也为之一变。

元符元年（1098年）秋，秦观再度被贬雷州。这是他贬谪生涯的最后一站，并在此走过了人生最后三年时间。苏轼与他的最后一面，便是在雷州相会。师生两人的命运，再次重叠了。

就在老师离开后不久，秦观也接到诏命，复宣德郎，放还横州。然而他在半路上便病逝藤州了，比老师还早半年。

地图上的雷州、横州、藤州是个三角形，去横州竟要经过藤州，可谓绕了一个大弯。

八月，秦观途经藤州，忽然提出往光华亭一游，来到亭中时，说口渴

297

想喝水。于是仆从自去讨水，秦观坐在亭中等候。待人送水来的时候，远远地只见秦观含笑倚坐亭中，不语不动，来至面前，才发现他已然坐化了。时为1100年9月17日，享年五十二岁，堪称英年早逝。这真合了一句话：才高运蹇，情深不寿。

秦观坐化消息传来，苏轼刚刚离开廉州抵玉林，在与朋友相聚的席上听闻噩耗，唯恐不实，便又日夜兼程赶往藤州。到达时，秦观的灵柩却已被女婿范温载走了。

苏轼洒泪折行，九月十七日到达梧州，家人还未到来，便又去信让他们往广州会合。一路走一路哭，遂题秦观词于扇上，识曰："少游已矣，虽万人何赎！"颇有孔子泣颜回之意。

后来前往仪征时，苏轼与米芾提起秦观，唏嘘不已。米芾看了题在扇面的秦观词《踏莎行·郴州旅舍》及苏轼的跋语，感慨无限，遂将秦观词与苏轼跋合写一帖，让苏轼观看。

苏轼看后不禁点头称善，感慨道：对得起少游了！

这就是传至后世的"三绝碑"，至今仍刻于湖南省郴州市苏仙岭白鹿洞石壁上，宽50厘米，高30厘米，成为郴州千年不朽的名胜古迹。

秦观逝后，苏东坡想起他的词《千秋岁》，不禁抚今思昔，愈为感伤，特地步其韵填词以祭：

千秋岁·次韵少游

岛边天外。未老身先退。珠泪溅，丹衷碎。声摇苍玉佩。色重黄金带。一万里，斜阳正与长安对。

道远谁云会。罪大天能盖。君命重，臣节在。新恩犹可觊，旧学终难改。吾已矣，乘桴且恁浮于海。

（二）

《宋史·黄庭坚传》中如此记述黄庭坚之死："庭坚在河北与赵挺之有微隙，挺之执政，转运判官陈举承风旨，上其所作《荆南承天院记》，指为幸灾，复除名，羁管宜州。三年，徙永州，未闻命而卒，年六十一。"

可见，赵挺之与苏门学士之间是生死仇敌。然而，陈师道冻死都不肯借穿他的裘衣，但身为"苏门后四学士"的李格非却答应与之结为姻亲，而且就在恩师与同门过世未久，这是否有变节之嫌呢？考虑到李赵两家结亲的时间背景，这一切就都可以解释了。

1100 年，徽宗即位，其时新旧两党斗争正趋白热化，不利朝纲。于是徽宗采纳臣议，改元"建中靖国"，以示"中和立政"，致力于停止党争，调和矛盾，他最喜闻乐见的，就是新旧两党握手言和。

赵挺之最是见风使舵之人，其时官拜御史中丞，礼部侍郎，自当带头响应新帝号召，遂主动向苏门学士李格非伸出了橄榄枝。而李格非的官位比赵挺之低，一则两家都是山东人，二则赵明诚身为太学生，比李清照大三岁，年纪相当，才貌匹配，未尝不是一桩门当户对的好婚事。于是，李清照与赵明诚就在这个"建朝靖中"元年（1101 年）结婚了。

赵挺之属新党政要，李格非是苏轼门生、元祐党人，这两家的结亲，昭示着新旧两党的握手言和，典型的"秦晋之好"。一代才女李清照，就这样成了政治婚约的牺牲品。

整个北宋后半期的诗词天空，都是由苏轼及他的门人撑起来的。不幸的是，他们辗转于党争中，一生仕途多舛，怀才不遇，未能在朝政上发挥最大能量；而幸运的是，他们大多都没活到靖康年间，用不着看着大好河山被败家子宋徽宗拱手让人。

北归路上，捡拾半生的脚印

（一）

苏东坡的北还之路，简直就像是对自己人生的检阅，几乎将自己半生所历之地、所识之人细细温习了一遍，然后安心地回到常州等死。

据说人死后，他的灵魂会将生前的路重走一遍，——捡拾起前世的脚印，才可以真正放下红尘恩怨，然后一饮孟婆汤，走过奈何桥，转世投胎。而苏东坡，却是在死前就开始搜集这些脚印了。

因为朝廷的一再改诏，他的北还之路走得极其漫长，整整走了一年半之久。

苏轼于元符三年（1100 年）六月二十日过海，二十一日与秦观在徐闻相见。"苏门四学士"中，秦观是唯一能在最后的日子里与老师郑重道别的一位，并在这次见面后不久，先老师一步而去，撒手西归。秦观之会，可以视作苏门学士派出的代表致辞了。

之后，苏轼在廉州待了一个多月，这期间，有石康县令欧阳辟叩门求见。欧阳辟为梅尧臣门生，特地拿了恩师所赠诗卷来求苏轼题跋。这让苏轼百感交集，只觉半生宦游悉现眼前。

梅尧臣为欧阳修一生挚友。当年苏轼考进士时，便是欧阳修为主考，梅尧臣为副考。所以他也相当于是东坡的老师了。苏东坡回乡守制期间，看到有巴人将梅尧臣的《春雪诗》绣在土布弓衣上，便特地买下来送给欧阳修，做成一只琴囊。

往事如烟，转眼四十年过去了。此情此境下的欧阳辟，既复姓欧阳，又是梅尧臣弟子，简直就是欧阳修与梅尧臣的合体了，还特地赠了东坡非常特殊的两份礼物：头巾、琴枕。

或许，这是冥冥之中，两位恩师换了一种姿态与心爱的弟子相见么？

接着，东坡奉诏迁调永州，途中收到爱徒秦少游的死讯，对他的打击之重是不言而喻的。年迈之人，奔波流离，身心俱疲，加上计划一日三变，与家人通信困难，让他觉得心灰意冷，不禁病倒了。

幸而广州是个大地方，苏轼在此得到了岭南三监司的隆重款待，转运使兼代广州经略使程怀立、提刑使王进叔、提举广东常平孙叔静，各个都对他热情备至，恭敬有加。

尤其孙叔静，与苏轼虽不相熟，渊源却深：他的两个儿子，一个娶了晁补之的女儿，一个娶了黄庭坚的女儿，堪称"苏门亲家"。

东坡喜得作书说："今日于叔静家饮官法酒，烹团茶，烧衙香，用诸葛笔，皆北归喜事。"

海南荒蛮粗陋，纸笔俱不合意，东坡性情豪迈，却喜欢精致的物什，不知对海南的粗茶草纸吐槽了多少回。如今重新品上了名酒团茶，御香毫笔，不禁心喜。这些中原雅事相较于满堂宾客来说，更能让他感受到：往日光辉即将重来了！

在广州，苏轼终于等到了苏迈、苏迨的家眷，这是自京城分别后的第一次阖家团圆。便在这时，东坡再次接到圣旨，复朝奉郎，提举成都玉局观，在外州军，任便居住。苏东坡如蒙大赦，他终于也可以和弟弟苏辙一样"任便居住"。

这时期，苏轼已经到达了英州。这个他遭贬后原本该去的地方，却因为半途改诏惠州而擦肩而过，现在倒是得便一游，补上了这一站。英州郡守何智甫当时刚刚造好了一座石桥，桥成之日，正是苏轼抵英州之时，便求他为碑题文。修桥通渠，本来就是苏轼的拿手好戏，自不推辞，遂与何郡守一同上桥，撰文相赠。在此期间，附近州县郡令多有致候，新任广州太守朱行中特来拜访，还分遣仆役护送苏轼继续前行。

十二月初七，苏轼途经蒙里赴韶州，惠州河源县令冯祖仁、韶州太守狄咸、通判李公寅、曲江县令陈公密等皆盛情款待，真是一路笙歌，一路鲜花。

李公寅便是《西园雅集图》画家李公麟的胞弟，与两位哥哥并称"龙眠三李"。此番重逢，自然也免不了回忆西园旧事，往昔风华。这年的除夕，苏轼在南雄度过。

（二）

越明年，宋徽宗改元"建中靖国"，以示"中和立政"，对元祐、绍圣两朝的极端政策进行纠偏。这本是德政，但是正月十四，向太后崩，徽宗亲政，心思就立刻摇摆了。于是，不到一年，这位"诸事皆能，独不能为君"的败家皇帝便又改了主意，任用蔡京为相，明确宣布放弃调和政策，将次年改元崇宁，重新推行熙宁变法。也就是说，"建中靖国"的年号只用了一年，而中和政策，事实上只实行了几个月。

苏轼一家，于建中靖国元年正月初四从南雄起程，度大庾岭北归。因为赣江水涸，不能通航，苏轼又在山北赣县滞留了七十天，除了给人看病，就是盘桓诸寺中，留下不少好诗。其中最为人熟知的一首乃是《赠岭上老人》：

> 鹤骨霜髯心已灰，青松合抱手自栽。
> 问翁大庾岭上住，曾见南迁几个回？

岭南岭北，苏轼用了整整七年的时间来翻越，不可谓不艰难。

在这里，他与画家宋子房相遇。宋子房的身份与陈季常相似，亦是东坡初仕凤翔时的旧上司之子。苏轼在《与宋汉杰书》中写道："话及畴昔，良复慨然，三十余年矣，如隔晨耳。而前人凋丧略尽，仆亦仅能生还。人世一大梦，俯仰百变，无足怪者……"

虔州，亦是苏老泉生前游历过的地方，苏轼为父守制后再也没有回过眉州，如今在异乡踏寻着父亲的足迹，拜访父亲故交之子，亦算是一种慰藉，不禁"相持而泣"。此前，苏洵曾告诉儿子，自己在虔州天竺寺看到

303

了白居易手书的一首诗：

> 一山门作两山门，两寺原从一寺分。
> 东涧水流西涧水，南山云起北山云。
> 前台花发后台见，上界钟声下界闻。
> 遥想吾师行道处，天香桂子落纷纷。

　　真是一首好诗，充满谐趣与禅意。苏轼特地去了天竺寺寻找这首诗，可惜原件不存，只留刻石。

　　停留期间，苏家仆人染了瘟疫，六仆病死。苏轼到处赠药、题字，忧心忡忡。直到三月二十四日，苏轼一家终于离开困顿了七十余日的虔州，乘舟北上。在《次韵江晦叔二首》中，苏轼悲喜交加地写道：

> 钟鼓江南岸，归来梦自惊。
> 浮云世事改，孤月此心明。
> 雨已倾盆落，诗仍翻水成。
> 二江争送客，木杪看桥横。

　　"浮云世事改，孤月此心明。"此一佳对，堪称东坡一生的写照。

　　四月，苏轼过豫章，九江天庆观道士胡洞微来南昌相迎。

　　前番苏轼自黄州被召还时，是第一次游庐山；此次自海南召还重游，已经十九年过去了。苏轼作《与胡道师帖》："再过庐阜，俯仰十九年。陵谷草木，皆失故态……独山中道友，契好如昔。道在世外，良非虚语。"

　　这次故地重游，苏轼还特地随同胡道士回九江看了自己十九年前托他代养的慈湖菖蒲，手拂草叶，不留痕迹。

　　十六日过湖口，东坡忽然想起李正臣家中的壶中九华石，耿耿于怀，便想前往讨要，却听闻已经送人了，不禁怅怅，作诗说："尤物已随清梦断，真形犹在画图中。"

　　这是苏轼最看不破的地方，却也是他极可爱的地方，虽然口口声声说要弃欲绝智，但是一生聪明不变，那点物质追求也不能去除，贪吃又快言，始终是红尘中最活泼热闹的一个乐活神仙。

之前，苏轼还曾戏言过要长居舒州的，但如今已经不想了，即便经过也不做停留。途中他闻林希病逝，亦无痛惜，唯有感叹，写信给苏辙说："林子中病伤寒，十余日便卒。所得几何？遗臭无穷。哀哉！"

林希同样为进士，"三苏"名满京城时，他曾给苏辙写过一联：

> 父子以文章冠世，迈渊、云、司马之才
> 兄弟以方正决科，冠晁、董、公孙之对

联语中对三苏父子极尽褒扬。他与苏家兄弟相识过半生，交情极深，就连杭州"苏公堤"都是他在 1091 年知杭州时所题。苏堤也因此得名。可是在章惇当权时，他却投靠奉迎，亲笔撰写贬斥苏轼、苏辙等人的诏令，还在斥责司马光的诏中丑语诋辱。当日，林希草制完，掷笔说："坏了名节矣。"可见他早已知道自己的违心之语，必会为自己换来身后骂名。故而苏轼说他"遗臭无穷"。

对于居住地，东坡有两个考量：一是回常州终老；二是去许昌与苏辙相伴。

一路行来，闻知朝廷中风云暗涌，变幻莫测。曾布拜相后实权在握，跋扈专断，性情不同以往，这让苏轼深为忧虑，唯恐又生变故，终究忍心拒绝了弟弟的邀请。因为许昌，实在离京城太近了，他已经怕了，也累了，只想一家人安安静静地相守宜兴，淘水煮茶去。

当年嘉祐二年试的举子中有三对著名的兄弟，便是苏轼、苏辙，曾巩、曾布和程颢、程颐。而苏轼早与程颐闹翻，同曾布亦不亲近，再经了林希之死，更觉得世事难料，远离为妙，遂寄信给钱世雄，求他帮忙在常州代找房屋。

过了舒州，便是当涂了。诗友郭祥正来迎，便是那位传说中的李白转世。

这时期，东坡一直有书信传于李之仪，详说自己的行程及打算。却没想到，仅在一年后，李之仪便被贬当涂，且与郭祥正相处得极为不睦。最后更是死在了当涂，与胡淑修合葬于藏云山致雨峰下。

苏轼这是提前与李之仪道别了。

（三）

五月一日，苏轼抵达金陵。此前南迁时，他曾在崇因禅院观音像前许愿："吾北归，当复过此，必为作颂。"

那时候，他以为忍耐几年便会北还，再没想到一贬再贬，一直贬去了海南。但是如今到底归来了，虽已过了七年，时间有点长，但是许过的愿还是要还的。于是特往崇因院礼拜，并作《观音颂》。连许过的愿都一一还了，这脚印收拾得实在干净周细。

接着，苏轼与程之元、钱世雄相约于金山会晤，同登妙高台。金山寺中，苏轼遇见了自己。原来，寺中留有李公麟所绘苏轼画像，苏轼对之凝眸许久，题诗于上：

自题金山画像

心似已灰之木，身如不系之舟。

问汝平生功业，黄州惠州儋州。

这首诗向来被视为苏轼的绝笔诗。尽管题这首诗时，苏轼并没想过自己大限将至，很快就会西归。但是像他这样的人，对于自己的寿数总是有些预感的，写下这样一首带有总结意味的诗，亦是天机。

苏东坡才绝当世，一生为宦，历尽世态炎凉，官场丑恶。他自称心灰意冷，看破红尘，故曰"心似已灰之木"。但事实并不是这样。有句俗话"生活虐我千百遍，我待生活如初恋"。虽是调侃，形容东坡却最是恰当。不论生活的巨轮将他碾压了多少遍，苏东坡永远以一颗赤子之心回应这个世界，笑得阳光灿烂，毫无阴翳。

他或许也灰心过，失望过，怨愤过，但是只要略平复了那一时跌宕，他便会满血复活，重绽笑颜，对人、对事、对生活，仍然是满满的诚意与热情。哪怕只要有一口气在，也必定是最诚挚最鲜活的热乎气儿。但是，他终于也厌倦了，那没完没了的贬谪路，浮世漂泊，身不由己，所谓"身如不系之舟"，总也该靠岸了吧？便是在这一刻，他打消了去许昌的打算，决意终老常州。他给弟弟苏辙去了一封长信，这封信是研究东坡临终境况最重要的资料：

> 兄近已决计从弟之言，同居颖昌，行有日矣。适值程德孺过金山，往会之，并一二亲故皆在坐。颇闻北方事，有决不可往颖昌近地居者。事皆可信，人所报，大抵相忌安排攻击者众。北行渐近，决不静耳。
>
> 今已决计居常州，借得一孙家宅，极佳。浙人相喜，决不失所也。更留真十数日，便渡江往常。逾年行役，且此休息。
>
> 恨不得老境兄弟相聚，此天也，吾其如天何！然亦不知天果于兄弟终不相聚乎？士君子作事，但于省力处行。此行不遂相聚，非本意，甚省力避害也。
>
> 候到定叠一两月，方遣迈去注官，迫去搬家，过则不离左右也。葬地，弟请一面果决。八郎妇可用，吾无不可用也。更破十缗买地，何如？留作葬事，千万莫徇俗也。林子中病伤寒，十余日便卒。所获几何？遗臭无穷。哀哉！哀哉！
>
> 兄万一有稍起之命，便具所苦疾状，力辞之。与迟、过闭户治田，养性而已。
>
> 千万勿相念，保爱、保爱。

金山寺题画归来，苏东坡便病了，他跟弟弟说"留真十数日，便渡江往常"，但事实上他在仪真停留了月余，才重新起程去常州。

仪真，现名仪征，县级市，由扬州代管。从前苏轼知扬州时，曾在此地款待米芾；如今故地重游，却换了米芾来招待他了。

这一路前来，他本是一直住在船上。其时，米芾正在真州任江淮荆浙等路制置发运司管，隔几日便来探访，就这样还互通了九封信之多。正是这些信，让我们了解到东坡的病情由始。

六月十一日，苏东坡病稍痊，告别米芾前往镇江。

十二日，与三子、外甥，去堂妹及妹夫墓前祭祀，写祭文。

十五日，抵常州。章惇的儿子章援来了封七百字长信求情。东坡虽在病中，仍亲自回了封长信，一笑泯恩仇。

七月二十八日，苏东坡病逝常州，终年六十四岁。

真州，给米芾的信

（一）

苏轼与米芾相识于黄州，往来于京城。米芾小东坡十六岁，虽未列入苏门，却视他亦师亦友。

苏轼还朝后，与米芾交往日密，时常雅聚。米芾遂作《西园雅集图记》传世，一一列出与会的十六位名流。

元祐四年（1089年）六月，苏轼知杭州，路过扬州时，特地造访任职淮南东路幕掾的米芾。米芾设宴款待，苏轼还拿出珍藏的好茶"密云龙"招待，米芾题词记之："雅燕飞觞，清谈挥麈，使君高会群贤。密云双凤，初破缕金团……"

元祐七年，苏轼除守扬州，与米芾相聚的机会更多了。一日设宴，名士云集，酒过三巡，菜过五味，米芾忽然站起来，敲了敲酒杯，对苏轼说："米元章有事，求苏公主持公道。"苏轼道："请讲！"米芾说："世人皆以米芾为癫，请苏公做主，我癫还是不癫？"

苏轼笑着轻轻吐出三个字："吾从众。"众人大笑。

苏轼这句谑笑用的是《论语》的典故。孔子是崇尚周公之礼的，所以在礼仪祭礼等事上通常坚持"吾从周"，但在有的细节上偶尔也会与时俱进，"吾从众"。

苏轼认同世人说的"米芾是癫"，却以圣人之语说"吾从众"，一语双关，真乃雅谑也。

同年九月，米芾在雍丘县任知县，苏轼自扬州被召京师。米芾邀请他至雍丘，设宴招待。苏轼来到时，才发现宴桌旁边还另设长案，以精笔、佳墨、宣纸排列其上，不禁会心一笑。原来，苏轼有两个弱点，一是见不得好纸，看到澄心堂纸必然眼睛发亮，连呼"拿笔来！"；二是酒量不行但酒兴极佳，醉后必有好书法。米芾显然是投其所好，有备而来。结果不用说，苏轼自是一杯酒一行书，直到写尽了米芾备下的所有纸墨才兴尽而归。

不过，苏轼也不亏，因为两个人都是边喝边写，"每酒一行，即伸纸共作字。以二小史磨墨，几不能供"。宴散之际，各自交换书法，携之而去，"自以为平日书莫及也"。

苏轼被贬岭南后，众亲友书信渐绝，而米芾往来如旧。东坡于《与米元章书》中道："岭海八年，亲友旷绝，亦未尝关念。独念吾元章迈往凌云之气，清雄绝俗之文，超妙入神之字，何时见之，以洗我积年瘴毒耶！今真见之矣，余无足言者。"

两人自元丰五年（1082 年）至建中靖国元年（1101 年），相交二十年，至死方休，足见情谊深厚！

（二）

徽宗建中靖国元年（1101 年）夏天，苏轼遇赦北还，途经真州，米芾正在此任江淮荆浙等路制置发运司管勾文字，俗称漕官，故人重逢，亲热非常。

一日有客邀请二人游金山，并请苏轼题字，东坡云："有米元章在。"小米吓坏了："某尝北面端明，某不敢。"

东坡尝为端明殿大学士，故以"端明"称之。米芾的意思是说，您是我老师，我怎么敢班门弄斧？

东坡却拍着他的背哈哈大笑："早已青出于蓝了，何必过谦？"米芾果然不再谦虚，大大咧咧地说："端明真乃知我者也。"自此也更加癫狂自负、目中无人了——连苏东坡都说自己远超他了，当世谁还敢逆其锋芒？

在此期间，苏东坡原本一直住在船上。天气酷热，河湾污浊，气味难以忍受。苏东坡再次病倒，吃什么都觉得胃胀，不吃又格外虚弱，常被暑热搞得彻夜不眠，整宿坐在船中喂蚊子。他给米芾写信诉苦说："某食则胀，不食则羸甚，昨夜通旦不交睫，端坐饱蚊子耳。不知今夕如何度。"

这"米癫"的脑回路不同寻常，硬是没看明白。直到过了两天，再接老师一信："两日来，疾有增无减。虽迁闸外，风气稍清，但虚乏不能食，口殆不能言也。"

米芾这才反应过来，自己再不出手可就要看着老师呜呼哀哉了。于是赶紧请苏轼搬进真州东园，自己则一有空就来陪东坡散步。

东园又称白沙公园，是仪真最大的园林，建于庆历年间，园子落成后还请欧阳修写了《真州东园记》，并由蔡襄手书。

园中有拂云亭、澄虚阁等建筑，莲荷秀丽，兰芷芬芳，佳花美树，画舫雕梁，水木环绕，绿荫匝地，总算能让东坡虚弱的身子略作调理。

中暑加上腹泻，东坡的身体已经十分虚弱，倒是米芾送来的麦门冬饮子颇合胃口。煎服之后，病情好转，遂写《睡起闻米元章冒热到东园送麦门冬饮子》诗以志。如今，东园清宴堂里还刻着这首诗：

> 一枕清风直万钱，无人肯买北窗眠。
> 开心暖胃门冬饮，知是东坡手自煎。

歇了些时日，苏轼病情略减，便匆匆抱恙上路了。六月十二日离真州，十五日抵常州，不久病逝，时为七月二十八日。

米芾闻之，连作《苏东坡挽诗》五首追祭，其五曰：

> 招魂听我楚人歌，人命由天天奈何。
> 昔感松醪聊堕睫，今看麦饮发悲哦。
> 长沙论直终何就，北海伤豪忤更多。
> 曾藉南窗逃蕴暑，西山松竹不堪过。

然而伤心归伤心，交情归交情，财物要分清。

此前东坡离开仪真前，带走了米芾的一方紫金砚台，大概是宝爱至深，临终前叮嘱儿子要以此陪葬。米芾听说后，什么师友之恩也顾不上了，死者为大也不讲究了，巴巴地追了回来，还理直气壮地写了一篇小文记录此事：

　　苏子瞻携吾紫金研去。嘱其子入棺。吾今得之。不以敛。传世之物。岂可与清净圆明本来妙觉真常之性同去住哉。

　　说起来这两人的行径都够匪夷所思的了。东坡乃信佛之人，撒手人寰之前竟还如此眷爱身外之物，已经够令人不解了；米芾与之交往半生，亦师亦友，却不顾其遗愿，入棺之物也要追讨回来，更是让人意外。
　　若不是有《紫金研帖》流传于世，我简直怀疑这样的故事是编出来的。

常州，看杀苏轼

（一）

建中靖国元年六月，苏轼经过大半年的漂泊辗转，终于抵达常州——他最心仪的终老之地。这等于是归乡了。

乡人也实在热情，早早得知了他历劫归来的消息，早已自发集聚在运河两岸，等待欢迎这位旷世奇才。当苏轼的客船缓缓驶入常州的时候，两岸百姓熙熙攘攘，高声喊着苏大学士的名字，各个热情洋溢。彼时，苏轼长袍小帽，迎风而立，袖子高高挽起，一边对着两岸百姓挥手，一边微笑地自我调侃："莫看杀轼否？"他这是将自己比作魏晋美男子卫玠了。

西晋末年，因为异族入侵，"五胡乱华"，晋帝国摇摇欲坠，北方士族纷纷渡江南下，史称"衣冠南渡"。才子卫玠亦在这南渡之列。

史说他丰神秀逸，殊丽异常，素有"璧人"之称。听闻他从豫章来建邺，民众奔走相告，争先恐后地拥来，追堵如墙，就为了看卫玠一眼。

卫玠本就病弱，又兼长途跋涉，颠沛流离，未免体力不支，再被这么多民众大眼瞪小眼地围着看、盯着看，一时心理压力巨大，回到住处一病不起，不久便过世了。时人称之为"看杀卫玠"。

东坡这随口比喻，虽然巧谑，却实在不吉，几乎等于谶言。于个人，他果然也在不久之后就被"看杀"了；于国势，数十年后，"衣冠南渡"的历史重演，北宋灭亡了。

（二）

很少有人不喜欢苏东坡，可是真正让我们喜欢的那个苏东坡，也就是苏轼自号东坡先生之后的人生，却是非常不如意的，几乎一直在贬官、贬官、再贬官。论学问，论才情，论人品，论心性，苏轼都是超一流的，然而一生多舛，始终未能做到宰相高位，实在是命运太过坎坷了。

这次获赦回京，人们都传言此次苏轼必为宰相。然而他却在这又一次新旧交替的大时代里病逝常州。好在，他是死在亲人的陪伴之下，儿孙满堂，悉在身边。这对于后半生一直在路上奔波的东坡来说，已经是奇迹。

常州居所并非东坡房产，而是钱世雄为他借的房子。在东坡最后的日子里，钱世雄每日来访，陪坐在东坡的病榻旁谈古论今，点评诗文。

东坡有时精神略好，还会索笔砚，"试为济明（钱世雄字）戏书数纸"。每当此时，钱世雄便觉得东坡"眉宇间秀爽之气，照映坐人"。

直到东坡临终，钱世雄亦是陪在他身侧的。

彼时，苏轼看着子孙担心的面容，笑说："吾生无恶，死必不堕，慎无哭泣以怛化。"

他自号东坡居士，平生研习佛法，此时早已看透生死，故而对儿孙说：我生平未有恶行，死后必然不堕地狱。"因病得闲殊不恶，安心是药更无方。"苏东坡的豁达是刻在骨子里的，至死犹然。

弥留之际，杭州径山寺长老维琳特地赶来为他送行，在他耳边大喝："端明宜勿忘'西方'。"

苏轼答："西方不无，但个里着力不得。"

钱世雄接着喊："今此更须着力。"

苏轼答："着力即差。"

溘然长逝。

我忍不住会想：谁知道这究竟是"送"还是"迎"呢？说不定，东坡就此与维琳遁入空门，做戒和尚去也。而且，这日子选得也着实是妙：七月二十八日，既是苏东坡因为"乌台诗案"在湖州被捕的日子，也是他与朝云的幼子苏遁在金陵病逝的日子。父子死在了同一天。

汝州，是处青山可埋骨

（一）

苏轼生于眉州，逝于常州，在汝州只有过仓皇的数日盘桓，甚至都不能算真正在汝州生活过，为什么最终却要葬在汝州呢？

是因为子由。

苏东坡一生最好的诗，最深的爱，最美的月亮，都是献给子由的。早在青春年少赴京赶考的路上，他们就订下了早日归隐、夜雨对床的约定："寒灯相对记畴昔，夜雨何时听萧瑟。"

初仕凤翔，是兄弟俩的第一次离别。临别前的依依不舍自不必说了，苏轼望着弟弟的背影直到帽子尖隐没在视野之外："登高回首坡垅隔，但见乌帽出复没。"

到了凤翔后，苏轼想弟弟想得都不愿看到同僚欢聚，躲起来一个人默默伤心："忆弟泪如云不散，望乡心与雁南飞。"

知密州，也是为了子由，希望能离他近点；谁知到了密州却未能看到子由，于是为他筑了座超然台，登楼遥望，几乎立作了望弟石："但愿人长久，千里共婵娟。"

身陷囹圄时，最放不下的不是妻儿，而是弟弟，于是早早订下来生之约："与君世世为兄弟，更结来生未了因。"

一生沉浮，身不由己，他仍一直念叨着与子由的夜雨之约："安知风雨夜，复此对床眠。"

然而"人生如逆旅，我亦是行人"，他到死也未能脱离宦海，而死前最大的遗憾，就是不见子由："惟吾子由，自再贬及归，不及一见而诀，此痛难堪。"

"即死，葬我于嵩山下，子为我铭。"这是他的临终叮咛。亲爱的子由弟弟已经为他买好了墓地，他会先去那里等着，然后，他们终将在一起。

他如愿了。

一生，便得圆满。

说起来，东坡与汝州的缘分真是一言难尽。

元丰七年（1084年），东坡还在黄州安安分分地"劳改"，神宗手札一封，量移苏轼汝州团练副使。苏轼赶紧写了《谢量移汝州表》进上，这是苏轼与汝州的第一次纸上情缘。

真的只是纸上情缘，因为他根本不想去。苏轼接连递了两封奏表，请求常州居住，走到泗上时才终于等到允准诏书，开心得立刻掉转船头去了阳羡。彼时，谁能想到，这个他千方百计逃掉的汝州，最终竟成了他的埋骨之所呢？

同样的事，在东坡晚年又经历了一回，这回是从海南谪地被召还，而苏东坡想去的地方仍然是常州。

这番，他倒是如愿了，不仅回到了常州，还在满堂儿孙的陪伴下安心大归。

所有关于东坡的记录都在描写他一路有多么辛苦奔波，非一般人可以忍受，但他不是都挺过来了吗？路上病得那么重都能好转，为什么终于到家，可以安心静养却忽然病逝了呢？

会不会，他是借着病逝的幌子在逃世，让自己永远地离开混乱的朝争。

这样怀疑，有三个理由：

第一就是上面所说的，如果他在路上不堪奔波之苦，染病猝逝是可以理解的。毕竟北还路上，他先后失去了秦观和吴复古两位好友，可见旅途劳顿的确无常；而他又几次得病，身体虚弱，随时都可能丢了性命。可他缓过来了，来到他理想的终老之地常州，儿孙绕膝，阖家团圆，死得是不是太圆满了？

第二个理由，是因为此时徽宗新政，天恩难测，出尔反尔，风云动荡。东坡在给弟弟苏辙的信中写道："颇闻北方事……事皆可信，人所报，大抵相忌，安排攻击者众。北行渐近，决不静耳。""兄万一有稍起之命，便具所苦疾状，力辞之。与迨、过闭户治田，养性而已。"

他说听闻有人因嫉恨自己而蠢蠢欲动，随时准备发难，而且已经安排了人手与阴招。这些并非空穴来风，因为不论是新党还是洛党都与他结怨甚深，谁知道曾布当权后，会不会成为第二个章惇？到那时，自己难道要再经历一次党争之祸与贬谪之苦吗？

他已经下定决心即便有起复诏命，也会具状奉上，以老病为由力辞。但若是辞不掉呢？他的余生计划，只想与儿孙们归园田居，静心养性而已。但是树欲静而风不止，如今已谣言四起，风传苏轼北归后或会登堂拜相，不然也不会把章援吓得写了长信求情。倘若真有起复之命，是东坡想辞就能辞的吗？就算朝廷一时不用他，反对派们会放心吗？

第三，关于东坡过世的情景，主要见于宋人傅藻《东坡纪年录》。当时东坡身边除了儿孙外，只有杭州径山寺长老维琳和为他在常州打点一切的至交钱世雄。然而这两个人的话，如何能信？

东坡想要遁世假死，总得有帮手，一个方外长老，一个当地达人，互为照应，不是最合适的吗？

关于东坡发丧之事，史上无一字记载。因为常州天高皇帝远，并无多少朝中故旧及时拜祭，所以除了长老维琳和至交钱世雄这两位，就没人真正见证东坡之死。

可是苏轼这样的人，回常州时还差点被粉丝"看杀"，一旦垂危，不应该有无数新知故旧前来告别吗？当然，这不过是我的无端臆测罢了，或者说，是一种美好愿望。

（二）

史上孝悌友爱的好兄弟不少，但是像子瞻和子由这样肝胆相照、祸福与共、相知相依的却不多，他们不仅是兄弟、同盟，更是知己。

嗟余寡兄弟，四海一子由。

我少知子由，天资和且清。

岂独为吾弟，更是贤友生。

吾从天下士，莫如与子欢。

吾视当世学者，独子与我上下耳。

他们恨不得向全天下宣告：只想同你在一起！因为这世上就咱俩最牛最聪明，跟别人也没办法玩到一处。

苏轼自己夸弟弟，也逼着别人夸，听人说苏辙的学问文章不好固然不行，哪怕说苏辙不如自己，苏轼都忍不了，"子由之文实胜仆，而世俗不知，乃以为不如。其为人深不愿人知之，其文如其为人，故汪洋淡泊，有一唱三叹之声。而其秀杰之气，终不可没"。我弟那是含蓄低调，你们不懂！

至于苏辙看哥哥，那就更没的说了：

平生笃于孝友，轻财好施，其于人，见善称之，如恐不及；见不善斥之，如恐不尽；见义勇于敢为，而不顾其害。

一言以蔽之，我哥完美！

两兄弟一起长大，一起读书，一起考试，一起做官，一起被贬，一起高升，同声同气，相扶相应，诚如《宋史·苏辙传》所说：

辙与兄进退出处，无不相同，患难之中，友爱弥笃，无少怨尤，近古罕见。

苏轼经常债台高筑，甚至食不果腹；然而苏辙三子五女，家累明明比哥哥还重，却总是有积蓄，有余钱，不仅能供一家温饱，还能接济哥哥。真是不能不佩服苏辙的理财能力。

或许，正是因为苏轼太潇洒，故而大手大脚散财多；而苏辙家累太重，才时时想到积谷防饥，精打细算，反而手上时时有余钱。

苏轼被贬黄州时，苏辙自愿削职赎兄，受其牵连也被贬筠州，可他无怨无悔，还要招待王闰之一家吃住数月，再千里迢迢护送他们远赴黄州。

苏轼在黄州待了几年，苏辙便在筠州窝了几年，苏轼自黄州北归时，跑去庐山玩够了，便找苏辙待了十天，除叙旧之外，重要任务是借钱。

后来两人在京都风光了八年，又一同自云端跌落下来，苏轼贬英州，苏辙贬雷州。南下之前，苏轼又特地从定州任上绕道汝州，说是探望，其实也是借路费。于是苏辙"分俸七千"，让苏迈携同一家老小前往宜兴定居，东坡则与苏过、朝云一路南下。

关于这"分俸七千"究竟是多少，有人说是七万文钱，也有人说是七百万，不论怎么说都够多的。想想东坡在黄州的工资才一个月四千五，苏辙这一出手就抵得上他一年的收入了。

这样的兄弟，人人都想来一打。

东坡到了惠州，自己穷得要死，还要捐资修固西丰湖桥，并造飞楼九间，用石盐木构筑。但是他没钱，只得一边捐了自己的御赐犀带，一边写信给弟媳史氏募捐。苏辙夫人也还真给这位大伯脸面，将内宫所赐金钱数千全部捐出。

后来，惠州新建海会禅院，苏轼把自己的余钱全部捐了出去，并将院外鱼塘买下来改为放生池。可是他的钱不够啊，怎么办呢？找苏辙化缘！

苏辙对哥哥真是没说的，要人给人，要钱给钱。非但没被借出心理阴影来，还在苏轼自海南被召还时，再三相邀他来许昌定居，好就近照料。甚至，就连墓地都替他买好了。

坡仙难矣，做坡仙的弟弟，更难！生养死葬，全套服务，苏辙硬是为哥哥撑台了一辈子。

（三）

苏轼一生五次经过汝州，但是真正盘桓却只有十几天。而他来此原因，也是因为子由——苏辙是真真正正在汝州生活过的人，还做过汝州知州。

绍圣元年（1094 年）四月，苏辙时任尚书右丞，旋升门下侍郎，掌参议大政，位同副相。

从前苏家兄弟应制举试时，仁宗曾说为子孙又得两宰相。这是苏辙一生中最接近宰执位置的时刻。然而高太后之死，叫停了他宰执天下的临门一脚，被命出知汝州。到任第五天，在州衙祈雨坛前向社令神和后土神祝祷，撰写了《汝州谢雨文》：

> 辙以罪戾，谪守兹土。自春徂夏，旱饥为苦……念予罪人，余谴累汝。间行北园，亭曰"致雨"……祈祈甘泽，如哺如乳。酒不濡地，雁不升俎。仁哉有神，未请而予……

这让我们不禁想起苏轼在凤翔的喜雨亭与祈雨文，兄弟言行，如出一人。

从祷文看，苏辙是很想安安静静地在汝州做个好官的，还在颍昌买了房子，分明打算长居。可是新党势力不肯放过他们，就在他入职不久，哥哥苏轼先遭贬谪，以"讥斥先朝"的罪名贬英州，赴任途中特地绕道汝州打了回秋风。

这不是苏轼第一次经过汝州，却是生平唯一一次正经游观汝州名胜。苏辙陪哥哥往龙兴寺观赏吴道子画，那古老的寺壁还是苏辙下令修复的呢。弟弟这样的善举业绩，苏轼怎能不大力宣传，于是挥笔写下一首七言诗：

子由新修汝州龙兴寺吴画壁

丹青久衰工不艺，人物尤难到今世。
每摹市井作公卿，画手悬知是徒隶。
吴生已与不传死，那复典刑留近岁。
人间几处变西方，尽作波涛翻海势。
细观手面分转侧，妙算毫厘得天契。
始知真放本精微，不比狂花生客慧。
似闻遗墨留汝海，古壁蜗涎可垂涕。
力捐金帛扶栋宇，错落浮云卷新霁。
使君坐啸清梦余，几叠衣纹数襟袂。
他年吊古知有人，姓名聊记东坡弟。

东坡对世人说：你们要记住，这壁画得以保存，可是苏子由的功劳。知道苏子由是谁吗？我弟！

之后不久，苏辙亦遭贬谪，先贬袁州，追贬筠州，绍圣四年又贬化州别驾、雷州安置。这就是所谓的"岁更三黜"，一年中连贬三地，不弄死你也折腾个半死。而苏轼则先贬惠州，后贬儋州。兄弟俩一贬再贬，曾于绍圣四年的梧州贬途中匆匆见了一面，遂成永诀。

直到哲宗去世，苏辙方得召还，举家归于颍昌，从此定居于此，自称颍滨遗老。生命中最后的十年，他终于得到了安稳，可惜，哥哥不在了。

他曾寄信给哥哥，希望苏轼一家也来颍昌定居，但是苏轼再三权衡之下，最终选择在常州终老。可是埋骨之处，他说："葬地，弟请一面果决。"

埋在哪里不重要，重要的是跟子由在一起。

苏辙为什么会将墓地买在郏县呢？

一则因为他家在颍昌，八儿媳妇死时，就近葬之，遂买下了这块墓地；二则因为此地名为小峨眉，这让他想起蜀中家乡，聊胜于无。

内心深处，苏辙是一直希望能够归蜀的，临终前一年犹在《卜居赋》中写道：

盖卜居于此，初非吾意也。昔先君相彭、眉之间为归全之宅，指其庚壬曰："此而兄弟之居也。"今子瞻不幸已藏于郏山矣，予年七十有三，异日当追蹑前约。然则颍川亦非予居也……

吾将卜居，居于何所？西望吾乡，山谷重阻。兄弟沦丧，顾有诸子。吾将归居，归与谁处？

倒是苏轼对于冢地无所谓，青山处处可埋骨，明月年年望子由。认为墓地之事，"八郎妇可用，吾无不可用也"，全权由弟弟做主。

建中靖国元年（1101年），苏轼卒于常州。次年，苏过扶灵柩至郏县安葬。九年后，苏辙又将王闰之灵柩自京过此，与哥哥合葬。政和二年（1112年），苏辙卒于颍昌，与苏轼葬于一处。而苏迈、苏迨、苏过全都迁到颍村，视叔如父，生死相依。郏县苏家墓园渐渐发展为家族墓地。

元正十年（1350年），郏城县伊杨允至苏坟拜祭，叹曰："两公之学实出其父老泉先生教也，虽眉汝之墓相望数千里，而其精灵之往来，必陟降左右。"遂建苏洵衣冠冢于两苏之傍。后世谓之"三苏坟"。如今三苏坟已成景区，由三苏纪念馆、广庆寺、三苏陵园三部分组成，名为"三苏园"。

图书在版编目（CIP）数据

人生且陶陶：苏东坡传 / 西岭雪著 . — 北京 : 中
国致公出版社 , 2024.5

ISBN 978-7-5145-2046-0

Ⅰ . ①人… Ⅱ . ①西… Ⅲ . ①苏东坡 – 传记 Ⅳ .
① K825.6

中国版本图书馆 CIP 数据核字 (2022) 第 203466 号

人生且陶陶：苏东坡传 / 西岭雪著
RENSHENG QIE TAOTAO:SUDONGPO ZHUAN

出　　版	中国致公出版社
	（北京市朝阳区八里庄西里 100 号住邦 2000 大厦 1 号楼西区 21 层）
出　　品	知音动漫图书・文艺坊
	（武汉市东湖路 179 号）
发　　行	中国致公出版社 （010–66121708）
出 品 人	王应鲲
责任编辑	方 莹 柳 欣
责任校对	邓新蓉
装帧设计	方 茜
责任印制	程 磊
印　　刷	武汉精一佳印刷有限公司
版　　次	2024 年 5 月第 1 版
印　　次	2024 年 5 月第 1 次印刷
开　　本	960mm×640mm　1 / 16
印　　张	21
字　　数	323 千字
书　　号	ISBN 978-7-5145-2046-0
定　　价	49.00 元